行走在自主教育之路上

许逢春　主编

光明日报出版社

图书在版编目（CIP）数据

行走在自主教育之路上 / 许逢春主编 . -- 北京：
光明日报出版社，2019.3

ISBN 978 - 7 - 5194 - 3138 - 9

Ⅰ . ①行… Ⅱ . ①许… Ⅲ . ①中学教育—教育研究
Ⅳ . ①G632.0

中国版本图书馆 CIP 数据核字（2019）第 040847 号

行走在自主教育之路上
XINGZOU ZAI ZIZHU JIAOYU ZHI LUSHANG

主　　编：许逢春

责任编辑：石建峰　　　　　　　　责任校对：赵鸣鸣
封面设计：中联学林　　　　　　　　责任印制：曹　净

出版发行：光明日报出版社

地　　址：北京市西城区永安路 106 号，100050

电　　话：010 - 63131930（邮购）

传　　真：010 - 67078227，67078255

网　　址：http：// book. gmw. cn

E - mail：shijianfeng@ gmw. cn

法律顾问：北京德恒律师事务所龚柳方律师

印　　刷：三河市华东印刷有限公司

装　　订：三河市华东印刷有限公司

本书如有破损、缺页、装订错误，请与本社联系调换，电话：010 - 67019571

开　　本：170mm×240mm

字　　数：354 千字　　　　　　　　印　　张：21

版　　次：2019 年 6 月第 1 版　　　　印　　次：2019 年 6 月第 1 次印刷

书　　号：ISBN 978 - 7 - 5194 - 3138 - 9

定　　价：78.00 元

编委会人员

主　编：许逢春

编　委：李培杰　王余健　张少勇　许燕华
　　　　黄加平　朱周明　范晓敏　陈巧玲
　　　　吕　律　胡培苏　徐玉娟　杨国芬
　　　　姚唯锋　许鸽升　蒋建松　范　冰

序

应主编逢春校长邀约，为书稿终审并作序，深感惶恐。然，终因情面难却，虽有迟疑而"托微言于拙笔"。

通读书稿，着实让人感动。南苑中学于2005年启动的"自主教育"课题研究，其深度、广度、厚度令人肃然起敬。学校新模式的架构，师生全员性的参与，课程设置的改革，管理体制的保障，特色文化的凝练，以及学生学习力的提升和创造力的增强，真可谓硕果累累。从中可看出，从行政领导到全体师生所花费的时间和精力之多，诚然是千人心血之结晶。书稿即将付梓，可喜可贺，可敬可叹！

本人曾为两个文学社的期刊写过三言两语，为退教协会《劲松》写过发刊词，也为浙江省作家协会朱为先老师主编的《童年的梦》代笔创刊语，写过"童年的梦"。虽有250多万文字出版面世，但为书作序甚少。

今日拜读南苑中学《行走在自主教育之路上》书稿，其中的亮点特色，深深地打动着我。

一是系统地创造了自主发展模式。从课题的目标、体制、机制、课程设置、全员参与等方面，结合南苑中学实际形成系统的架构，把每一个课题的节点都变成南苑中学特色创建的元素，达到了独特性与普遍性、优质性、稳定性、文化性的高度统一，众人一心，为学校、为教师、为学生的自主发展提供了可看、可听、可复制、可传播的自主教育发展的成功案例。

二是体现了理论性与实践性的统一。把优质教育均衡发展作为特色学校的理论定位，并运用马克思主义"教育的终极目的是为了促进人的自由全面发展"作为立足点和归宿点，从时代性的要求对"自主教育"进行了科学的阐释，然后，根据学校师资队伍、文化培育、发展愿景等情况，做好课题的顶层设计，围绕"自主教育"理念，以项目化形式，调动全体教职员工带领学生参与课题实施，目标明确，主题集中，文化浓郁，切切实实地培养了教师的凝聚力和自主力，培养了学生的学习力和创造力。

三是全面实施与长效持久的一致性。全书共九章内容，包括自主发展模式、自主合作、自主评价、自主学习、自主活动、自主管理、教师自主发展、课程建设、学校管理机制等，涵盖了课程改革、课堂模式、德育体系、特色文化等内容，涉及学校教育教学的方方面面，全面而系统，尤其是制度保障和教师的自觉行为，使自主教育成为学校发展有效而永恒的主题，取得了令人瞩目的成就。

最后，祝愿南苑中学自主教育研究的思想像阳光一样，普照在校园的每一个角落，照亮每一个师生的心灵。

匆匆感悟，是为序。

黄加平

于 2018 年 9 月 16 日

目　录
CONTENTS

第一章

自主教育，架构师生自主发展新模式

从 2005 年起，我校开展了以"自主教育"为主题的特色学校建设。经过十余年的努力，学校的教师自主发展机制、学生成长模式、学校办学特色与学校知名度都得到了社会的高度认同。

第一节　特色学校建设，时代的呼唤

随着经济、政治体制改革的不断深化，社会对学校教育提出了新的要求，接轨国际教育，改革育人机制与模式，也成为基础教育工作者面临的重要课题。可以说，处于大变革时代的中小学校长们都在思考：如何顺应潮流让学校教育充满魅力与活力？如何谋先弄潮办出符合人才培养要求的具有鲜明特色的学校？如何勇立潮头在改革创新中实现学校的可持续发展？

一、特色学校的含义解读

（一）特色的理解

1. 特色的含义

事物之"特色"，主要是指事物特殊的质量与特殊的品质。特色概念有广义与狭义之分：广义的特色是指一事物有别于其他事物之处，是个中性概念；我们通常说的特色，也是我们在本书中探讨的特色，是指狭义的特色，即一事物的某些方面优于其他方面且优于其他同类事物的优秀品质，属褒义性质。

特，许慎《说文解字》里解说为："特，牛也。""铉本云：朴特，牛父也。……王逸、张揖皆云：朴，大也。……一与一为耦。"所以，特，指的是大牛，大牛能够单独拉耕犁，后来，"特"就引申为"单独"，不平常的，超出一

般的，没有匹敌的。特色是后起词条，意思是事物所表现的独特的色彩、风格等。古人常对生活中的特别、特殊现象加以归纳，形成了"事物之独胜处曰特色，言其特别出色也"的观念。这里"独胜"二字基本揭示了特色的本质，简单地说，特色就是特别出色，独特于众者。

2. 特色的表现

唯物辩证法告诉我们，任何事物都是矛盾双方的对立统一。事物的特色就其本质而言，在于事物本身独特的优秀品性与品质，而从事物特色的表现来看，既可表现为人无我有、人有我优，也可以表现为人多我少、人有我无。无和有一样，也是一种属性。某一方面的无，常常是该事物区别于他事物的重要特征，如水的"三无"物理性质；有的无，则可能就是它的优质特性，如美玉的无瑕、千仞之壁的无欲等。有与无，是对立统一的，相反相成，互为前提，都是事物特色的表现形式。

3. 特色的内在价值

从经济学角度讲，商品具有价值与使用价值两大基本属性，但就哲学角度看，价值也具有两重含义。张岱年先生认为："价值的基本含义是能满足一定的需要，这是功用价值，价值的更深一层的含义是其本身具有优异的特性，这是内在价值。"也就是说，事物的内在价值不在于满足人们怎样的需要，而在于具有内在的优异特性。

正是事物的特色体现着事物自身的内在价值，因此，随着社会的发展，特色扩展到包括自然界、社会和思维的各个领域，且日益深化，人们选择特色、设计特色、创造特色、强化特色。纵观世界，人们从一种产品的设计、一项服务项目的开发，拓展到一个地区、一个民族乃至一个国家的发展道路的确定，无不追求着自己的特色。所有这些，都源于特色的内在价值性，即优于一般的品质、品性。

(二) 特色学校的界定

中央教育科学研究所所长、国家督学、《中国德育》杂志社社长朱小蔓教授认为，特色学校指的是基于本校特有的办学旨趣，并选择适合于学校的突破口（切入点），探索已有的办学之道，逐渐在某方面形成教育教学优势的学校。程振响、季春梅等编著的《特色学校创建的理论与实践》认为，特色学校是指在全面贯彻教育方针的过程中和长期的教育教学实践活动中，从学校教育工作的整体上形成的，具有比较稳定的区别于其他学校的独特风格或风貌，并培养出具有特色的人才的学校。

我们认为，特色学校是办学主体精心设计，刻意追求，逐步实现的学校工作，具有优于其他学校的比较稳定的独特品质的学校。

（三）特色学校的特征

特色学校一旦形成，就会表现出它应有的一些特征。

1. 独特性与普遍性相统一

独特性与普遍性的关系，就是个性与共性的关系。共性存在于个性之中，并通过个性表现出来，共性的优化是个性优化的前提和基础，而个性的优化又会丰富共性。

特色学校之"特"的独特性，是特色学校的核心要素，也是一所学校区别于其他学校的个性，是优质性的外显标志，没有独特性就没有学校特色，更谈不上特色学校。但特色学校无论怎样"特"，它都有同类学校的共性。

特色学校是一种在寻求服从于一般学校共性的基础上竭力创造出富有个性特征的优质品质的学校，因此，它一定具有独特性，表现为独特的办学思想、独特的办学内容和独特的办学策略。独特性的实质是创新，特色学校建设就是校长带领全体师生"推陈出新，革故鼎新""面向世界，博采众长"创新的过程。也就是说，特色学校一定是在继承、吸收和内化了优良的学校文化传统，遵循办学规律，立足学校实际，顺应社会发展过程中创造而成的。

2. 独特性与优质性相统一

从特色学校的含义讲，特色学校必定是具有优质性的学校。优质性是独特性的基础，是独特性形成与发展的环境与土壤，它决定了"特"与"特"的层次，离开了优质性，独特性就如鲜花失去了土壤，就没有了生命力。独特性是优质性的外显，是优质性这片沃土中生长出的花朵和硕果，进而又不断激活、催生优质性并保持生命的活力，点面结合，整体优化。

特色学校的独特性与优质性的关系主要表现在两个方面：一是特色学校之"特色"本身具有科学性和先进性；二是学校办学整体水平有较高档次。特色学校建设从其孕育、生长到成果显现，应符合教育规律，应适应社会发展，应有理论指导，还要有推广价值。否则，特色学校建设是毫无意义的。

特色学校是建立在优质基础上的，它不仅是独特的，更是成功的学校。成功主要体现在整体办学水平上：一是成功地确立了办学价值观；二是成功地培养了一大批人才；三是成功地确立了一种优化的办学模式。所以，衡量一所特色学校，不仅要看它的特色有多鲜明，还要看它的办学整体水平，真正意义上的特色学校，其教育质量的总体水平一定是相当高的。如果漠视整体办学水平的优质化，以牺牲学生的全面发展为代价，一味追求所谓的"特色"，就不是我们所需要的。

3. 独特性与稳定性相统一

特色学校是以优质性为基础的，并且有相应的稳定性。特色学校建设不是一蹴而就的，既需要有长远规划，又要有中短期计划与安排，一年一年、一届一届地咬定目标，坚持下去，而不是左右摇摆，或是换一任领导变一个样。当其成为一种优良传统与作风，并向深度与广度不断发展，这样的特色才更鲜明，更优质。

稳定性就是指办学独特风格的形成，并且学校发展成果能够长期地显示、保持与发展，能够经受时间与实践的检验，在社会上产生一定的影响。它标志着学校特色的成熟。它具体表现在办学目的、办学宗旨、培养目标、课程建设、组织管理与运行机制等，核心是把学生培养成什么样的人。

特色学校的稳定性又是绝对运动与相对静止的统一，特色学校建设是一个永恒的主题，发展是无止境的，但具有优质的独特性是相对稳定的。

4. 独特性与文化性相统一

特色学校实质上就是一种独特的学校文化模式。它是学校文化长期积淀的一种外在表现，因而是一种具有独特文化风格的学校。

从办学特色的独特性、优质性和稳定性之属性看，学校特色的定位和培育是需要一定的根基和条件的，这种根基既是学校客观实际的内质，又须是学校人文精神的核心，这便是学校文化。

从学校文化的内涵来看，学校文化是学校成员在教育教学和管理实践中创造生成的体现时代特征和社会进步的价值观念、思维方式、行为规范及其活动结果。它以学校全体师生员工为主体；以价值观念、思维方式、行为规范及其活动结果为内容；以具有学校特色的精神形式、行为方式、制度形式和物质形态为外部体现；以逐渐的凝结和提炼为过程。一所学校要有稳定的办学特色，也必然地要以学校的内部条件尤其是师生的"独特文化"为基础，从其物质的、制度的、行为方式的和精神的独特性上去挖掘和发展，也只有以这种文化作为根基，在历史的传承和现实的培育中，才能保持办学特色的独特性、优质性和稳定性。

从学校文化的本质来看，学校文化是一种隐藏在现象后面的稳定的长期的信仰、价值观和方法论，是学校的本质内核与精神特质，学校的课程、礼仪、口号、行为方式、规章制度都是其本质的外现。不同的学校具有不同的学校文化，才构成了学校个性的千姿百态；同一所学校的文化又具有相对的稳定性；学校文化经过历史的传承、积淀和培育，又具有符合时代要求的优质性。显然，学校文化的本质特性与学校的办学特色是统一的，办学特色无非是学校本质与精神的外现。

二、特色学校建设的意义

（一）时代发展的需要

《国家中长期教育改革和发展规划纲要（2010—2020）》指出："树立以提高质量为核心的教育发展观，注重教育内涵发展，鼓励学校办出特色、办出水平，出名师，育英才。"这告诉我们，创建特色学校，提高教育质量，实现学校的特色发展，是时代发展的要求，更是学校教育改革的应有之路。

面对日益激烈的教育竞争，国内经济结构战略性调整对高素质、创新型人才培养提出的迫切要求，尤其是社会对多层次、多规格人才的需求，使得行走在全面小康道路上的人们，在教育需求上日益呈现出多样化的趋势；加之学校在自身发展过程中所面临的多种价值判断与选择，使得当下更多的学校通过一定的方式谋求特色化发展。

特色学校建设是对"千校一貌""万生一面"办学模式的否定，它抛弃了那种忽视学生个性、能力培养，把升学率作为唯一目标的办学价值观；它遵循教育规律，立足学生的个性发展，以独特、优质和稳定性为基本特征，既满足群众对学校教育的需求，也适应整个社会发展对基础教育的要求。

当今世界是一个充满竞争与活力的时代，信息技术日新月异，社会进入了大变革期。随着我国对外开放的不断深化，学校面临着开放教育市场的挑战，国外办学主体将以各种形式参与中国教育，国内民营机构参与教育的热情也日渐高涨，使办学主体更加多样化，教育体制结构异质化。这在为我们的办学体制与教育管理体制改革注入活力的同时，也使得我国现有学校特别是公立学校的生存与发展空间面临挑战。时代变革的速度与强度在持续，迫使我们的学校教育要更充分地审视生存与发展的走向与策略。

（二）教育改革的需要

特色学校建设是学校教育优质均衡发展的必然要求。特色学校建设的目的是向社会提供优质教育，促进学生全面、自由和个性化发展，这是我国深化教育改革，推进教育优质均衡发展的必然趋势。

教育从平等均衡到优质均衡发展，需要造就一大批特色学校。首先，优质性是特色学校的本质属性，也是优质均衡的本质要求，学校的优质均衡发展呼唤着特色学校建设的兴旺。其次，特色学校凸显独特性，较好地满足了学生的个性化发展要求。它既关注学生的个性差异，为其发展提供广阔空间，又丰富了优质教育资源的内涵，特色学校建设成为教育优质均衡发展的客观诉求。最后，特色学校建设的目标是内涵发展，它依靠学校实行自主的改革，立足学校实际，挖掘潜在优势资源，最终形成学校特色，这一变"外援"为"内驱"的内涵式发展模式，有利于增加优质教育资源，促进学校的优质均衡发展。

特色学校建设顺应了教育的合作与竞争。随着我国办学体制的多元化、教育投资渠道的多样化和办学自主权进一步扩大。这一教育管理体制的变革，使学校教育的合作与竞争进一步深化。国家的教育方针和教育规律，是学校间合作的基础。不同的学校个性，成为学校间合作的需要，从这个意义上说，特色学校建设，推进了学校教育的有效合作，而积极的教育竞争，是学校追求高质量教育的过程，是追求人无我有、人有我优、人优我特的特色创建过程。

特色学校建设有利于满足社会对优质教育的需求。长期以来，由于我国优质教育资源的相对不足，而群众对优质教育的需求则伴随着生活质量的提高日益增长，这一矛盾的直接结果是社会上盛行起"择校风"。特色学校之"特""优"办学模式有利于增加我国的优质教育资源，在一定程度上缓解优质教育的供需矛盾。浙江省在2013年开始的新一轮课程改革中，取消了省级重点高中的评定，开始了省级"特色示范"高中的争创，从实践看，取得了很好的成效。

（三）学校内涵发展的需要

长期以来，由于人才选拔机制与考试制度的固化，我国的基础教育在高度集中统一、整齐划一的大一统的教育管理模式下，学校成为教育行政部门的管控对象，被动地执行指令，执行统一的要求，学校在招生、招聘教师、财务开支、分班管理、课程开设等正常的学校管理中，缺乏基本的办学与管理自主权，现代学校制度成为一纸空文，"千校一面""万生一貌"的出现已是必然。学校特色难以生辉，学生个性难以发展，师生的创新精神和创造力被桎梏。

马克思主义教育理论告诉我们，教育的终极目的是为了促进人的"自由全面"的发展。为了突破传统教育模式的束缚，全面提高学生的素质，促进学生主动的有个性的发展，从 2014 年开始，全国在浙江和上海试点，进行了以改革高考制度为切入点的新一轮课程改革。这场史上彻底的大手笔的课改，紧紧抓住高考体制这一"指挥棒"，强力推进基于"人生规划"引领下的自主选课课程改革，倒逼着各高中学校争创"特色示范"学校。2016 学年，新课改从高中延伸至义务教育，为了学校自身的生存和发展，增强学校的竞争力，走特色化发展之路，已成为每一所学校必然选择。

河北衡水中学，一所以高考成绩优异而闻名于世的普通高中，一直以来因极高的"升学率"而颇有争议，但我们走进校园，看到的每一位学生都是非常阳光与自信的，学生的跑操是非常整齐的，学生的活动是非常丰富的。学生自律的行为习惯、自主的管理能力、高效的教学方式，构建了学校高质量教学这一办学特色。所以说，有特色，才有办学质量；有特色，才有效益；有特色，才有学校的知名度与社会影响力；有特色，才有学校的可持续发展。

第二节　自主教育特色定位分析

随着社会需求的多样化和家长学生选择的多样性，我国的特色学校建设，出于竞争和发展的需要，已不仅仅停留在一元特色的发展上，而是朝着多元特色的方向发展。在特色主题的设计与构建上，不同的学校会有自己不同的选择，并由此形成学校特色发展的类型或模式。

一、特色学校的主要模式分析

就特色学校的类型上讲，因角度不同，有多种分法：从学校特色形成的突破口角度，特色学校可归纳为目标优化型、内容优化型、方法优化型和系统优化型；从学校工作的角度，则可归纳为办学特色、教育特色、教学特色和管理特色。如何根据学校自身的办学实际，寻找到自身特色发展的建设模型，罗仁林、莫竹浪编著的《中学特色学校建设》认为，特色学校建模类型主要有"专业特色建模、教学特色建模、德育特色建模、民族特色建模、地域特色建模和外语特色建模"。

（一）以专业特长建模

以专业特长建模就是以专业化教育实现特色化建设模型。选择这种模式开展特色学校建设的学校，一般都要完善专业课程设置，需要从"合格＋特长"的素质教育模式出发，在提升特长专业课的基础上，深度开发校本专业课程，以保证每一位学生学有专长。由于要涉及课程方案的重构，特别是对专业课课时的增加和其他文化课课时的调整，必须要把握两大要点：一是要认真研究国家关于教育改革与发展的方针政策，领会各指导性文件的精神实质；二是要关注国内外特色学校建设的动态，认真调研分析本校师资与本地学生的具体情况，确定新的办学思路，探索新的办学模式，走专业化特色办学的道路。

以专业特长建模，还要考虑生源的潜质。由于义务教育阶段学校尤其是公立学校是没有招生自主权的，加之班额学生数、课程设置的政策刚性，因而这种模式在义务教育阶段的公立学校不太适用。处于课改前沿的高中学校，则是这一模式的理想选择，如广西贵港艺体高中的音体美特色教育、云南楚雄师院附中的艺术特色教育、浙江宁波三中的科技美术特色教育、南宁五中的五育特色教育，可谓是"千树万树梨花开"。

（二）以教育理念建模

以教育理念建模是指通过确立与践行教育理念，使理念在教育教学过程中能得到彻底贯彻，并在学校整个教育环节中发挥积极的主导作用。选择这种模式开展特色学校建设的学校，一般要以先进的教育教学理念为引领，并将这一理念落实到学校的培养目标、教师培养与素质提升、课程建设、课堂教学方法变革、学校德育、学生活动及教育教学评价等领域。以教育理念建模进行特色学校建设，由于学校环境、管理制度、师生的行为文化乃至价值观都会在该理念影响下得到体现，因而往往将学校特色与学校文化相融合。我校的特色学校建设，就是以"自主教育"这一教育理念为特色主题的。选择这一主题的一大因素，就是我校的特色文化是"自主合作"。

由于学校特色与学校文化的有机融合，使以教育理念建模的学校特色发展更趋稳定性。无论学校教师交流、调整甚至校长变动，其学校特色依然鲜明。因而，国内许多学校都选择这一模式且获得成功。重庆田家炳中学的"幸福教育"、山东章丘四中的"创新教育"、湖北潜江徐李中学的"愉快教育"、广州花都区育才学校的"生本教育"、浙江海宁南苑小学的"阳光学校"，都是以教育理念建模的特色学校。

（三）以教学方式建模

教学方式是指为达到教学目的，实现教学内容，运用教学手段而进行的，由教学原则指导的一整套方式组成的师生相互作用的活动。广义的教学方式也包括教学过程中具体的活动状态，即表明教学活动实际呈现形式的教学方法。如山东杜郎口中学的"自主学习"教学方式，江苏洋思中学的"自主、合作与探究学习"教学方式，广东金海岸中学的"散合式教学法"，都是以教学方式建模实现学校特色化发展的代表。

以教学方式建模，实施特色学校建设是指学校通过设计、推行与实施新型教学方式，强化学生的学习主体地位，活跃课堂教学气氛，提高课堂教学效率，优化课堂生成状态，提高教育教学质量的特色建模类型。以江苏洋思中学为例，蔡林森校长设计与实践了"先学后教当堂作业"的教学模式，它包括三个环节：一是"先学"，学生用 15～20 分钟看书、检测；二是"后教"，学生在教师引导下，用 10 分钟讨论、互动，教师点拨；三是"当堂作业"，学生用 15 分钟左右时间当堂完成作业。这一模式改变了传统的"教"与"学"的顺序，也强调了"学"与"教"的主次，还摆正了"学"与"教"的关系，即"以学定教"。这种教学方式后来吸引了全国各地的学校前往学习与借鉴，显示出其学校特色之生命力。

（四）以课程优势建模

以课程优势建模是指通过大力开发和合理设置选修课程而形成的特色化建设模型的学校。这类学校紧紧把握时代脉搏，根据国家课程改革精神，立足学校实际，通过多种途径科学合理设置选修课程，不断丰富教学内容，满足学生个性化发展需求，从而彰显学校办学特色。

浙江省海宁市高级中学是新一轮课程改革的先行者，它依托与华东师范大学的合作办学优势，对学校的课程改革进行有效的设计与实践。首先，对学校的办学现状和办学基础进行分析：一是学校占据海宁高中教育的制高点，对嘉兴地区高中教育有强大的影响力；二是拥有海宁地区最优质的生源，社会期望学校培养出海宁最优秀高中生；三是海宁有着浓厚的名人学术传统，学校最近二十年呈现学术导向就业趋势。其次，对学校的办学理念与办学特色等进行了定位：以"实施全人教育，促进个性发展，培育海宁新名人"为办学理念；以"富有学术潜力，兼具职业能力，充满生命活力的现代高中生"为培养目标；以"省内示范作用彰显，国内办学特色明显的学术特长类普通高级中学"为办学定位；以"办学术特长类学校，成智慧专长型教师，育实践创新性人才"为办学特色。再次，提出了课程体系与课程文化等的构建：课程体系包括集学科课程、学术课程、职业课程和生活课程一体化的名人课程体系；课程文化包括以文育人，文中有人，以人文成；课改原则包括确立"以学生厚基础和高品质的个性发展"为取向的课程目标，建立"课改与教改同步推进、课改与教师共同发展"的课改路径，最终实现从"统一教育、个别成长"向"全人教育、个性成长"育人模式转型。通过五年努力，校本选修课实现了完全走班制，学校的"特色办学"通过学生的"个性发展"得到较好体现，学生的"个性发展"通过"课程选择"得以实现。学校成为浙江省首批"特色示范高中"，较高的示范效应吸引了国内同行参观学习者纷至沓来。

（五）以德育优势建模

以德育优势建模是指学校通过确立德育主题，采取多种形式的教育活动，培养学生的优良品质，形成学校特色，实现学校内涵式发展的特色学校建设模式。目前，我国各地学校根据自身条件和资源应用状况特点，开展的德育特色主题较多，如生命教育、国学教育、感恩教育、孝心教育、尚美教育、责任教育、爱国教育、环境教育等。

以德育优势建模，进行特色学校建设，是通过对学生道德知识教育、道德情感培养、道德意志锤炼和道德行为的养成来实现的，学生道德品质的提升，能为其知识学习、体育健康、尚美趣美、科技创新提供强大的精神动力。

这种建模类型的学校，一般要做到四个结合：一是德育特色主题要与学校文化相结合，包括环境文化、制度文化以及师生共同的价值观；二是与校内外各教育资源相结合，因为良好品德的养成是一个潜移默化的渐进的过程，更需要适合的环境；三是与校本课程相结合，依托课程的教育更具实效；四是与家庭教育相结合，因为家庭是学生品行养成最好的践行场所。

（六）其他类型

除了以上五种较为普遍的特色学校建设建模类型外，其他还有民族特色建模、区域特色建模与外语特色建模，如果不细分的话，这几种类型也可归纳到"以课程优势为特色主题"中。

二、自主教育的含义理解

（一）对自主性的认识

1. 什么是自主性

董守生在《学生的自主性及其教育》一文中，通过对自主性的哲学与心理学的相关思想的分析，结合学术界关于学生自主性众观点的解读，把学生的自主性界定为：在教育活动中，学生出于自身真实偏好，综合运用多种心智因素，能动地处理自身事务及与外部关系的品性。自主性是学生的能力、品质、特性等综合素养的体现，以自我确真性、自我独立性和自我认同性为主要特征。

2. 自主性与"自由""自我""主体"的关系

（1）自主性与自由的关系

自由的本质是意识或精神上的，是绝对的自由，是一种观念、思想的表达，体现的是一种"应然"，而自主更多的是人存在状态、生活实践的表达，体现的是一种"实然"。两者的关系是，自由是自主的前提，自主是自由最基本和最核心的内涵。自由是自主的精神动力，自主是基于自由的人之生存状态的呈现。

（2）自主性与自我的关系

自主与自我的关系是相伴相生、互为增益的关系。首先，自我意识越高，自主性就越强；自我意识越低，自主性就越弱。从这一连接点上也可以看出，自主性的养成是一个过程，一般会随着自我意识的增强而增强。其次，自我体现在关系中，而自主性也在这种关系中体现，两者统一于个体与周围世界的关系中。再次，自我与自主性也共同体现于个体的行为中，因此，自主性可以理解为一种能力。

（3）自主性与主体的关系

袁贵仁在《马克思的人学思想》中指出，主体性是指"人作为活动主体在对客观的作用过程中所表现出来的能动性、自主性和自为性"。在众多论者对主体性的界定与主体性内涵的解释中，都蕴含了主体性与自主性的内在关联，即主体或主体性与自主或自主性是统一的。

3. 自主性培养是教育的理想与目标

马克思指出，"人的根本就是人本身"，人是"使自己的生命活动本身变成自己意志的和自己的意识的对象"的生命，"人的类特性恰恰就是自由自觉的活动"。马克思的人学观所揭示的是人的本质应从人的存在本身去考察。他认为，人在本质上是自由、自主的，人具有主体性自我意识。人的生命特质就在于自由地支配自己的意识去自主地实现对自身和外部世界的驾驭，借此实现人的自我实现及其超越。我们也由此认为，教育的根本就是实现人的"全面的、自由的发展"。

雅斯贝尔斯在《什么是教育》中也提出了通过教育培养自主性问题，即教育在于使受教育者成为他自己。教育的目的即为帮助受教育者如何更好地成为他自己。教育培养自主性问题，超越以知识技能为目标的学习和认知，这是教育问题的前提。

无论是马克思的人学观点还是雅氏对教育问题的论述，我们可以得出：学生是完整的生命体，对学生的教育不仅是一个知识传递和文化塑造的过程，更是一个抚育生命、培养独立人格、塑造个性、引领学生内在生命成长的过程，而后者要求人们必须从人的生命的内在特质出发来筹划教育，自主性作为学生生命特质的重要内容，理应成为教育的理想和目标。

（二）对自主教育的理解

1. 自主教育理论的历史渊源

自主教育不是一个新名词，古今中外的许多哲学家、教育家与学者都从不同的角度提出过各自的主张。

在国外，柏拉图说过："教只能给予推动，使学生自己去找到必须认识的东西"。奥古斯汀在《统治篇》中把教学改写为对学习者自己认识的助产。他认为，人们向年轻人传授知识，传授理论的和实际的知识，能够做到和应该做的一切是帮助年轻人去理解知识的意义，使其自己获得对知识和世界的认识。教授者只能诱发学生去理解和掌握认识的行为，但做出这种行为的人只能是被教授者，只能在他们自己学习的过程中去实现。卢梭主张"培养自然人"，即自爱、自立、自主的自然人。杜威是"儿童中心论"的集大成者。他认为，所谓儿童的生长，就是根据儿童的兴趣和经验，让他们自主地成长。苏霍姆林斯基认为，能促进自我教育的教育，才是真正的教育。

在国内，早在两千多年前，孔子就提出了"因材施教，启发、诱导和学习结合"的自主教育思想；著名教育家陶行知也强调了"主动求和"；叶圣陶认为"教是为了不教"。可以说自主教育的思想在我国源远流长，但我国教育中对自主教育的研究真正开始于20世纪80年代，陶祖伟在《人民教育》（85年10期）的《要加强自主性教育》中提出，转变看守式的教育和管理，代之以自主性的教育。郑刚也在《教学过程中学生的自主性特征》（1986 年第 6 期《华南师范大学社会科学学报》）中提出，自主性是学生主动积极学习的前提和条件。进入 90 年代后，学界对自主教育的研究开始增多，但内容主要集中在学生的学习上，如陆根书教授就把自主学习界定为主动地、有见地的学习。随着教育改革的不断深化，特别是在 20 世纪末"主体性"教育理论的广泛传播与普及，"自主教育"在国内得到较快推广与实践。

2. 自主教育的内涵

（1）自主教育的含义和原则

自主教育是培养教育者自信、自立、自强、自律精神，促进其身心俱健的全人教育；是培养受教育者的主体意识和学习能力，促进其主动发展的终生教育；是实现受教育者和教育者的合一，使教育的对象成为主体的教育。由于掌握了自身主动权，个人将在发展的过程中拥有无穷的力量和智慧。

自主教育的原则是以人为本，通过对受教育者无条件的积极关注，激发学生的自主性，实现其主动发展。

（2）自主教育的主客体

自主教育的主体是受教育者，他们是教育过程的主动方，需要通过教育学习并掌握某些知识或技能的人。自主教育的主体可以是任何学习者。

自主教育的客体是起辅助作用的教育者，在学校为老师，在家庭为家长，他们是具有一定知识和知识传授能力的人。

值得我们注意的是，自我教育中的主客体并非固定不变的。也就是说，并非教育者一直都是教育者，受教育者永远都是受教育者。在前期，父母与老师是客体，到了自主教育的后期，受教育者已经掌握了自主教育的方法并将之应用到自己的学习生活中后，受教育者（自主教育的主体）就发生了转变，变为了自我教育的客体。这时，受教育者既是主体也是客体，教育行为自身化了。

（3）自主教育的目的

自主教育推崇的是对人生意义和对理想的追求，反对盲目的信仰和崇拜权威，强调自主性，重视科学知识。在实际的自主教育过程中，重视个体个性的发展，德智体美并重，反对"分数决定论""成绩决定论"。

自主教育的目的是要造就具备适应时代发展的有竞争力，具有良好的综合素质和个性的人。因此，知识的积累并不是最重要的，重要的是能力的培养和人格的塑造。

（4）自主教育的内容

一个人从平凡走向成功的关键在于超强的能力和完善的人格。自主教育正是紧紧抓住了这两点，挖掘孩子身上的潜能，培养孩子良好的性情和高尚的品德。

①培养能力

能力包括实能和潜能。实能是一个人现在懂得什么和能干什么，即已掌握的知识和技能。潜能是一个人的身体和心理条件决定的完成某种活动的可能性。要把孩子培养成一个有良好的理解能力、分析能力、判断能力、自我调控能力的人，主要是开发孩子的潜能，自主教育正是通过练习和实践，把这种潜能最终变为实能。

②培养性情

性情主要指自信、自律、执着、理性、责任感、乐观和冷静，具有良好的性情比智能更重要。

自信。自信是个人对自身能力的信任，是一个人性格的核心。成人对孩子期望过高、保护过度、管制过严，特别是负面评价过多，会影响孩子的自我评价，挫伤孩子的自尊心和自信心。一个缺乏自信的人，很难建立良好和谐的人际关系，不但在学习和工作上难以取得成功，在生活上也难有幸福感。

自律。自律是自我约束和自我控制的能力。一个成功的人是可以控制自己和周边的资源环境的，这种控制能力的基础就是自律。自律的人具有高尚的道德感，认同社会的议事原则和规范，个人的发展也会推动社会的前进。

执着。执着是一个人对某种期望的事物表现在行为上的不舍弃的心理态度，是一个人的行为方式。执着，反映了个人对自己判断准确性的肯定，即主观能动性的强烈程度，可以让人更主动地去追求，而不是躲避和退缩。

理性。理性相对于感性，是人对事物的思考方式。对于受教育者来说，缺乏理性的思考容易盲目和形成惰性，不知道学习的目的，不知道努力的方向，最终导致对学习的厌倦。形成理性思考的基础就是要学会观察和认识身边的事物。

责任感。责任感是人唯一的可以挖掘内心的需要并启动无比强大的主观能动性的金钥匙。缺乏责任感的孩子长大后缺少追求，也不会尊重别人的劳动成果，他们无法面对竞争，没有动力源泉，在社会上会遇到困难而一蹶不振。

乐观。乐观是一种处世哲学精神，是不论顺境、逆境都能从内心保持着积极向上的精神，这是一种充满正能量的性格因素。乐观可以让人用平静的心态去对待事物，以积极的态度来面对世界，是人永远的加油站。

冷静。冷静是一种行为方式，也是一种态度，同一个人的理性有密切的关系。这样的行为方式或态度可以给掌握它的人带来思考后的无穷乐趣，而不是用不假思索的冲动来处理问题。培养冷静的态度对孩子顺利地成长，实现理想有很大的帮助。

③培养品德

重视智力开发，忽视品德培养是许多家庭教育乃至学校教育的误区。德育对学生来说，首要的是法制教育和公德教育，当然，信仰教育亦不可少。维护法纪靠强制，维护公德靠舆论，都要借助于外力控制。信仰是将外在价值准则内化所形成的人生观和世界观，只有在信仰支配下的行为才是自觉的内控的行为。信仰有好有坏，有善恶之分，人不能没有信仰，更不能信仰邪恶，因此，家庭及学校教育要帮助孩子树立并坚持真善美的理念信仰。

三、自主教育的理论基础

（一）人本主义

人本主义心理学兴起于20世纪50年代，是有别于精神分析与行为主义的心理学界的"第三种力量"。主张从人的直接经验和内部感受来了解人的心理，强调人的本性、尊严、理想和兴趣，认为人的自我实现和为了实现目标而进行的创造才是人的行为的决定因素。它沿用了哲学中人本论的观点，提倡"以人为本"。

人本主义心理学的代表人物马斯洛认为，人身上潜藏着人性的优良品质，就看我们如何的加以引导，使其潜力充分展现。人本主义心理学强调的是自我实现。自我实现是指个体在成长中，其身心各方面的潜力获得充分发展的历程和结果，亦即个体本身生而具有但潜藏未露的良好品质，得以在现实生活环境中充分展现出来。

人本主义心理学另一代表人物罗杰斯认为，人类具有天生的学习愿望和潜能，这是一种值得信赖的心理倾向，它们可以在合适的条件下释放出来。当学生了解到学习内容与自身需要相关时，学习的积极性最容易激发，而在一种具有心理安全感的环境下可以更好地学习。罗杰斯认为，教师的任务不是教学生知识，也不是教学生如何学习知识，而是要为学生提供学习的手段，至于应当如何学习则应当由学生自己决定，教师的角色应当是学生学习的"促进者"。

人本主义的学习理论从全人教育的视角阐释了学习者整个人的成长历程，以发展人性；注重启发学习者的经验和创造潜能，引导其结合认知和经验，肯定自我，进而自我实现。人本主义学习理论重点研究如何为学习者创造一个良好的环境，让其从自己的角度感知世界，发展出对世界的理解，达到自我实现的最高境界，因此，他们强调要"以学生为中心"来构建学习情景。

（二）建构主义

建构主义认为，知识不是通过教师传授得到，而是学习者在一定的情境，即社会文化背景下，借助学习时获取知识的过程中其他人（包括教师和学习伙伴）的帮助，利用必要的学习资料，通过意义建构的方式而获得。建构主义学习理论认为"情境""协作""会话"和"意义建构"是学习环境中的四大要素或四大属性。

建构主义提倡在教师指导下的，以学习者为中心的学习，也就是说，既强调学习者的认知主体作用，又不忽视教师的指导作用，教师是意义建构的帮助者、促进者，而不是知识的传授者与灌输者。学生是信息加工的主体、是意义的主动建构者，而不是外部刺激的被动接受者和被灌输的对象。

学生要成为意义的主动建构者。要用探索法、发现法去建构知识的意义；在建构意义过程中要求学生主动去搜集并分析有关的信息和资料，对所学习的问题要提出各种假设并努力加以验证；要把当前学习内容所反映的事物尽量和自己已经知道的事物相联系，并对这种联系加以认真的思考。

教师要成为学生建构意义的帮助者。激发学生的学习兴趣；通过创设符合教学内容要求的情境和提示新旧知识之间联系的线索，帮助学生建构当前所学知识的意义；为了使意义建构更有效，教师应在可能的条件下组织协作学习（开展讨论与交流），并对协作学习过程进行引导使之朝有利于意义建构的方向发展。

（三）人格分析

人格一直都是心理学研究的主题之一。通俗地说，人格是每一个人在一切环境中所具有的独特和持久的性格。

精神分析的人格理论。弗洛伊德的人格理论是建立在本能的基础上的。他认为人格是由本我、自我与超我构成的。

所谓本我，指的是最原始的我，是一切"我"存在的心理前提和能量基础。

一般可以理解为天性、本能和自然思维规律等。在弗洛伊德的理论体系中，认为这种"本我"是追寻快乐、避免痛苦的；是无意识、无计划的，和动物是没有什么本质区别的。通常情况下，人们往往理解"本我"为"本能"。

所谓自我，指的是"自己"这个意识的觉醒，是人类特有的自我探寻的开始。"自我"可以称为"在现实环境约束下的自我"。自我是用自己的能量去阻止本我的非理性的冲动。自我一方面通过延迟满足感以控制本我，直到需要能实际地得到满足；另一方面又通过一定的手段为本我服务。

所谓超我，指的是泛道德伦理角度的"我"。如果将本我概括为"我想要"，那么自我就是"我能要"，而超我则是"我应该要"。超我的形成是外部环境，尤其是道德规范、社会取向等的影响下，作用于本我的结果。超我遵循"道德原则"，为达到完美和理想而活动。

精神分析的理论认为，本我、自我和超我在个体的人格结构中陆续发展并共存，他们之间有着不可避免的冲突。本我是人类生物体的原始力量的来源，传达个体的基本需要，是人格中永存的部分。自我对本我进行监督和限制，为满足本我需要而活动，是一个调节者。超我反映的是社会道德准则和行为准则，判断自我是否符合社会原则，是一个标杆。

儿童在发展过程中，本我、自我和超我三者在充满活力的运作中达到平衡，人格就会健康成长。本我太强的人过分自私自利，不尊重她人。自我太强的人会过度自信、自负，轻视她人。过强的超我则使人容易自责、内疚，甚至引起心理疾病。

关于人格的发展。我们议论一个人的成败，自然会想到她的性格特点是怎样的。似乎从每一个成功人士的身上，我们都可以看到其性格中的闪光点。

经常我们会听到父母如此的埋怨自己的子女："咱孩子天生就不是那材料"，甚至因为恨铁不成钢，而怒骂孩子是朽木不可雕，好像天生的顽石怎么也琢不成玉。而人格理论在承认先天因素对人的成长过程中的作用的同时，更强调了后天环境的重要性。

不可否认，先天的因素，也就是遗传基因在其中起着重要的作用。每一个孩子，刚出生时，就犹如一张白纸，等待涂满色彩。可是他们却并不千篇一律。有的孩子害羞，有的孩子活泼，有的孩子爱笑，有的孩子爱哭，无不带有先天的烙印。

的确，从孩子呱呱坠地时起，他的相貌、音色等生理特征以及她们的气质特点（比如安静、好动、坚持、易烦躁等）就基本确定了。但是，并不能因此就相信性格是天生，成败乃天命。

在人的性格里，先天的成分或多或少给后天的发展限定了一个范围。就好像一个孩子生来五音不全，我们怎可能要求她长大成为有着美妙歌喉的歌唱家？但是，后天的因素又反作用于先天的基础，带给孩子一个发展的可伸缩的天地。好马要伯乐识，好玉要巧匠磨。所以，就对于孩子人格发展的重要性而言，后天环境更为重要。

教师和父母作为孩子成长中重要的一环，关键就是采用什么教育方式来培养和引导孩子，创造孩子各方面（身体、性格、学业等）发展的良好环境，帮助孩子养成体现自我的良好性格，走好孩子自己学习、工作、生活的人生之路。要让孩子自己知道，"行行都能出状元"；要让孩子有这样的信心，"我不是天才，但我能成功"；要让孩子明白，"成功之路要靠自己来实现"。

（四）主体性教育理论

主体性教育是指根据社会发展的需要和教育现代化的要求，教育者通过启发、引导受教育者内在的教育需求，创设和谐、宽松、民主的教育环境，有目的、有计划地组织和规范各种教育活动，从而把他们培养成为独立自主、自觉能动、积极创造地进行认识和实践活动的社会主体。一句话，主体性教育是一种培育和发展受教育者的主体性的社会实践活动。

学生作为一个正在成熟和发展中的个体，他的主体性需要通过多种途径得以培养和发展。而教育作为学生生活的一个极为重要的组成部分，作为一种有目的、有计划、有组织的培养人的社会实践活动，是通过促进人的社会化和个性化来展开的。人的社会化和个性化的过程，就是人的主体性素质的不断培育与展现的过程，其结果便是使个体由自然人逐步成为社会生活的主体和社会活动的主体。只有这样的人才能主动积极地参与社会生活，并为社会进步做出贡献。从这个意义上讲，教育在本质上是对个体主体性的培养过程，是一种主体性教育。而自主教育正是突出教育活动中的学生的主体地位和作用的教育。

四、"自主教育"特色发展主题的选择

（一）对教育价值的追寻

1. 对教育真谛的追寻

真谛，按词典的解释为"真实的道理或意义"。但对于教育真谛的解释，由于对教育的主体的不同而有多种理解。但无论是国家教育、学校教育还是教师的教育，趋于共性的理解，是培养独立、自由的，具有批判精神与创造力的"人"。教育作为一种与经济、政治相统一的文化要素，对人类认识和改造客观世界及自身起着积极的作用。我们在对教育真谛的追寻中，充分认识到，教育的本质在于受教育者对自我的认识与改造能力的提升，教育的最终目的是实现"教"是为了"不教"，"育"是为了"不育"，即教会其自我反思自我管理的生存和发展的能力。

教育的真谛要求承认"人"是独立的个体，要承认人的个体独立，那么，就必须承认其发展应该是自主的。只有独立的个体，才有可能建设民主的社会，才可能具有民主参与、民主决策的能力，才最有可能充分地自我发展和自我实现。自主性、独立性所标识的是个体与外部世界，特别是与社会、他人关系的性质，是一个人有尊严地存在的条件。更重要的，自主性、独立性，是一个人自由充分发展最核心的内质，也是个体获得更好发展的主体条件。如果个体缺失了这一主体条件，没有了独立的意识、自主的品质，那么他的存在与发展往往是盲目的或者是被动的，更不用说对事物的否定与批判乃至在辩证否定中的创新。因此，教育的真谛要求我们在教育实践中，在确立受教育者独立性的前提下，努力培养其"自主"意识和能力。

2. 对自主性目的的追寻

学生作为教育主体，他们的生活根本上是由他们自己塑造的。"自主教育"通过培养学生的自主性，赋予他们更有尊严、有意义的生活。学生自主性目的首先体现为一种权利，权利是自主的本源意义，只有自主的人才能根据自己的意愿选择自己的生活。其次，自主性还能带来幸福，因为获得自我满足才是幸福的"根基"，只有基于自身确真意愿、自我决定、自我选择、自我实现，靠自我创造的幸福才是真正的幸福。最后，自主性能给学生带来自由与尊严，自由与尊严是共存的，它们都是自主的价值体现。自主的反向是他主，在他主的生活中，何尝能体会到真正的"自由"与"尊严"。

3. 对教育目标的追寻

学生的自主性的实现是一个过程，需要在教育实践中去检验和渐进实现。按照埃里克森的观点，自主性只有在成年期才能实现，这就使得培养学生的自主性成了教育追求的目标。

自主性作为教育目标，具有诸多特性。

首先，它具有优先性，人既是教育目标的出发点，也是教育活动的最终归宿。因此，教育目标即是人的目标。通过对人的自主性的哲学和心理学考察可知，自主性即是人的一种基本特性，是人区别于其他动物的本质属性，理应成为教育的基本目标，并优先于其他目标。

其次，它具有合理性，教育作为培养人的活动，应然以人的自我实现为基本价值取向。只有以学生的自主性为前提，才能保证教育所传递的一切真正成为他自己的东西。

最后，它具有现实性。教育活动区别于其他社会活动的显著特征，在于它是以人为对象的，而人又是教育过程的主体。传统的以"考试理性"为主旨的教育，所带来的"课业负担过重"与"创造力缺失"两大问题，无疑是对学生自主性教育漠视的结果，因此，提倡自主性教育作为教育目标，更具现实意义。

4. 对时代要求的追寻

"钱学森之问"一直困扰着中国的教育，其问题的症结就在于失去"自主性"的教育模式，使人的自主性在学习中受到抑制。

"自主"指学校和师生有生存和发展的主动权和选择权。联合国教科文组织国际教育发展委员会编著的《学会生存》中明确指出："未来的学校必须把教育的对象变成自己教育自己的主体，受教育的人必须成为教育自己的人，别人的教育必须成为这个人自己的教育。"纵览世界教育的演进，我们可以发现 21 世纪 70 年代以来，中外教育改革发展正处于同一走向：西方国家倡导教育要表现个性，培养自我；而我国教育整体改革中出现的"愉快教育""参与教育""成功教育""希望教育""创造教育""合作教育"等多种教育模式，无一不是把重点放在自主发展的追求上，在发展学生主体精神上做出了多种探索和尝试。中外教育改革发展的趋同性，正是反映了培养学生主体意识是时代的需要，时代的发展呼唤着自主性教育和人的主体精神。

我校开展的"自主教育"特色学校建设，正是基于对教育价值的追寻的选择。

（二）基于校情的特色主题选择

1. 以教育理念为特色

我校创建于 1999 年，规划为 48 班规模的城镇初中。因学校位于海宁市市区南部的城乡接合部，生源质量相对于海宁的其他几所城镇初中存在一定的差距。教师主要来源于城郊撤并后的两所初中与一所职业高中初中部学校，教师队伍综合素质偏弱，尤其是专业素养与合作力较差。在新招和引进了一批新教师的基础上，2002 年我校升格为完全中学，这给我校的教育教学管理又带来新的压力和挑战，教师专业素养的提升成为学校站稳脚跟、快速发展的重中之重。在"零择校"政策尚未实施的背景下，学区内生源的大量流失，倒逼着学校开展以"优质"为重要标志的特色学校建设。

由于学校教师队伍整体素质不高，个体差异又大，特别是高中的开设，使一大批年轻有活力又具备高学历的教师集聚到高中部，导致初中部师资力量更为薄弱，学科间教师结构性矛盾突出，如 34 个初中班只有 5 位专业对口的社政教师。加之办学规范化政策的日益深化，特色班、重点班、实验班等一概取缔。在此现实条件下，选择什么模式开展特色学校建设，继而推进教育质量的全面提升，是学校必须进行决策与设计的战略性问题。

鉴于政策与学校师资情况，我们选择了"以教育理念建模"开展特色学校建设。

2. 以文化培育为特色

作为一所新创办的学校，学校没有传统文化，也谈不上文化的传承。学校文化建设更多地需要设计与培育。在学校创办之初，学校就把文化建设的主题设定为"自主、合作"。

根据办学特色的独特性和稳定性，我们不难发现，学校特色的定位和培育需要一定的根基和条件，这种根基既是学校客观实际的内质，又须是学校人文精神的核心，这便是学校文化。

从学校文化的内涵来看，学校文化是学校成员在教育教学和管理实践中创造生成的体现时代特征和社会进步的价值观念、思维方式、行为规范及其活动结果。一所学校要有稳定的办学特色，也必然地要以学校的内部条件尤其是师生的员工的"独特文化"为基础，从其物质、制度、行为和精神的独特性上去挖掘和发展，也只有以此为根基，在历史的传承和现实的培育中，才能保持办学特色的稳定性。

从学校文化的本质看，学校文化的本质特性与学校的办学特色是统一的，办学特色无非是学校本质与精神的外现。所以，办学特色的设计及形成，应该且必须依赖于学校文化。

优秀的具有独特品质的学校文化，既是学校办学特色所植根的土壤，也为学校特色化发展提供生命营养和精神动力。自主赋予个体以生命的活力，而自主的个体之间需要合作，这是我们对学校文化与学校特色主题相统一的理解。

3. 以发展愿景为特色

通过社会对人才的需求的分析与学校自身发展需要的寻求，学校进行特色学校建设的目标，就是促使学生在理想追求上自强，在人格修养上自律，在知识探究上自觉，在生活管理上自理，在活动组织上自为。通过培养人之为人的自我意识和自主能力，为培养和塑造学生的创造素质及其所具有的兴趣、想象力、好奇心、批判精神、探究能力奠定基础。根据学校"一切为了人的自主发展"的办学宗旨，学校教育既要促进学生的自主发展，还应引领教师的自主发展。因此，学校的责任就是帮助，引导和促进师生的自主意识与自主发展能力的提升，这也是学校教育的愿景。

第三节　特色学校建设的路径设计

通过分析与研究，学校从 2005 年开始，进行了以"自主教育"为主题的特色学校建设的路径设计，在创建特色学校的过程中，不局限于个别学科的特长和某一项目的特色，也不以教学方式建模，而是将"自主教育"理念在学校教育教学活动中全方位的渗透，在办学整体上综合性体现自主教育理念，并促使这种理念在学校管理、师生发展、教育教学、学校文化上均有独特体现，形成南中的办学特色。

一、顶层设计，做好规划

我校特色学校建设的策略，在顶层设计中，主要做了方案设计、规划制定与特色项目的创建。其中创建方案已实施了两轮；规划每三年一次；特色项目每年两项。

（一）特色学校建设方案

2006 年，学校根据海宁市教育局统一部署，制定了《倡导自主评价，促进自主教育，实现主动发展》的特色学校创建方案，经过近十年努力，学校成为市级特色示范学校，根据时代的发展和学校改革持续推进，学校开始了第二轮特色学校创建活动。

附：学校第二轮特色学校建设方案（要点）

在"自主合作"文化中催生学校特色

——南苑中学"自主教育"特色学校第二轮创建方案

一、指导思想（略）

二、"自主教育"特色的选择与解读

（一）对"自主教育"含义的理解（略）

（二）"自主教育"特色的定位（略）

（三）"自主教育"的理念分析（要点）

1. 人本性

2. 民主性

3. 差异性

4. 创造性

基于以上理念，我们努力探索并不断完善学校的自主教育模式，创造适合学生自主发展的机制，引导学生自主学习、自主、自主管理、自主发展，把学校办成促进学生自主发展的阵地，促进学生全面和谐发展，促进人的可持续发展。

三、可行性分析（要点）

（一）理论依据

1. 哲学基础：自主教育的指导思想

2. 心理学基础：自主教育的心理保证

3. 人才学基础：自主教育的目标定位

4. 教育学基础：自主教育的必然选择

（二）现实基础

1. 创办之初，源于学校的发展所需。

2. 2006 年起，以《中学生自主教育行动研究》为总课题的课题群研究，初步构建起以学校自主教育与教师自主发展为主要内容的自主教育体系。

3. 2007 年始，申报了"自主教育"特色学校创建。

4. 2014 年，我校的"自主教育"特色学校建设已通过海宁市级考核评价。

5. 特色学校建设只有起点，没有终点，名校建设需要坚实的特色基础。

四、特色学校建设

目标

1. 总目标

通过在学校的教育教学、管理和服务的各领域，开展学生自主评价、自主管理、自主活动、自主学习的教育，使学生在理想追求上自强，在人格修养上自律，在知识探究上自觉，在生活管理上自理，在活动组织上自为。学校教育在促进学生的自主发展的同时，帮助、引导和促进师生的自主意识与自主发展能力的提升。

2. 具体目标

（1）通过深化特色学校建设，为学生营造一个有利于自主发展的教育环境，唤醒学生主体意识，发挥学生在生命成长中的主体作用，增强学生的自我认识、调控能力，提高学生自主教育能力，培养学生健康向上的主体人格、创新精神和实践能力，提高学生的人文素养，促进学生自觉、主动、全面和可持续发展。

（2）构建一套符合我校实际和学生发展为特色的学生自主教育模式，包括自主管理、自主学习、自主活动、自主评价的课程体系。

（3）构建教师自主发展科学评价机制。教师通过自我或他人的指导支持，自我设计发展目标、能动实践、主动接纳外部信息及自我调控的自主发展评价体系，构建"依据目标，重视过程，及时调整"的形成性评价机制。建设一支具有主体创造性的高活力的教师队伍，促进教师专业素养的提高。

（4）通过特色学校建设的不断深化，探索出一条符合人的成长规律和我校发展要求的特色学校创建模式，增强学校发展的动力和活力，促使学校走上一条个性化、有特色、可持续的发展道路。

五、深化特色学校创建策略（要点）

（一）健全深化创建工作领导机制，为学校特色发展提供组织保证

为保证创建工作的不断深化与优化，学校要建立以校长为组长，分管校长与各职能处室领导为成员的创建工作领导小组。要统一思想，落实责任，做到顶层设计有规划，分管项目有计划，年度工作有评价。

1. 校长负责顶层设计，制定《规划》，进行责任分解和指导评价。

2. 校务办负责教师的学期考核评价工作，教师自主发展评价和名优教师的申报和评选实施。

3. 教科室负责自主教育课程体系开发的指导，指导其他科室制定自主教育

《评价方案》，指导和考核教师的专业发展，不定期编撰《南苑中学自主教育专刊》。

4. 教务处负责对学生自主学习意识的培养与习惯的引导和管理，推行初中学生自主导练的推广与优化，指导年级组进行教师选岗和聘用。

5. 学生处负责学生自主评价工作，指导和考核学生的自主德育活动，领导住管组对住校生的自主管理和文明寝室的自主申报工作。

6. 总务处负责班级校产自主管理，指导膳管会开展对学生用餐卫生与质量的监管。

7. 团委负责学生自主管理组织的建立，健全学生自主活动机制指导和社团活动的考核。

（二）培育"自主合作"学校文化，为特色之花提供肥沃土壤

1. 规划美丽校园建设，构建学校独特优美的环境文化。

2. 进行制度文化的创新，在实践中提升学校精神文化。

3. 着力深化"自主、合作"理念培育，促使师生的思维方式进一步优化。

（三）构建自主德育新机制，提升学生道德修养能力

1. 推行自主管理，让学生成为学校管理的主人

（1）搭建宽广的自主管理平台

（2）建立与健全自主管理组织

（3）全面推行自主申报制度

（4）提供自主管理的展示舞台

2. 进一步完善自主评价机制，让学生在自我反思中获得主动发展

（1）制订自主评价参考标准

以《南苑中学学生日常行为规范手册》为依据，制订并细化各项评优、创先与日常评价参考标准。

（2）完善自主评价机制

自主评价的核心是注重学生的自我评价，通过评价的自觉与主动，突显评价的激励、反馈、调整和改进功能。

自主评价主要包括：学业评价、活动评价、品行评价和能力评价。自主性评价强调学生自主的同时，还辅以他人评价，即教师评价、家长评价、同伴评价和社会评价多种形式。

（3）改学生素质报告为自主发展（成长）记录

从 2015 学年的起始年级开始，改素质报告册为记录册。记录册的内容为，三年人生规划、学期学业规划、文化课成绩、技能课成绩、综合素质评价、行为习惯自评、学期最骄傲的事记载、班主任建议和家长勉励。这样让学生成为记录的主体，变教师评价为学生自我评价。

3. 积极开展人生规划教育，让学生在自我规划中明确成长的方向

（四）优化课堂教学模式，提升学生自主学习能力

1. 推行"学习设计"，凸显学生学习的主体地位

借鉴上海愉快教育研究所的研究成果，将教学设计改成了学习设计，引导教师在认真分析学情，研究学生学习的基础上确定学习目标，并将学习目标分解细化为一个个学生能够完成的学习任务，把学习主角的位置还给学生，尊重学生的主体地位，培养学生自主学习的意识与习惯。

2. 深化课堂教学模式改革，构建学生自主学习新常态

构建"目标引领、问题导入、合作探究、精讲精练"的自主学习课堂教学模式。建立"自主学习"课堂教学评价机制，以引导并保证课堂教学改革的健康开展。

3. 优化作业设计，为学生自主学习提供保证

根据学生学情和教材特点，教师精心设计具有层次性、选择性、开放性的作业，减少学生重复、低效的作业，构建适合学生自主学习的"自主导练"，主要包括：课前预习、课内训练、课后巩固和课后拓展。

4. 依托数字校园建设，拓宽学生自主学习空间

要抢抓机遇，及时把握住教育信息化发展趋势，进行微课、翻转课堂、云课堂教学的研究，着力打造完善的数字信息化教学体系。积极参与市首批云课堂实验学校的探索，鼓励师生参与嘉兴在线教育的课堂教学，强化与中国移动合作，提升学校网站的运行空间与时效，多渠道地拓展课堂学习的时间和空间，为学生自主学习提供了更广阔的学习平台。

（五）整合课程资源，构建学生自主教育课程体系

1. 课程结构

（1）课程设计总体要求

根据课改要求，适量减少必修课，增加选修课，开发适合本校学生实际的校本选修课程，满足学生不同发展的需求，促进学生个性发展，建成具有学校特色的、适合学生自主发展的校本课程体系。

（2）课程体系框架（略）

（3）"四大板块"课程的逻辑关系

①必修课程、知识拓展类课程和兴趣类课程构成以基础性学习培育为目标的课程集群，夯实学生既有宽厚的基础，又有个性特长的知识能力功底，为学生的自主发展奠定基础。

②必修课程、知识拓展类课程和自主合作类课程构成培育学生自主发展性学力的课程集群，让学生以学科知识、社会生活实践和职业技术为背景，生成潜在的自主发展意识和自主发展能力。

③必修课程、兴趣类课程和自主合作类课程则是以培育学生创造性学力为目标的课程集群，使学生以扎实的基础为起点，以职业发展为指向，以兴趣特长为情感激发，在课程的学习过程中培养学生的自主发展能力。

德育课程贯穿于整个学段教育的始终，学校以学生的"人生规划教育"为重点，以正确的人生价值观培育为核心，渗透于所有学校课程之中，把"我要"意识贯穿到学校所有实践活动中，突出"自主发展"的课程思想，真正把学生培育成既有较高学业水平又充满自信、敢于负责、富有进取精神，适应未来社会发展需要的新型人才。

2. 课程开发

（1）国家课程校本化

（2）开发校本课程

根据地方资源和我校现有资源，在《海宁潮与潮文化》《海宁名人文化》《中学生人生规划教育教材》和高中62门校本选修课程的基础上，充分挖掘自然风物和地方人文方面的课程资源，以初中段为重点，开发以"自主教育"为核心理念的校本课程，每年20门，三年共完成60门。

我校要通过外建综合实践活动基地，结合综合实践类课程的开发，给学生创造一个广阔且能自由生长的空间。

（3）开发主题德育课程

根据德育目标和学生年龄阶段及身心特点，设定主题，开展系列课程建设。七上为"规范行为倡导文明"教育，七下为"集体主义"教育，八上为"珍爱生命"教育，八下为"中华传统美德"教育，九年级为"理想与前途"教育。高中各年级也开展相应的课程开发与主题教育。《中学生人生规划教育教材》要在全校各年级推开。外建实践基地，拓宽自主教育空间。

（4）开发体艺特色课程

通过体艺项目校本课程的开发与开设，我校打造了技能类高端特色项目。在体育和健康教育项目上，要把"跑操"活动课程化，做成学校的精品项目，要发展足球、射击、轮滑三大传统优势项目，积极开发定向运动等新项目。抓好健康教育和学生卫生保健工作，优化其校本课程，努力成为学校精品项目。在艺术教育上，要以学生合唱团与硬笔书法特色项目为基础，开发好校本课程。在科技教育上，要集全校之智，开发综合实践活动和研究性学习课程建设，制作全版初中劳技微课。

（六）构建教师自主发展评价体系，促进教师自主发展

1. 进一步健全教师自主发展管理体系

（1）在对教师的目标任务管理上，实行自主申报制。在承担课务、教师星级目标、值日工作、校园事务性工作和各管理组织的建立上，实行自我申报，让更多的教师分享领导地位。

（2）在对学校发展的决策上，学校实行教代会制度，让每一位教职工行使主人翁权力。

（3）在教学管理上，学校建立起了以教务处为指导的，以年级组为中心的教学管理体制，实行年级组长、班主任、任课教师质量目标责任制，提高教学质量。

（4）在教职工聘用工作上，实行教师自主申报基础上的分层聘任。

（5）在教研组建设上，以教科室为指导的，以学科组为中心的，责任到学科组、备课组和每一位教师的教科研管理体制。

（6）在德育管理上，建立以学生处为指导的，以年级组为中心的学生管理体制，实行班主任为责任人的学生教育责任制。

2. 构建教师多元化自主培训机制（略）

3. 构建教师自主发展科学评价机制

（1）教师自主发展性评价内容

教师自主发展性评价分四个系列：德育系列（主要是职业道德）、教学系列（工作量与教学成绩）、教育科研（教科研成绩）、教研活动（教学业务能力）。评价结果根据总得分的多少分六个等级，四大系列由相关的科室组织考核。

（2）教师自主发展性评价组织实施

每位教师对自身现状进行分析，结合学校提出的教师发展目标，制定三年

自主发展个人愿景（即职场规划），提出自主发展目标和有效的行动策略。

学校评价工作小组对教师的个人职业发展规划进行评价，并对教师的目标推进进行平台搭建、重点跟踪和评价反馈，促进教师自主发展意识的提高。

学校认为，建设特色学校创建是一项只有起点没有终点的复杂的系统工程，需要实践和思考的问题很多，学校将本着在研究中深化，在实践中提高的策略，不断推进特色学校的创建。

2015 年 5 月

（二）学校特色发展规划

根据校长任期，我们学校设计了三年发展规划，意味着一个发展规划，由一任校长及其管理团队任期内实施。为扎实有效地推进特色学校建设，学校从2006 学年起，进行特色发展规划，时间跨度为五年，这样，从学校宏观层面上，有两个规划，且时间也不匹配，在实施过程中，遇到不少问题。从《2014—2016 学年发展规划》起，学校整合了学校特色发展规划与学校三年发展规划，把特色发展作为三年发展规划中的重点工作进行设计与规划。

附：海宁市南苑中学 2017—2019 学年发展规划（摘要）

海宁市南苑中学 2017—2019 学年发展规划（摘要）

一、学校基本情况

1. 基本现状（略）

2. 发展优势

（1）品牌优势

（2）管理优势

（3）师资优势

（4）文化优势

（5）保障优势

3. 制约学校发展的因素

（1）学校的总体师资水平与名校要求，还有一定的差距。

（2）学校设计规模与现行办学规模不匹配，导致教学用房严重不足。

（3）特色学校建设已初现成效，但自主学习的瓶颈尚未完全突破。

（4）在现行财务体制下，学校缺乏教育设施设备投入与项目开设选择的自主权。

二、办学理念（略）

三、发展目标

（一）办学目标：浙北具有影响力的品牌学校。

（二）育人目标：培养具有"自主发展意识和团队合作能力的现代公民"。

（三）近三年工作目标

1. 总目标：把学校建设成为具有"自主教育"特色的，教育质量全面优质的嘉兴市品牌学校。

2. 具体目标：

（1）学校管理规范科学——成为海宁市级学校管理最规范、善创新、合规律的学校。

（2）课程改革务实有效——形成符合"自主教育"特色体系的学校课程体系并有效实施。

（3）德育活动丰富求真——构建具有针对性与实效性的常规德育与自主德育相结合的学校德育运行机制。

（4）教学质量全面高质——学校教学评价综合成绩与升学成绩列同类学校前两名，体艺技科竞赛年年有金奖。

（5）教师素养全面提升——各级名优教师数量质量双提升；争取省级名优教师榜上有名。

（6）后勤保障高效有力——后勤服务高效优质，经费保障合规合理满足需要。

（7）特色文化日趋鲜明——以师生行为文化的培育为重点，"自主合作"特色文化更加浓郁。

四、发展项目

（一）基础发展项目

1. 学校管理

2. 德育工作

3. 教育科研

4. 高中教学管理与质量

5. 初中教学管理与质量

6. 体艺科技健康教育

7. 后勤保障

（二）重点发展项目

1. 特色学校建设

（1）工作目标

学校自主教育的责任与目标就是帮助、引导和促进师生的自主意识与自主发展能力的提升。通过三年努力，学校特色更趋鲜明，特色文化更加浓郁。

（2）具体措施

①进一步推进特色班集体创建活动。要以目标为导向，进一步加强班集体建设考核，引导和鼓励特色班集体创建，形成基于"自主性"的班集体建设体系，使班级自主管理成为学生自主发展的重要载体。

②进一步开展自主德育。要深化"人生规划"教育，结合新高考和初中新课改要求，修订并使用好《中学生人生规划教育》校本教材，引领学生开展以人生规划为目标的学习生涯规划。要在分层德育、志愿者服务、社会现象评价、南中大讲台等自主德育活动中，更多地让学生自主选择与参与，在自主德育活动中培育学生主体人格。

③进一步深化学生的自主评价工作。用好融入学生自我成长规划、自我发展目标，自我评价、自我反思等自主性内容的《学生自主成长记录册》；继续开展个人与集体创优自主申报制度，变"评"为"创"，变"要我"为"我要"。

④进一步拓展学生自主学习资源。通过开发微课堂视频，引进"电子书包"资源，充分发挥学校师资优势，结合学校数字化校园建设，引导学生进行自主学习，把自主教育特色学校建设推向新的高度。

⑤进一步推进体育、艺术和技术教育的自主化进程。在体育、艺术和技术教育中，要形成相应的特色项目，充分尊重学生的主体地位，根据学生的兴趣与潜能，增加选修课程，让学生更多地自主选择项目，不断提高学生的体质水平与审美、创造能力。

⑥继续开展学校特色文化建设。进一步开展美丽校园建设，提升学校环境文化；扎实推进制度文化建设，以制度规范师生的行为，引领师生的行为文化体现学校成员共同的核心价值观。

（3）成功标志

①50%以上特色班集体建设有规划、有步骤、有认定。

②初高中《中学生人生规划》校本教材开发完稿，用于正常教学。

③以"电子书包"为平台的学生自主学习模式，成为市级示范。

④《行走在自主教育之路上》书稿编辑出版。

2. 教师专业发展

（1）工作目标

以教师星级评价为抓手，助推教师的专业发展自主化；以"名优教师培养工程"和"新教师成长机制"为着力点，实施教师专业发展的重点工程，切实提升学校名优教师的综合素质，加快新教师成长步伐。

（2）具体措施

①实施"双驱动"战略，实现教师综合素养的再提升。在实现了"全员考核"的基础上，要根据形势发展需要，不断完善考核办法，重点优化考核内容与方法；加强学校对各项常规工作与教师行为规范的督查力度，实现管理的规范化、制度化，以强化考核为基础性驱动力。重点抓好教职工内驱力的提升，要精心组织好师德培训工作，引导大家践行"四有教师"，要通过"南中教师名片"的广泛宣传，树立典型，以榜样示范效应，激励教师自我提升。

②通过多种渠道的专业培训，促使教师的专业素养有新的提高。要着力开展好校本研修，强化备课组团队建设，引导教研组建设要以教师专业发展为主要目标；通过与教师培训专业团队的合作，强化对教师教科研知识与实践的培训，切实提升学校教师的教科研能力。

③深化"星级教师"评价工作，促进教师自主发展。要以教师自主发展评价为切入点，引领教师开展自我发展愿景的设计与发展路径的选择，并在实践中不断优化，让教师获得自我实现的快乐。

④重点抓好两项工程，实现教师专业发展的加速度。一是抓好"名优教师培养工程"，要根据学校工作方案，通过自主申报，建立海宁、嘉兴两级培养团队，开展行之有效的培养工作，要开展阶段性评价工作。二是抓好"新教师成长机制"的实施，要根据学校新教师成长要求，着力抓好落实与考核，对典型事例要宣传推广。

⑤全力推行全员班主任制度，积极探索班主任队伍建设新模式。在鼓励高星级班主任榜样示范的同时，重点做好年轻班主任的培养工作，要在校内已普

及全员班主任工作的基础上，积极探索"班主任助理——副班主任——班主任"这一新班主任培养机制。

（3）成功标志

①学校师德师风建设家长评价优良率95%以上。

②学校名优教师数量增加5%以上，高层次人数增长10%。

③三年内经考核良好的新任班主任6人及以上。

第五部分　实施保障

（一）制度保障

根据学校教代会制度，将规划形成全校教职工的共同意志，成为学校三年行动纲领。逐年分解，以年度计划予以实施。制定学校发展规划保障机制，定期督查和调整。进一步完善各项规章制度，使制度管理规范化、经常化。

（二）组织保障

建立以学校行政为主干的规划实施领导小组，将三年规划分解到各责任人和处室，每学期针对规划进行自评，并根据自评结果在每学期的开学工作行政会议上反思，总结与修正，以保证规划的顺利达成。

（三）资源保障

统筹学校公用经费，加大硬件投入，特别是学校教育信息装备与教师专业发展培训经费的投入。配好师资，为名校建设提供足够的人才保证。

第六部分　自评机制

学校每学年根据发展性评价的要求和年度总结、学期计划进行自评，在不断反思和调整的过程中提高实施效能。

1. 建立学校三年规划自评领导小组

学校自评领导小组由学校党总支和行政领导、工会主席、学校职能处室负责人及相关人员组成，校长任组长，分管督导工作的校级领导具体负责。领导小组成员分工合理，职责明确，掌握操作程序及评估方法。

2. 分解落实评估指标

学校自评领导小组将三年规划工作目标、每学年的工作目标及主要措施分解到学校各部门及相关责任人，落实到人。学校部门及相关责任人对分工负责的指标要认真研究，准确理解标准及达成度。

3. 组织评议，撰写自评报告（略）

（三）特色项目建设

学校从 2013 学年开始，进行了特色项目建设，每学年两项。一般步骤为，学年初进行方案制定，随后开始实施，下学年初进行评价。特色项目的选择、设计与实践，都是围绕"自主教育"这一教育理念展开的，是对特色学校建设方案的拓展、补充与深化。

学校 2013—2017 学年的特色项目分别为：

2013 学年《南苑中学创新课堂教学模式改革》和《南苑中学特色化教研组考核》。

2014 学年《南苑中学钢笔书法训练》和《南苑中学教师自主发展评价考核》。

2015 学年《南苑中学自主教学之作业选编》和《南苑中学学生自主发展评价》。

2016 学年《南苑中学"星级教师"自主发展评价》和《南苑中学学生自主申报项目》。

2017 学年《南苑中学"电子书包"应用》和《南苑中学全员班主任制度实施》。

这些特色项目建设的具体内容、办法与成效，在以下的章节中各有表述与分析，这里就不做详述。

二、行动研究，课题引领

（一）总课题研究

2005 年，学校制定规划，开展特色学校建设。2006 年，开展了浙江省立项课题《中学生自主教育行动研究》的实践与探索。课题开题报告包括：课题提出的背景、国内外研究情况、课题研究理论依据、课题界定、课题研究目标、课题研究内容、课题研究原则、研究对象与方法、研究措施等十五个部分。

其中研究的总目标为：通过课题研究，构建并实施面向 21 世纪的，以学生自主评价为主线的自主教育管理、活动、学习、评价的最优模式，发挥学生在教育中的主体作用，强化学生自主教育意识，培养学生自理、自治、自学、自强、自律能力，为培养可持续发展人才奠定基础，实现我校"质量立校、科研兴校、特色强校"的目标，把学校建成社会赞誉、家长满意、领导放心、师生依赖的具有鲜明特色的优质品牌学校。

研究的内容为：自主评价、自主学习、自主管理、自主活动与教师自主发展评价。

课题以全校师生为研究对象，以"自主教育"理念为特色主题，以行动研究为主要方式，涵盖管理、德育、教学、科研和后勤保障等各领域。课题于2008年9月顺利结题。

（二）子课题研究

学校在特色学校建设的课题研究中，以《中学生自主教育行动研究》为总课题，开展了子课题的立项与研究工作，在2006年至2008年两年间，整合优化学校原有各级、各类课题，形成"自主教育"课题群。包括省级课题《初中教师文化素养提升的发展性评价研究》，嘉兴市级课题《新课程背景下优化初中学生主题教育系列活动的实践与研究》《新课程标准下对初中学生综合评价的实践与研究》，市级立项课题《初中数学探究性学习的指导研究》《利用乡土教育资源，开展综合实践活动》《高中语文研究性学习的实施策略初探》《初中语文综合性学习的实践和研究》《初中生英语自主学习能力培养的探索和研究》《以学定教，提高初中课堂教学效率行动研究》等20余项，从学生的自主评价、自主学习、自主管理、自主活动到教师的自主发展评价多领域进行实践与研究。通过课题群研究，初步构建起以学校自主教育与教师自主发展为主要内容的自主教育体系。

（三）行动研究的初步成果

行动研究取得了一些成果：一是初步形成一套适合我校学生实际的较为有效的自主教育管理评价模式。这套模式涵盖了学生的自主管理、自主学习、自主活动、自主评价和课程体系；激发了学生自我意识、培养了学生自主能力，健全了学生主体人格。二是形成了我校浓厚的自主教育氛围，每个班级每个学生都在发生着可喜的变化。三是促进了教师的专业成长，学校声誉开始好转。

由于研究与实践的时间偏短，成果离特色学校建设的目标还存在较大距离，2008学年开始，学校修正与完善了特色学校建设方案，申报了"自主教育"特色学校创建。至2015年，经过七年的实践、摸索、总结与交流，自主合作文化已经深入人心，使特色学校建设获得学校共同价值观的支撑，学校"自主教育"办学特色日渐显现，学校成为海宁市特色学校。

2015年，学校开始了第二轮特色学校建设。

三、模块联动，闻道笃行

开展以"自主教育"为主题的特色学校建设，我校是在对特色学校建设意义与作用的理解，对教育真谛的追寻，对学校发展内部外部条件和经济社会发展对人才要求把握的基础上，进行的设计与选择。从 2005 年开始探索，一步一个脚印地"闻道笃行"了 10 多年，且还将不断前行。

2006 年，开展以《中学生自主教育行动研究》为总课题的课题群研究；开展了 20 多项子课题的实践与研究。

2007 年，我校申报了"自主教育"特色学校创建，开展"自主评价、自主学习、自主管理和自主活动"的探索。

2008 开始着手基于"自主学习"的课堂教学改革；开始学生体艺自主选课活动。

2009 年，实施教师自主发展评价；开展自主德育活动。

2010 年，提出以自主学习为中心的课堂教学改革，构建"目标引领、问题导入，自主合作、精讲精练"课堂教学模式。

2011 年，推行学生"自主学习导练"；拓展学生自主活动。

2012 年，加入了上海愉快教育研究所主持的国家级课题《学习设计，提高学习效能的行动研究》；开展中学生"人生规划"教育，完善自主评价体系。

2013 年，开展"以情优教"主题教育活动，进一步助推"自主学习"改革的深化。高中学生选课走班全面启动。

2014 年，编制《人生规划教育》校本教材；进行微课开发，丰富学生自主学习资源。

2015 年，从微课的制作与运用，云课堂平台应用，电子白板运用等的研究，拓展学生自学习的空间。

2016 年，初中新一轮课改开始，高中考改进入毕业季。

2017 年，"电子书包"这一自主学习的新资源进入课堂与学生家庭。

我校的"自主教育"特色学校建设，是以教育理念作为学校特色发展模型的，必然要求学校师生具有与之相适应的共同价值观，这也就必然地要求我们的特色学校建设之主题，涵盖学校教育的各个方面。为此，学校在"自主教育"过程中，对"自主性"培养的对象，既包括全体学生，也包含全体教师；"自主教育"实践的内容，包括自主评价、自主学习、自主活动和自主管理等学校教育的各个领域。

第二章

自主合作，凝练出学校特色文化

特色学校建设的过程是领导者把体现时代要求的合乎校情的办学思想，通过设计和管理，转变为师生员工的团队思维和行为，最终体现为学校个性化文化的过程。既有理念的前瞻，也有环境的布局和制度的设计，更有师生行为的优化与精神文化的凝练，从这个意义上说，特色学校建设的过程，也是学校特色文化的积淀和培育的过程。我们正是在"自主教育"的特色创建中凝练出了"自主合作"的特色文化。

第一节　学校文化是特色学校的灵魂

对于学校发展而言，文化的作用是显而易见的，特色学校的关键在于特色，它的核心也在于文化。一所学校最值得人去品味的就是其深厚浓郁的文化，它之所以成为特色学校，最根本的体现就在于它独特的文化上。

一、学校文化

（一）什么是文化

"文化"是一个较难把握的概念，它的定义相当多，在不同场合，文化的所指是也不尽相同，如加以归纳，文化有广义、中义和狭义之分。

在有些场合，人们用"文化"一词来区别自然现象和社会现象、区分自然界的物质运动和人的活动，把人类改造世界的一切活动及其创造的物质成果和精神成果都称为"文化"。如考古学中讲的"文化"（"河姆渡文化""大汶口文化"等），意同于文字出现以前的人类史前"文明"，通常就是广义的文化。

在有些场合，"文化"一词又被用来专指文学艺术和科学知识，或指人们受教育的程度，这些都是狭义的"文化"。

由教育部教材编写组编著的普通高中《思想政治——文化生活》教材中，把"文化"定义为："相对于经济、政治而言的人类全部精神活动及其产品。"它既包括世界观、人生观、价值观等具有意识形态性质的部分，又包括自然科学和技术、语言和文字等非意识形态性质的部分，是由人创造、为人所特有的，把纯粹"自然"的事物排除在外，这便是中义的"文化"。这种中义的"文化"尽管没有广义的"文化"宽泛，但它涵盖了人类所有的社会活动及其成果，是一个相当广泛的范畴。我们可以理解为，文化是人类与动物的重要区别，动物仅以本能的驱动而生存着，而人类则以文化的方式生活着。也就是说，人类就是一种文化存在，文化就是人类的生存方式。如果我们这样理解"文化"，也就能正确理解什么是"学校文化"了。

（二）什么是学校文化

1. 学校文化的含义

对学校文化的理解，理论界的解读是有差异的，但趋于同一的是："学校全体成员在教育教学和管理实践中逐渐积累和共同创造生成的价值观念、思维模式、行为方式及其活动结果，其以具有特色的学校精神、学校制度和物质形态为表现形式，影响和制约着学校全体成员的思想和行为"（王定华《启动学校品质提升》、叶澜《试论当代中国学校文化建设》）。

由此，我们把学校文化可以理解为学校师生的共同价值观，以及在这种价值观引领下的思维、行为与活动。

对于学校文化，根据实际工作需要，可以通过多种方法来分类。从学校工作的几个方面来归纳，可以分管理文化、教学文化、德育文化和后勤服务文化等；从教育主体来分，可以分为管理者文化、教师文化、学生文化、职工文化等；从学校空间的角度分，可以有教室文化、办公室文化、图书馆文化、楼道文化等；从学校的组织架构分，有班级文化、年级文化、学科教研组文化等。但从上述对学校文化的定义来看，应该是从文化自身的结构来分类的，我们认为，对于学校文化的理解与实践，这一分类方法比较适宜。

2. 学校文化的结构

学校文化在学校教育生活中是无所不在的，表面上很难看出它的具体形态，而实际上它是一个复杂的结构系统。要进行学校文化建设，就必须了解并把握这种结构。

从王定华和叶澜对"学校文化"的定义看，可以把学校文化分为：环境文化、制度文化、行为文化、精神文化与核心价值观五部分。有的也把核心价值观作为精神文化的组成部分而采用四分法，但因核心价值观的地位重要且特殊，单独提取分类，对实践更有指导意义。

（1）核心价值观。学校的核心价值观是一所学校的教育哲学、办学宗旨及办学理念，即学校文化的灵魂所在。学校的"办学理念""培养目标""校训"等，都是核心价值观的理性表达；学校的"校歌""校徽""校标""校花"等，则是核心价值观的感性意象，通过对它们的解释来表达学校的核心价值观。

（2）学校的精神文化。学校的精神文化往往是通过一所学校的精神产品体现出来，除学校的核心价值观外，学生的文学作品、艺术作品、科技作品等，教师的论文、教学笔记、讲稿等作品，学校教育生活的记录，都是学校的精神产品。

（3）学校的行为文化。学校的行为文化主要是指学校成员的行为方式及承载这些行为方式的各种活动，包括人的行为方式、学校的教育教学活动与仪式和学校的特色项目。其中人的行为方式是人们的言谈举止、待人接物和交流沟通等所遵守的礼仪与规范，可分为领导与管理行为方式、教师行为方式与学生行为方式。

（4）学校的制度文化。学校制度文化是通过学校制定的各种规章制度得以体现，包括学校组织结构和学校管理制度。学校制度文化建设要服从或体现学校精神文化，而且，制度文化不仅仅指各种制度的文本本身，更重要的是指体现这些制度性文本在学校生活中所起的作用。

（5）学校的物质文化。学校的物质文化也称环境文化，主要体现为设施、设备和学校景观，这些物质环境出于人为的设计和安排，构成了学校文化的可视化部分，成为学校文化的物质基础。

3. 学校文化的特性

（1）价值性。学校文化的核心是价值观，学校核心价值观体现的是学校成员的共同价值追求，如果缺失了"办学理念""校训"等关于核心价值观的表达，一所学校的教育生活就缺少了灵魂，学校文化建设就没有了方向与动力。

（2）整体性。学校文化的各构成部分有着内在的有机的联系，使它表现出内在一致性。从学校文化的结构分析可知，无论是学校的环境布置，还是制度设计，都是以学校核心价值观为引领的，学校的行为文化与精神文化体现的，也是核心价值观，它们构成了一个有机的整体。如果学校文化丧失了整体性，就会导致价值追求上的混乱，也必然导致学校现为文化的混乱。

（3）稳定性。文化一旦形成，往往就体现为某种较为稳固的模式，具有相对的稳定性。这里的相对稳定，一是指文化具有一定的惯性而轻易难以改变，二是指文化可以传承与创新，但文化的变迁往往是渐变的、长远的。学校文化的特质是需要长期的实践才能形成，真正稳固的学校文化，一般不会简单地因校长的调换或教育政策的变化而轻易改变。

（4）独特性。学校文化是有特色的，它因初创者的办学理念不同而设计出不同的价值追求；也因传承者的发展意识或创新方式的不同而形成各具个性的学校文化；加之历史的、地域的、民族的文化差异，必然地反映到学校文化建设中来，构成了个性鲜明、独具特色的学校文化。所以，学校文化是难以复制的，江苏洋思中学的办学理念为全国各初中学校所推崇，参观取经乃至模式复制的学校比比皆是，但没有一所学校能说，"洋思"的文化已被复制成功。

二、特色文化建构是特色学校建设的关键

（一）学校建设的根基

真正的学校文化是有特色的，学校文化是"基于学校建，在学校发展中建，为学校所享"，是集校本化与特色化于一体的。从学校文化的内涵来看，学校文化是学校成员在教育教学和管理实践中创造生成的体现时代特征和社会进步的价值观念、思维方式、行为规范及其活动结果。以学校全体师生员工为主体，以价值观念、思维方式、行为规范及其活动结果为内容，以具有学校特色的精神形式、制度形式和物质形态为外部体现，以逐渐的凝结和提炼为过程。一所学校要有稳定的办学特色，也必然地要以学校的内部条件尤其是师生的员工的"独特文化"为基础，从其物质的、制度的和精神的独特性上去挖掘和发展，也只有以制度的、精神的文化作为根基，在历史的传承和现实的培育中，才能保持办学特色的稳定性。

从学校文化的本质来看，学校文化是一种隐藏在现象后面的稳定的、长期的信仰、价值观和方法论，是学校的本质内核与精神特质，学校的课程、礼仪、口号、行为方式、规章制度都是其本质的外现。不同的学校具有不同的学校文化，才构成了学校个性的千姿百态。同一所学校的文化又具有相对的稳定性，因而学校文化需要历史的传承、积淀和人为地培育。显然，学校文化的本质特性与学校的办学特色是统一的，办学特色无非是学校本质与精神的外现。那么，脱离了学校本质与精神的"土壤"，"特色"之苗何以能健康生长。从实践来看，特色学校建设，如果没有学校师生员工的共同的价值观念作统领，单靠学校领导者个人愿望或行政命令，或者只依赖少部分教师的特长，一旦遇到相关人员的调动，学校特色便会随之夭折。因此，从学校文化的本质和特色学校的基本属性的分析可知，办学特色的形成，必须依赖于学校文化。

（二）特色创建的标志

从特色学校建设的目标看，学校是培养人的场所，学校一切教育教学活动的根本目的都是为了培养学生，促进学生发展，学校办学特色的最终结果，体现为教育对象的特色化。撇开技术要素来说，要使教育对象有特色，教育者先要有特色，那么这种特色是什么呢？不是简单的衣着穿戴，也不是获奖证书，而是文化。

从特色学校建设的主体来看，特色学校建设要取得实效，师生员工的积极参与是关键。让师生积极参与的有效前提则是理念的内化，而一种理念内化的标志，就是看它能否做到行为化、自动化，即要把先进的理念转化师生先进的教学行为，并在平时的教学活动中表现出来。以我校特色学校建设为例，学校的所有学习、教育、管理与活动，都放手让师生来自我组织，使其"分享领导地位"。如无烟学校的创建、教职工俱乐部的组建与管理、教师星级评价、课务和工作岗位的自我选择、学生各类先进的自主申报和教学质量目标的自我制定等，都由"来自上级的任务"变为"我自己的任务"。这种在理论与实践中确立起来的自主意识与自主行为，正是学校文化为教职工所接受并内化的结果，也成为学校特色的标志。

（三）可持续发展的动力

优秀的具有独特品质的学校文化，既是学校办学特色的所植根的土壤，也为学校特色化发展提供生命营养和精神动力。叶澜教授在《试论当代中国学校文化建设》中认为："学校文化个性的形成取决于学校领导对自己学校历史中形成的文化传统的把握和辨析，对当代社会变化和学校大文化使命的把握，以及对目前学校师生状态以及他们不同生活背景中形成的文化特征的把握，并在此基础上，提炼、形成体现和适应本校办学理念的文化追求。"也就是说，学校领导者对学校教育的时代要求和教育发展规律的把握，是现代学校文化建设的共性，而每一所学校不同的历史、地域和人文背景，其文化又显现出不同的个性，学校文化个性的提炼和形成，是共性和个性的统一。但这一个性的核心要素绝非来自学校的物质和制度，应该是体现学校文化本质的以核心价值观。

当学校师生的共同价值观念在教育教学活动中外现出来时，那么，学校独特的文化精神，或者说，独特的内在价值，就已经形成并得到共享。这时，根植于学校文化的办学特色就会获得源源不断的营养，这些营养不仅仅来源于能保证办学特色稳步推进的学校制度，更是全校师生在共同价值观念引领下的思维方式和行为规范。

第二节 "自主合作"特色文化解读

学校文化建设是一个继承与发展的过程，也是一个培育与凝练的过程。高益民教授在《学校文化凝练》一书中认为："学校文化创建是学校教育生活的再造"，因此，"创建学校文化正是为了从平日的教育生活中提炼出它的灵魂，或者，为失掉灵魂的教育生活赋予灵魂。"

一、"自主合作"文化的选择、传承与发展

（一）基于办学理念的学校文化选择

1. 提炼于办学宗旨。"一切为了人的自主发展"，是学校的办学理念，也是学校始终坚守的办学宗旨。在这一办学理念支配下，我校把"自主教育"定位于特色学校建设的主题。就主体而言，"一切为了人的自主发展"，涵盖了学校内的所有成员，这也意味着学校文化建设也应是学校所有人的共同职责。自主赋予个体以生命的活力，而自主的个体之间需要合作，这是我们特色学校建设与学校"自主合作"文化的结合点。

2. 融入于培养目标。我们学校的培养目标是：学校教育的一切，是培养具有"自主发展意识和团队合作能力的现代公民"。

3. 定位于精神支撑。通过课程改革与教师的专业发展来促进学校的可持续发展，积极培育学校文化，不断深化以"自主教育"为主题的学校特色课程建设，成为"浙北有影响力的品牌学校"，是学校的办学目标。显然，品牌是特色鲜明的品牌。学校办学目标的达成离不开"自主合作"文化的精神支撑。

4. 概括于建构主义教学论。"自主"倾向的教学理论有三种，卢梭自然主义教学理论开启了学生自主这一教育思想的先河，主张通过一种自然、自由的

教育和发现教学培养自由、自主的人；罗杰斯的人本主义教学理论主张通过一种"非指导性教学"和学生的自由学习，促进学生的自我实现；建构主义教学论则强调自主、合作、先前经验和意义建构等学习要素。相比较而言，自然主义理论带有更大的浪漫理想色彩；人本主义过分强调学生的"自主"而过于低估教师的指导作用；只有建构主义理论以"学习共同体"的建立为主张，把学生在课堂的自主与合作，学生自主与教师引导结合了起来。

（二）基于校情的学校文化传承

我校创建于1999年，教师主要来源于一所被撤并的职业高中初中部，当年计划招收七年级新生550人，实际招收361人。因学校区域位置、师资等原因，生源数量严重不足，生源质量相对于海宁的其他几所城镇初中存在较大的差距。后两年，学校又先后整体接纳了两所城乡接合部的乡镇初中教师。在新招和引进了一批教师的基础上，2002我校升格为完全中学。由于大多数教师来自三所不同的薄弱学校，且又是整体并入，教师队伍综合素质偏弱，尤其是专业素养与合作力较差。特别是高中部的开设，使一大批高学历、有活力的年轻教师集聚到高中部，导致初中部师资力量更为薄弱，学科间教师结构性矛盾突出，34个初中班只有5位专业对口的社政教师。在"零择校"政策尚未实施的背景下，学区内生源的大量流失，倒逼着学校开展以"优质"为重要标志的特色学校建设。

在学校初创期（1999—2005年），学校以《章程》形式对学校发展进行了规划，提出了"育一代英才，创一流名校"的办学目标，确立了"自主、创造"的特色主题。但学校没有明确名校建设的具体目标与规划，也缺少对学校特色主题的解读与特色学校建设的方案设计。

至2005学年开始，学校以首届高中毕业为标志，进入了发展期，当学年又遇校长调整，新的领导班子对学校发展的战略性问题进行了决策与设计。通过对学校原有的制度安排与学校发展设计的解读与研判，在继承的基础上，注入符合时代精神的学校发展要素，提出了"自主教育"特色主题，开展了"自主合作"特色文化建设。

（三）基于特色的学校文化凝练与发展

作为一所新创办的学校，学校可继承的传统文化不多，学校文化建设更多地需要设计与培育。2005学年开始，学校开始进行特色学校创建规划，通过对特色学校与学校特色文化辩证关系的分析，学校对特色文化建设进行了主题设计，并在特色学校创建中凝练与发展学校文化。

从评价角度讲，学校的可持续发展应是特色学校的创建的一个重要考量标准。而在实践中，由于各种原因致使学校的教育生态遭到人为破坏，造成可持续发展性的缺失。这突出地表现在因校长任期制而造成的"短视"规划与行为；因忽视"优质性"的为"特"而创"特"的认识与行为；因脱离学校文化而照搬名校经验的"张冠李戴"式"突击"行为。为了有效地避免这种状况，我们在特色学校创建中，把学校文化建设有机地融合起来。一是着力抓好学校特色与特色文化的统筹设计与规划落实，即为谋求学校的特色发展，在对学校内部条件和外部环境进行系统分析的基础上，制订战略性管理目标，拟定、优选特色主题与战略管理方案，并在具体实施中进行过程控制。二是切实抓好创建主体建设，即造就一支具有达成目标能力的鲜明特色的教师队伍，因为育人目标主要是通过教师来实现的，如果一所学校没有一批富有教育教学特点的教师，学校将失去形成特色的内驱力。三是在特色学校建设中充分凝练学校文化。在特色学校建设中，无论是内外部条件的分析，还是特色目标的拟定，或是教师队伍的培养，学校文化都会贯穿其中。也就是说，办学特色的定位，在很大程度上会关注并体现学校的特色文化。特色学校建设的过程，是领导者把体现时代要求的合乎校情的办学思想，通过设计和管理，转变为师生员工的团队思维和行为，最终体现为学校个性化文化的过程。从这个意义上说，特色学校建设的过程，也是学校特色文化的积淀和培育的过程。我校的"自主教育"特色主题是植根于"自主合作"文化中的，在整合学校各种资源进行特色学校建设的过程中，自觉不自觉地在平日的教育生活中提炼着"自主合作"这一学校"灵魂"，不时地对学校教育教学生活中的课程、规章、师生行为及学校符号进行整合，不断挖掘符合特色要求的各种资源并赋以"自主"的色彩，进而凸显学校教育生活的特质，使"自主教育"的个性在"自主合作"的文化氛围中彰显。实践也充分证明，我校的特色学校建设过程就是学校文化凝练的过程。

二、学校办学理念体系

（一）核心价值观的理性系统

1. 办学宗旨

学校的办学宗旨是指学校办学的主导思想，主要旨趣，就是主要的思想或意图、主意。"一切为了人的自主发展"，是我校的办学宗旨，意为学校教育的主旨不仅仅是为了学生的发展，还包括教师的发展；在科技日新月异、社会与时俱进的当代社会，基础教育的本质是为人的后续发展打基础的，这就需要培养人的自主发展的意识与能力。

2. 学校校训

校训是一所学校的灵魂，校训体现了一所学校的办学传统，代表着校园文化和教育理念，是人文精神的高度凝练，是学校历史和文化的积淀。"谋先度远、闻道笃行"，是我校的校训。

（1）"谋先度远"，意为敢为人先，纵横千里。

谋先，侧重在"先"，即"敢为人先"，"勇为人先"，在别人还没有计划部署的时候，我们就先准备好、谋划好，"领先一步"，一切尽在掌控中。

出典：①"知（智）者见于未萌。"（《商君书》）

②"谋定而后动，知止而有得。"（《孙子兵法》）

度（duó）远，侧重在"远"，即远景规划。学校、教师、学生的长远发展规划，看得远，虑得深，做得实。有"远虑"，无"近忧"，能"度远"，方能纵横驰骋，决胜千里之外，将追求与愿景的实现融为一体。

出典：①子曰："人无远虑，必有近忧。"（《论语·卫灵公》）

②"博学之，审问之，慎思之，明辨之，笃行之。"（《中庸》）

（2）"闻道笃行"，意为理想远大，知行合一。

闻道，使自己的道闻诸于世，树立自己的理想，把实现自己的远大理想作为自己的终生发展的终极目标。

出典："子曰：'朝闻道，夕死可矣。'"（《论语·里仁第四》）

笃行，"笃"有忠贞不渝，踏踏实实，一心一意，坚持不懈之意。只有明确的目标、坚定的意志的人，才能真正做到"笃行"。把"笃行"作为学生学习行为与学习品格的要求，既体现学习行为的连贯性和整体性，又体现学习品格注重实践，突出坚毅的品质。这是学生实现自己设计的理想，达成自己理想目标的必要手段。

出典："博学之，审问之，慎思之，明辨之，笃行之。"（《中庸》）

校训与办学宗旨密切相关。人的自主发展过程是一个人自我意识的觉悟与健康成长的过程，有自主发展觉悟的人，必定会在自我发展的内驱力作用下，谋先度远，做好人生规划，并向着既定的发展目标闻道笃行。

3. 办学目标

成为"浙北有影响力的品牌学校"，即"立足浙北、影响全省、特色鲜明、全面优质"。

4. 培养目标

培养具有"自主发展意识和团队合作能力的现代公民"。学校培养目标,就是学校教育人、培养人的目标,即对学生发展的定位。我校以前瞻性、全局性、世界性的眼光谋划一个人的发展,确立"自主发展意识""团队合作能力"的立体发展目标,是顺应时代发展的学生培养目标。

5. 学校特色

学校特色是学校"在实施教育过程中所表现出来的独特的、优化的、稳定的教育特征"。我校的"自主教育"特色主题的选择,与学校文化、培养目标、办学宗旨等的关系,在第一章中已有阐明。

6. 学校文化

我校的学校文化是"自主合作"。解读为"自主为经、合作为纬、经纬由心、天下自为"。学校文化是一种隐藏在现象后面的稳定的、长期的信仰、价值观和方法论,是学校的本质内核与精神特质,学校的课程、礼仪、口号、行为方式、规章制度都是其本质的外现。在万物相连的当今时代,个人自主发展固然重要,但融入团队,在团队合作的更高平台上自为共赢,更是一个人自主发展和时代发展的必然要求。"自主合作"学校文化是"自主教育"特色学校的根基。

7. 学校"三风"

(1)校风:"求是、进取"。校风即学校的风气,它体现在学校各类人员的精神面貌上,体现在学生的学风、教师的教风、学校干部的作风、各班级的班风上,还存在于学校的各种事物和环境之中。

"求是、进取"意为"追求真理、奋发有为"。"是","真理",即为"道"。"求是",就是"追求真理",就是一个"闻道"的过程。积极"进取","奋发有为",是"笃行"的精神状态与"度远"的行动方式,是实现学校发展目标的精神风貌。

(2)教风:"严谨、求实"。教风即教师风范,是教师的德与才的统一性表现,是教师整体素质的核心,是教师道德、才学、作风、素养、治教的集中反映。教风是校风的重要组成部分。

(3)学风:"勤勉、求真"。学风有二种含义,一是指学校的治学精神、治学态度、治学原则;二是指学生的行为规范和思想道德的集体表现,是学生在学习过程中所表现出来的精神风貌。有时也特指学生的学习态度和学习风气,

"勤勉、求真"就是学生的学习态度与风气。

教风、学风与校训紧密相连。"笃行"，就是坚贞不渝、脚踏实地地"求真""求实"。"严谨""勤勉"是"笃行"在"教""学"活动中的具体表现。陶行知的名言"千教万教教人求真，千学万学学做真人"，是最有力的注脚。

（二）核心价值观的感性意象系统

1. 校歌

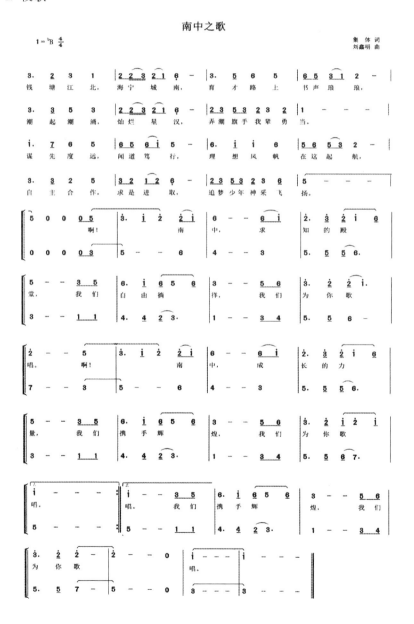

解读：

钱塘江北，海宁城南，

（起句以宏大视野点明海宁市南苑中学所在的地理位置。）

育才路上书声琅琅。

（育才路既是我校的确切地址，又隐含着我校正行走在"自主教育"培育人才的道路上。"南中人"精神饱满，书声琅琅。）

潮起，潮涌，

（钱塘江潮汐有信，昼夜汹涌，猛进如潮的海宁精神正孕育于此。）

灿烂星汉。

（"星汉"，银河系，兼指茫茫宇宙。曹操《观沧海》一诗，对茫茫沧海发出："日月之行，若出其中；星汉灿烂，若出其里"的感慨。我校处钱塘江之北岸，远眺江潮澎湃，仰观宇宙浩瀚，一人一星，灿烂的星汉恰好象征着自主闪光的"南中人"，今天的"南中人"从这里出发，走向世界。）

弄潮旗手我辈担当。

（弄潮儿，指朝夕与潮水周旋的水手和潮中戏水的少年，借喻我校师生。宋代潘阆《酒泉子》词有"弄潮儿向涛头立，手把红旗旗不湿"的句子。引用过来，特指具有不畏艰难，不断进取，开拓创新，勇于担当精神的"南中人"。）

谋先度远，闻道笃行，

（我校校训，激励每一位"南中人"先人一步做好人生规划，向着自己的理想目标踏实前行。）

理想风帆在这起航。

（"南中人"正斗志昂扬，朝着理想目标，风正满帆，勇往直前。）

自主，合作，

（我校的学校精神。我校是以"自主教育"为主题的特色学校，每个"南中人"自觉主动地全身心投入；团结合作，增强团队凝聚力，发挥团队战斗力。）

求是，进取，

（我校校风，《说文解字》里解释，"求"追求、探究；"是"，真也。后引申为真谛、规律、本质。"求是"即指探究自然、社会和人本身运动的奥秘和规律，更指追求真理的科学态度、科学精神。"进取"，指努力追求上进，竭尽所能，倾力作为。"南中人"见贤思齐，一步一个脚印，踏踏实实，蔚然成风。）

追梦少年神采飞扬。

（"南中梦"紧连着"中国梦"，追逐梦想的"南中"学子，同学少年，风华正茂，指点江山，击水中流，浪遏飞舟!）

啊，南中，求知的殿堂，我们自由徜徉。我们为你歌唱!

（我校是嘉兴市唯一一所公立完中，闹中取静，同学在这里求学，犹如在知识的海洋里自由自在地遨游。）

啊，南中，成长的力量，我们携手辉煌。我们为你歌唱!

（南中莘莘学子在这里不断成长，健全品格，丰富知识，增长才干，强健体魄，开阔眼界，自主合作，与成功携手。"南中人"与学校共同走向辉煌!）

2. 校标

标志创意："NY"为"南苑"的拼音简称，包含校名；"Y"是翅膀的造型，象征自由和超越，契合了学校的办学宗旨"一切为了人的自主发展"，"N"是两手相握的造型，象征着团队合作的精神；标志整体寓意：南中学子在"自主合作"学校文化熏陶下一定会超越自我，实现自己的理想。

3. 校树与校花

（1）校树：合欢树（分布于学校操场东南面北篮球场东、西南侧）

寓意：合欢树，以其花形，又叫绒花树、马缨花，喜光，耐严寒，属于豆科含羞草亚科。树干可长到 16 米以上。六月花开之时，全树红红火火，甜美，喜感，壮观。合欢树，花美，形似绒球，清香袭人；叶奇，日出而开，日落而合，示人以好。其花叶清奇，绿荫伸展如盖。合欢，含羞之亚种，善自知，内敛秀美，懂群芳，合时齐放；敏感于大自然的微妙变化，为地震观测的首选树种，识得先机，有谋先之智。树木材质坚实，纹理通直，结构细密，经久耐用，有笃行的坚守。

（2）校花：合欢花（生长于合欢树）

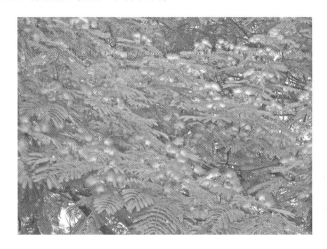

寓意："南中人"在自主合作文化熏陶下，携手共进，在建设"全面优质、特色鲜明"的品牌学校道路上"合作欢唱"，如"合欢"般花开美好，声名远播。

4. 吉祥物

海宁市南苑中学校园吉祥物——"智慧天使"（该吉祥物由学生设计，通过征集比赛产生）。

寓意："NY"为海宁市南苑中学"南苑"的拼音简称。"南"的开头字母"N"为天使的发型，"苑"的开头字母"Y"为天使展翅的身体造型。胸前挂着南苑中学徽标的美丽天使头顶光环、脚踩祥云、飞向蓝天。学校文化核心词"自主 合作"的拼音字母——"ZIZHU HEZUO"镌刻在光环上，闪闪发光。天使左手持打开的书本，右手指点江山，目光萌哒炯炯，充满睿智。

吉祥物取名"智慧天使"，它象征着"南中人"在自主合作文化熏陶下，自主发展意识与团队合作能力日益增强，能充满智慧地展翅翱翔于人生的大舞台。

三、学校标设系统

学校参照企业形象识别系统理念，开展了学校形象识别的设计与运用。企业形象识别系统的借鉴。企业形象识别系统主要有理念识别，简称 MI；行为识别，简称 BI；视觉识别，简称 VI。

（一）理念识别

从理论上说，企业的经营理念是企业的灵魂，是企业哲学、企业精神的集中表现，同时也是整个企业识别系统的核心和依据。企业的经营理念要反映企业存在的社会价值，企业追求的目标，以及企业的经营思想。这些内容，通常尽可能用简明确切的，能为企业内外乐意接受的，易懂易记的语句来表达。一所学校的办学理念亦是如此，我们用了整整八年时间，对其进行设计、修改和完善。在学校理念设计过程中，我们没有直接搬用专家或设计公司的提炼作品，而是根据教育发展的时代要求与学校发展的现实可能，设计出学校办学宗旨、学校文化、办学特色、办学目标、校训、校风、校歌等办学理念。这些独特的理念识别，构成了学校办学的价值体系，也为学校的行为识别与视觉识别体系提供了依据。

（二）行为识别

行为识别的要旨是企业在内部协调和对外交往中应该有一种规范原则，这种准则具体体现在全体员工上下一致的日常行为中，需要员工们在理解企业经营理念的基础上，把它变为发自内心的自觉行为，只有这样，才能使同一理念在不同的场合，不同的层面中具体落实到管理行为，销售行为，服务行为和公共关系行为中去。

现代企业可以说比过去任何时候都重视人的因素，充分尊重企业内的每一个员工，鼓励员工积极创造而不是单靠规章制度的约束是知识经济时代一大特征。与日常的规章制度相比，行为识别侧重于用条款形式来塑造一种能激发企业活动的机制，这种机制应该是自己独特的、具有创造性的，因而也是具有识别性的。

对于畅行"自主合作"文化的我校，学校主体的行为特征是"自主性"与"合作性"，对师生的行为文化设计为"三气"教师与"三有"学生，即"品性讲正气、为人显大气、做事有朝气"的教师，"有自主性、有合作力、有公民意识"的学生。这些行为文化是在学校精神的指导下规范、统一，并逐步形成特色，最终被公众识别认知、接受认可。

（三）视觉识别

在信息社会中，企业的视觉识别系统几乎是企业全部信息的载体，视觉系统混乱就是信息混乱，视觉系统薄弱就是信息含量不足，视觉系统缺乏美感就难以在信息社会中立足。在这个意义上说，缺乏了视觉识别，整个企业形象识别系统就不复存在。

我校的视觉识别系统是由视觉基础要素系统和视觉应用要素系统两部分构成。

视觉基础要素系统由标志、中英文标准字、标准色三部分构成。它们是整个学校对外的视觉形象，基本设计一经确立，即应遵照执行，不容轻易变更和修改，因此，所有有关学校的视觉传达与表现，均严格遵循系统规范的使用方法，以建立完整统一的形象。

视觉应用要素系统是基础要素规范在学校办公和其他形象用品上的应用，在各项目实际应用制作时，除了考虑系统性、美观性因素外，还考虑到了其他功能和材质等实际应用，所有有关学校内部形象的表现，均严格遵循系统所规范的使用方法，以树立完整统一的学校形象。

第三节　"自主合作"特色文化建设的实施

校园文化是学校办学水平的综合体现，也是熏陶师生精神，引领师生自主发展的重要载体。大力推进校园文化建设，进一步发挥学校文化建设在育人中的重要作用，必须坚持以社会主义核心价值观为导向，以立德树人为根本任务，以优化、完善学校精神文化、制度文化、行为文化、物质文化为抓手，做足做好"育人"的肥沃土壤，为师生的自主发展营造良好的学习、生活环境。

一、环境文化建设

学校始建于 20 世纪末，校园环境虽有设计，但与文化建设的要求还是有很大距离的，从学校对自身特色发展与文化建设的设计开始，学校环境文化日益彰显。从 2014 年起，又用三年时间，进行了"美丽校园"建设，使校园环境文化与学校文化真正融合起来。

（一）学校环境

以原建筑的"紫红、粉红和水灰"三种主色调为学校的"色标"，对校园环境进行渐进式美化，实现了校园景观合理协调，校园植被优美雅致，校园文化和谐多元。

校园环境总体优美，校园处处干净无污痕，设施设备整洁完好，物品堆放、停车秩序井然有序。

校园绿化覆盖率不低于校园总面积的 30%；校园绿化布局合理，日常维护保养良好。

学校形象标设统一美观，蕴含学校办学理念，凸显学校办学特色。

校园道路、景观等设施的设计、命名蕴含文化意义，整体环境布置体现学校历史发展特色。

（二）班级文化

通过特色班集体建设，营造了具有班级特色的学习生活环境。

教室门口悬挂特色班牌，体现班级的特色与追求；教室前墙设计了具有学校文化元素的公告栏；教室相关墙面成为学生展示自我的活跃开放平台，张贴学生书画，展示学生优秀作业和各类学习信息；教室后墙开设主题文化园地，每月有一个主题设计展示，反映了一个班级积极向上的精神风貌；课桌整洁，不乱堆放书籍及杂物，营造了清新舒适的学习环境；教室环境布置师生共同参与，使教室成为师生共同的书房。

（三）专用教室

实验室的环境建设。以规范安全为前提，保障通风、光照、温度、湿度等实验要求，布置相关学科专业实验器材。室内除统一设计的公告栏外，墙面张挂了相关学科著名科学家画像及名言，营造出学科实验室氛围，突出学科特色。

学校功能教室的环境建设。功能教室主要有多媒体教室、微机室、音乐教室、舞蹈排练室、画室、学科教室等。功能室主要是凸显其功能性和识辨性，在展现其作用的同时，表现相关的文化氛围。

图书馆的文化建设。图书馆环境布置注重了实用与审美的统一，内部布局出体现传统与现代的有效结合，既有舒适的开放式阅读空间，还设置了若干视听空间，为师生创建一个书香浓郁的阅读环境。教师阅览室按照教研组特点设计，每个组有一个独立的书吧，墙上悬挂有中外教育家的名言名句。建设宁静温馨的阅读环境，成为师生课余最爱的去处。

社团室等学生活动中心的文化建设。学生活动中心整洁敞亮，室内明快活泼，富有青少年的朝气。环境布置体现学生活动和社团特色，醒目处有社团介绍、招生海报、社团活动时间及计划。团队室等室内功能布局合理，分器材摆放区、学生活动区及学生作品展示区。呈现特色鲜明的学生活动环境。

体育馆文化建设。体育馆的环境建设以动感和激情为基调，将体坛名将介绍、体育运动介绍和学校特色体育发展项目介绍等合理安排布置。场馆干净、整洁，运动设施完好、利用率高。呈现积极向上、充满活力的运动环境。

（四）餐厅食堂

为师生营造舒适卫生的就餐环境。食堂达到食品卫生量化等级 B 级标准，餐厅整洁、无浪费现象；在色调选择上采用自然明快的色彩，减少过分的装饰堆砌，就餐时间配以就餐音乐；打菜区域饰以菜肴的照片，各窗口统一设置了"今日菜单"；墙壁和柱面设计了"爱惜粮食""健康饮食""文明用餐""光盘"行动等内容的提示标牌。呈现舒适卫生的就餐环境。

（五）学生公寓

环境整洁，物品放置统一有序，文明清新，温馨舒适。

室内有学生自己设计的体现同学之间和睦相处、友爱互助的名言警句。

通过创建特色寝室、举办寝室文化节、寝室文化品牌评选等活动，培育具有校园特色、生活气息、学生个体特点的公寓文化。

（六）教师办公室

门口统一设置有学校特色标设的门牌。

室内有学校统一布置的办公桌，物品摆放有序。绿化盆景布置有学校统一设计的花架，环境整洁。

墙面以安静素雅为基调，不做过多装饰，墙上挂有《中小学教师职业道德规范》和本土书画家的字画。

每一办公室配有二台电脑，专任教师备课及写作所用的电脑均以借用的形式配置给个人。办公室按年级组安排，一切办公用品属办公室所有，任课年级调整则采用"调人不调物"的原则，保证了办公室的有序布置。

（七）实体苑点

门厅橱窗：学校对内对外的宣传窗口。学校的门厅橱窗是宣传学校办学理念和办学成果的重要窗口，内容要包括学校介绍、办学特色、学校荣誉、特色教育、师生风采等，并经常更新。

走廊过道：学生课余时间最受教育影响的地方。走廊过道是校园环境文化中最能创建特色、形成学校文化个性的地方。我校采用"部门包干、因时制宜、评价优化"的办法，保证宣传栏的刊出质量，方便师生学习与交流，影响与引导学生热爱学习、热爱生活的态度与价值观。

校园角落：学生调整情绪、释放心灵的地方。角落环境建设，已成为学校的优雅精致之处，除了点缀些小品景致、布置些休息设施，还建有开放式书吧，学生可以在课余较短的时间内翻阅喜爱的期刊。

（八）虚拟平台

校园网：学校对内对外宣传交流互动的网络平台。校园网栏目的设置，考虑了全方位展示学校教育教学特色，凸显学校文化，做到及时传递学校全方位工作服务信息，努力讲好校园故事，成为学校与师生深入沟通的良好平台。

校报校刊：学校深化内涵发展的有力抓手。校报校刊的内容，表达了学校办学理念和发展追求，及时展示出教师的教学科研成果和学生的学习探索成果。校报校刊有明确固定的编辑队伍，相对固定的栏目内容，专人分工落实、定期编辑出刊。

校园广播电视：学生自我教育、自我发展的活力平台。学校广播电视台的节目在老师指导下，充分发挥学生的"自主性"作用，由学生制作编排。通过类似谈话节目，给学生提供身边发生的热点话题进行对话、探索和思考的平台，让学生用自己的眼睛观察世界，用自己的声音解读生活。学校每天至少在午间有10分钟学生自制节目，重大节庆日有专题节目。

通过开展以"美丽校园"创建活动为抓手的环境文化建设，促进了校园环境外在美与学校品质内在美的有机结合，创设更为整洁优美、温馨和谐、人文高雅的育人环境，提升了学校环境品味，在宜人的富有学校特色文化的环境中，教师们幸福工作，学生们快乐学习，健康成长。

二、制度文化建设

学校管理制度是学校在教育实践过程中所制定的规范行为的规章或条例，但制度文化并不仅仅是制度文本的本身，而主要是这些制度文本是如何在现实中起作用的。

（一）学校组织结构

根据《学校章程》规定，学校的决策机构是校务委员会，执行机构是行政办公会议，监督机构是教职工代表大会。

1. 党总支

党总支是学校教育教学工作的政治核心，通过领导班子建设和后备干部的考察、培养，加强教职员工队伍的建设，保证、监督学校行政工作的健康运行。领导教育工会、团委、妇代会与各党支部建设。

2. 校长室

学校校长室设一正三副四位校长，根据学校文化建设要求，在管理工作的分工上，注入了"自主合作"的元素。四位校长分别分管全校人事＋安全卫生、高中教学＋全校后勤财务、初中教学＋全校体艺、全校德育＋教科研。条线与块（高中与初中）的结合，避免了初中部与高中部的人为隔离，为领导与决策的合作，提供了制度保证。

3. 职能处室

校长室下辖校务办公室、学生管理处、教务管理处、教科室与后勤处。

校务办公室主要负责学校人事管理与档案，协调其他各处室进行教育督导。

学生管理处主要负责对学校德育、学生管理与安全工作。

教务管理处主要负责专任教师的课务聘用、学生学籍管理与教学管理。

教科室主要负责学校课程建设与教师专业发展。

后勤处主要负责学校财务、财产与食堂管理。

各职能处室在分管校长领导下按照各自的职责开展工作，同时负有向校长提供决策咨询的责任和义务。各处室遵循"自主合作"原则，工作上信息互通合作互助。

（二）学校管理制度

1. 学校管理的原则

基于"自主合作"文化理念，学校坚持以"以人为本"为学校管理的原

则，实行的是"人本化管理"。（本内容在第九章第一节中有详述）

2. 教代会制度

就我校的制度生成而言，主要源于三种类型，一是校务会议的提议，二是上级部门的指导性意见，三是教代会提案与建议。由议案到制度的制定再到制度的有效实施，其关键是健全的教代会制度。

我校在教代会制度建设中，构建了完备的工作运行机制。一是健全了组织，建立了工作领导小组、教代会筹备领导小组和各工作小组；二是建立了代表的产生与培训制度；三是建立了教代会提案征集、办理、答复制度，四是建立了教代会定期换届制度。通过规范教代会制度，保证教职工代表依法行使民主政治权利，落实教职工对学校事务的知情权、参与权、表达权、监督权，更好地维护教职工的政治权利、经济利益和精神文化权利，最根本的是激发了教职工参与学校管理与决策的"自主性"，充分体现学校精神文化凝练的要求。

3. 全员评价制度

通过增加学校奖励性绩效工资的分配自主权，来体现"多劳多得"与"优劳优得"的分配体制，是绩效工资制度改革的目的。根据教育局统一部署，从2009年开始，我校实行了全员考核奖励制度。在当时许多学校的改革方案被教代会否决的情况下，对于一所完中来说，我校的方案更为复杂。一是学校高中与初中的工作状况是有差异的，二是我们实行了全员评价，但我们认为，一个好的制度，公正是最关键的，而公正的绩效分配源于对教职工绩效考核的全面与科学，为此，全员评价制度伴随着教职工激励性绩效工资改革应运而生，方案获得教代会高票通过。（全员评价的具体内容在第九章第四节中有详述）

学生的综合素质评价也分四个维度开展全员评价，这在"自主评价"章节中有述，这里不再重复。

4. 分层聘用制度

学校从2006年开始，试行教职工"自主申报、分层聘用"的岗位聘用办法。该办法以"双向选择、竞争择优、分级聘用、整体优化"为原则，按照"设定岗位——自主申报——分层聘用"的顺序进行双向聘用。其中岗位设定既要定岗位数，还要定工作职责，并提前公示。"分层聘用"是指校长聘用中层领导，校行政聘用年级组长，年级组长聘用专任教师（班主任），处、室中层领导聘用教辅、后勤和学生管理人员。聘用工作既要尊重教职工本人申请应聘的选岗意向志愿，又要根据学校总体格局安排、统筹规划，重视发挥岗位功能和整体功能，实现整体优化。教师受聘后，与学校签订劳动合同，具体所任课务与办公室安排均由年级组安排。

这一聘用制度对于发挥教职工的自主性与年级组的合作力，作用非凡，对"自主合作"的精神文化进行了有效凝练，也为后来的"县管校聘"人事制度改革奠定了非常好的基础。

三、行为文化建设

（一）领导和管理行为文化建设

领导和管理行为，归根到底是受领导者的管理思想所决定的。"自主合作"的学校精神，以及在这一精神指导下的"以人为本"的学校的管理理念，决定了领导和管理行为的人本化色彩，也使"谋先度远、闻道笃行"在决策与管理中得到体现。

1. 决策的民主顺序

在人本化管理的体制下，领导权威是建立在民主与科学决策基础上的，决策的民主化，既是科学决策的前提，又是"自主合作"学校精神的必然要求。为保证决策的民主化，学校健全并完善了教代会制度、行政会议事制度和教职工咨询制度，广大教职工对学校决策的积极关注和参与，使学校各项工作的开展有了扎实的群众基础，这也正是我校各项改革举措能顺利推进的重要原因。

2. 有效的情感管理

教师"自主性"的激发，不仅需要制度的规范和道德的引领，还需要有效的情感管理。一是，了解需要、合理满足。学校管理者从调查研究入手，了解教师的需要，通过综合分析，把合理的需要进行解剖，通过学校以及校长的社会影响力，采取措施予以满足。二是实行民主式领导方式。无论是学校发展的决策，还是学校教育教学的管理，或是对领导履职的监督，学校都让教职工真正成为学校的主人。三是营造和谐的育人环境。一名校长，没有足够的能力与权力改造宏观的大环境，但一定能通过"组织爱"为教师创造一个和谐、温馨的工作环境。对教职工的情感管理，是我们学校管理的特色和法宝。

在教学上，从2013年开始，学校开展了"以情优教"主题实践活动。活动以"与师德教育相结合""与校本培训相结合""与教育实践相结合"为原则。通过"理念培育——自觉践行——优化考核"的步骤，引领教师在充分重视教育教学中认知因素的同时，又充分重视教育的情感因素，强调以情为手段，

以认知为目标，创建一种知情并茂、知情互促的教与学的新格局

3. 全面的校务公开

校务公开是促进学校民主管理和科学决策的有效形式，也是依法治校建设的有效途径。我校的校务公开具有自己的特色，凸显了学校制度的公正有效和管理团队的高效务实。一是全面性，学校校务公开既有涉及教职工切身利益的评优评先、职务晋升的政策、决定和结论，又有事关学校改革发展的规划、意见和工作安排，还包括学生管理的各种信息，凡是学校的一切工作信息，教职工皆可在网上或网下的"公开栏"中获知。二是及时性，学校规定，一般校务公开信息必须在 24 小时内发出，且为方便查阅，网上信息须有条不紊分时归类。三是全透明，凡是教职工需要知道的学校一切事由，皆可公开，包括教师本人、他人乃至校长的工资奖金，奖金信息公布到月奖的各组成小项。

4. 开放的交流合作

学校从创建之初，就与嘉兴市内七所优质初中结为联盟（各县市最优质的学校）；2005 年，经校长倡议，又建立了嘉兴高中七校联盟，我校在联盟中承担重要角色，发挥着积极的作用。经常性的有计划的教育教学研究与资源共享，有效地促进了联盟内学校管理与教育质量的提升。目前学校在市内校际有城乡共同体学校一所，教育联合体学校三所，德育联盟学校三所，作为"领军学校"，我们毫无保留地把学校的优质教育资源与兄弟学校交流分享，并派出校级领导、优秀骨干教师交流助教，为区域教育的优质均衡发展发挥了有意义的作用。

（二）教师行为文化建设

从"三讲"教育到"三气"文化。根据学校教职工队伍中一些散漫倾向及个别教师出现过失性违规违法事件的状况，学校从上一个三年发展规划（2015—2017 学年）期，开展了以"讲规矩、讲形象、讲奉献"为主题的教师职业道德教育活动，把规则教育与道德教育有机结合起来；把教师专业素养提升与师德素养提升结合起来；把学校品质提升与教师形象提升结合起来。通过有计划、宽途径、多形式、模块化的主题教育，教师的综合素质得到较好的提升。

在"三讲"教育取得阶段性成果的基础上，学校整合了各类教育与实践活动，开展了"品性讲正气，为人显大气，做事有朝气"的教职工素养提升工程。先后通过全校教职员工"南中教师形象"大讨论，制定《南苑中学教职工仪容

仪表规范》，开展学校教职员工形象展示活动，设置教职工教育教学言行的底线并强化考核等一系列教育实践活动，引领教职工进行"三气"内生，造就了一支高品质的教职工队伍。

1. 讲正气：敬业爱生的职业精神培育

正气是一种光明正大的风气和刚正的气节，它是维系一个人的生命价值，一个国家生存与发展、一个民族精神品格的道义力量。教师讲正气，才能讲大局、负责任，实现清廉教育，才能培养出符合时代要求的现代公民。我们通过制度规范管理，应用机制激励，开展教育培训，树立身边榜样等途径，着力培育教职工的"正气"品性。在教育培训工作中，我们从教师职业道德教育提升至教师职业精神的培养，"讲正气"是教师职业精神的基础性要素。"校风正、教风优、全面优质"是社会对我校的赞誉，也是全体教职工"讲正气"品性的结晶。

2. 显大气：合作互助的人际关系养成

大气就是豪爽，不拘小节，胸襟开阔、豁达，举止行为大方。教师"显大气"，才能与同事、学生、家长有效沟通，才能构建合作型团队，才能影响与培养学生正确的人生观与价值观。培育教职工的大气之风，先要培养正气之念，只有身正心正，才能做到真正的大气，也只有"显大气"，才能使合作成为可能。我们对教职工"显大气"的培养，是从规范教师仪容仪表开始的，制定了《海宁市南苑中学教师仪容仪表基本准则》，切实抓好"大气"之形的养成。在对"大气"之意的培育中，我们开展了合作型团队建设，着力培养有效沟通、相互协作的部门关系，团结和谐、互帮互助同事关系，构建起合作型的校园人际关系新生态。

附：海宁市南苑中学教师仪容仪表基本准则

《海宁市南苑中学教师仪容仪表基本准则》

为着力提升学校品位，完美教师形象，根据《中小学教师职业道德规范》和《海宁市中小学校园文化建设工作的要求》，制定本准则。

第一条　教师发型：自然大方，整洁干净

具体要求：头发要勤清洗、常梳理，不留奇异发型，不剃光头，不染艳丽彩发。男教师鬓角不宜过耳。女教师刘海不宜过眉。

第二条 教师妆容：淡雅清爽，洁净自然

具体要求：注意保持个人卫生，不留长指甲，不文身，不使用气味浓烈的化妆品及香水。男教师要经常修面剃须、不留特色胡须。女教师妆容以淡雅、自然为宜，不化浓妆，不涂抹颜色艳丽的指甲油，不做假指甲，不过分装饰指甲。

第三条 教师仪态：举止端庄，从容自信

具体要求：时刻注意教师形象，举止行为要规范得体，充满自信。立姿要挺拔自然，不卑不亢。坐姿要端正优雅，不偏不倚。走姿要脚步稳健，从容自信。

第四条 教师着装：简洁端庄，美观得体

具体要求：教师在学校工作期间的穿戴要符合职业特点，不穿奇装异服，不穿拖鞋。男教师不穿背心、无袖衫、短裤进入校园（体育老师因教学需要除外）。女教师不穿超短裙、低腰裤、超短裤，露背装、透视装、低胸衫、吊带衫等过于暴露或过于紧身服装进入校园。

第五条 教师饰品：简单典雅，朴素含蓄

具体要求：手指、手腕、脚腕佩戴的饰品要简单、大方，不要过多过繁、稀奇古怪，以简单低调为主。女教师佩戴饰品宜简单得体。男教师不佩戴耳饰、项链等。

3. 有朝气：自觉主动的工作热情培养

所谓"朝气"，就是精神振作，努力进取的气概。一个具有蓬勃朝气的人，就会生气勃勃，活力四射，就有排除万难，勇往直前的干劲，就有不屈不挠，坚忍不拔的斗志。"朝气"是与"自主"结伴同行的，"有朝气"的教师把事业当作自己的生命，把责任看得重如泰山。这种由事业和责任所催发的自主意识，又会使人树立奉献精神、拼搏精神和创新精神，从而与朝气结伴，与暮气绝缘。我们对教师的"有朝气"培养，是从"自主性"的激发上入手的，首先是开展教师自主发展评价，把对教师的评价建立在个人发展愿景规划上；其次是实行自主申报制，工作的承担，班主任（助理班主任）的角色选择等均需自己申报；三是特色项目自主化，体育艺术科技劳技学科的特色项目建设，学校不做行政指令，皆由教师个人争取；最后是双向聘用的自主化。自主性培养，催生出学校教职工的蓬勃朝气。

（三）学生行为文化建设

1. 特色班级文化

班级文化班级学生共有的信念、价值观、态度的复合体。班级成员的言行倾向、班级人际环境、班级风气等为其主体标识，班级的墙报、黑板报、活动角及教室内外环境布置等则为其物化反映。班级文化是一个班级的灵魂，是每个班级所特有的。它具有自我调节、自我约束的功能。我校在班级文化建设中，主要做好了二件事，一是结合"美丽教室"创建活动，设计了墙壁公告栏和宣传栏，统一配置了花架图书架和班牌框，对班级进行了统一的硬文化建设。二是开展了"特色班集体"创建工作，要求各班自起始年级开始，由班主任与班级学生共同进行班级特色设计与规划，学校以班主任论坛形式进行展评。从展评情况看，七年级与高一年级的各班，都有特色的班名、班训、班集体建设理念、班徽、学生成长目标（有的还有长中近期目标）等，极具文化色彩。学校在中期进行考核，毕业年级进行集中特色展示。

2. 各类社团活动

我校以社团活动为载体，培养学生的自主管理能力和创新实践能力，丰富校园课余文化生活，激发学生学习兴趣，促进学生多元化发展。学生社团在校团委的统一领导下，以学生自主选择为原则，学生可根据自己的兴趣、爱好和需要，自愿地选择活动项目。项目包括：艺术类（表演、鼓号、合唱），体育类（羽毛球、足球、篮球、乒乓球、定向运动和射击射箭），语言类（播音），技术类（模型制作、机器人），拓展研究类（名人文化研究和研究性学习）。活动要求主要有：建立社团章程，制定社团活动计划；保证社团活动时间与学生参与率；注重过程性评价和活动成果展示；建好社团档案。学校社团建设坚持"自我管理、自我服务、自我提升"的活动宗旨，形成有利于促进学生自主发展的校园特色文化。

3. 自主评价体系

构建自主评价体系。在"自主合作"理念指导下，进行了有效的自主评价体系架构，是我校学生行为文化建设的重要举措。体系内容主要包括：基于自主评价的个人荣誉自主申报和集体荣誉自主申报，综合素质自主评价和基于自主评价的学习生涯规划。

自主申报是我校评优评先工作的一个特色环节，分个人与集体两大类型，办法是如果学生个人或班级、寝室和团队要想成为某一荣誉或考核达标，必须在了解并遵守活动规则的基础上，首先进行自我申报，即"我要"，否则，即使工作做得再优秀，也没有资格获此荣誉。

综合素质评价是新课改的一大亮点，高中与初中均与升学录取挂钩，家长与社会关注度很高，我校在此项改革中，因为有了自主评价的基础，我们在品德表现、运动健康、艺术素养和创新实践评价过程中，加大了自主评价的比重，起到了较好的效果。

学习生涯规划是学生人生规划的有机组成部分，是建立在自主评价基础上的。我们在指导学生进行学习生涯规划设计中，除了人生规划教育，更是把学生的成长记录结合起来。我校的学生成长记录册是由原来的素质报告册改进而成的，前者是以老师对学生的评价为主，而后者则是以学生自主评价为主的自我成长记录，主要包括三年学习生涯规划、学期规划、日常行为规范自主评价、自己认为值得纪念或自豪的事件记录等，是每一位学生在学校成长过程中值得珍藏的典当。

四、精神文化建设及核心价值观的凝练

（一）学校精神文化建设

1. 凝练

在制度的有效执行中凝练精神文化。学校精神文化凝练既包含传承和积淀等继承要素，还包含着提炼和培育之发展要素。文化学理论告诉我们，继承是发展的必要前提，发展是继承的必然要求，继承与发展，正是学校文化建设同一过程的两个方面，所以，文化凝练体现的是文化继承与发展的统一。

从学校文化的结构分析，试图通过环境文化建设来达成学校师生的统一的价值观，显然是不现实的；而师生的行为方式仅仅是学校精神文化的外现而已，唯有制度文化可以进行精神文化的凝练。学校制度往往体现为一种强制力量，迫使人们的行为与现存学校制度所要求的思想、行为模式保持一致。学校制度正是首先通过这种强制性的力量，对学校成员的行为进行规范、引导和约束，从而形成制度所期望生成的学校文化。通过学校制度建设进而凝练学校文化、推进学校变革的假设，是符合逻辑的，我校正是通过制度的生成与有效执行，实现了精神文化的传承与发展。

2. 展现

在师生的精神产品中体现精神文化。学校的精神文化是通过学校的精神产

品来体现的，学校文化的传承也更多的是依赖于精神文化，精神产品的创造与积累越来越为各学校所重视。我校建校历史不长，但十分重视学校精神产品的创造与积累。就学校产品来说，最有特色的，是我校的特色档案与年鉴的编撰与积累。我校的特色档案主要是指个性化的档案，包括学校荣誉集、感动校园人物事迹及颁奖词、学生高层次获奖材料等；我校的年鉴从 2006 年开始编撰，范围广、内容全、印制精美，其中的学校大事记，是以新闻报道形式呈现，每册约 25 万字，是每一位教育人都认可的学校精神产品。就教师的精神产品而言，有教师开发的精品校本课程，教师专著《师者、思者》（教师获奖论文集）、《教师经典教案集》《自主学习导练集》（自编作业）《教育智慧集》（班主任与德育导师教育案例与心得）。学生的作品主要有教室内外的书法和绘画作品，学生科技作品集与学生获奖作文集《蓬勃》（出版社发行）。

3. 升华

在师生的精神追求中升华精神文化。学校文化是学校师生共同创造的，优秀的学校文化又不断地丰富着师生的精神世界并促进着师生的全面发展，同样，师生对更高的精神境界的追求，也使学校的精神文化建设得到升华。激发教师更高的精神追求，我们主要做了三件事，一是开展主题教育活动，通过"南中好教师形象大讨论""以情优教"主题教育、"清廉教育""党风促师风"建设等活动，激发教师更高的教师追求。二是通过榜样示范，我们通过二年的"每月之星"评选，连续五届"感动校园人物"评选（每两年一次，每次设 10 人），"高星级班主任"（每三年一次，班主任年限 20 年资格）评奖等活动，树立典型，每一次大规模高规格的评选与颁奖，都是对每一位教师心灵的震撼。三是对"学校名片"的寻访与宣传，"学校名片"是指富有特色的学校教师，即在某一方面或多方面的优质性，可以代表学校展示形象彰显特色的教师。学校通过各种途径进行寻找，包括自荐、同事或团队推荐、学生或家长推荐等方式，对其特长或经验或成果的挖掘总结和提炼，在网络、学校新闻、展板和社会媒体进行宣传，引领教师对精神生活的追求与实践。

（二）学校核心价值观的凝练

学校核心价值观是学校精神文化最重要内容，它是学校文化的灵魂，是学校成功的一整套信念体系的抽象与简化，往往通过一系列的集中表述而宣示出来。我校的核心价值观是以学校办学理念呈现的，具体表述已在第二节中呈现并解读。这里要讲的是对学校核心价值观凝练出的内在逻辑关系。

学校精神，又称学校文化主题，是从多样的学习价值观中抽象出来的具有基础性的价值目标。我校的学校精神是"自主合作"，解读为："自主为经，合作为纬，经纬由心，天下自为。"作为学校文化的主旨与灵魂，它统领并融合在其他的办学理念中，学校的办学宗旨、校训、校标、育人目标、学校特色、学校三风等等，无一不是"自主合作"的价值体现，它们共同构成了我校的核心价值观体系。

附：努力造就富有"自主合作"精神的特色学校

努力造就富有"自主合作"精神的特色学校
——海宁市南苑中学校园文化建设实践与体会

南苑中学是一所非常年轻的学校，没有深厚的文化底蕴。但我们知道，作为学校发展的软实力，学校文化不仅需要传承，更需要培育与凝练，学校文化的凝练能力成为学校品质能否提升的重要因素。为此，根据教育发展的新要求及新组合的教职工实际情况，学校根据"一切为了人的自主发展"的办学宗旨，积极开展学校文化建设，培育与凝练"自主、合作"精神文化，逐渐形成师生的共同价值观，日益催生着特色学校的生长。

一、对学校文化建设的再理解

（一）对学校文化的理解

对学校文化的理解，尽管争论较多，但趋于同一的是："学校全体成员在教育教学和管理实践中逐渐积累和共同创造生成的价值观念、思维模式、行为方式及其活动结果，其以具有特色的学校精神、学校制度和物质形态为表现形式，影响和制约着学校全体成员的思想和行为"（王定华《启动学校品质提升》、叶澜《试论当代中国学校文化建设》）。

由此，我们把学校文化理解为，学校师生的共同价值观，以及在这种价值观引领下的思维、行为与活动。可以简单分为环境文化、制度文化、行为文化、精神文化与核心价值观五类，其中核心价值观是最高层次的学校文化，它的作用是不言而喻的。学校一旦形成了具有以核心价值观统领的特色文化，学校文化将会统率和规范学校每一位成员行事的态度与方式，渗透到学校管理的各个环节，体现在全体师生的各个方面。

（二）对学校文化的定位

1. 学校文化归根到底取决于学校办学定位。按照"育人为本、特色发展"工作思路，我校以"一切为了人的自主发展"为办学宗旨，通过课程改革与教师的专业发展来促进学校的可持续发展，积极培育学校文化，不断深化以"自主教育"为主题的学校特色课程建设，成为特色鲜明的海宁名校。这一办学定位决定了学校"自主合作"的文化定位。

2. 学校文化植根于学校办学理念中。"一切为了人的自主发展"，是学校的办学理念，也是学校始终坚守的办学宗旨。在这一办学理念支配下，我校把"自主教育"定位于特色学校建设的主题。自主赋予个体以生命的活力，而自主的个体之间需要合作，这是我们特色学校建设与学校文化建设的结合点。

3. 学校文化融入在学校培养目标中。从学校办学理念、办学特色与学校文化建设的解读中，我们自然明晰学校的培养目标，学校教育的一切，是培养具有"自主发展意识和团队合作能力的现代公民"。以培养学生独立性、自主性、目的性和创造性为基本原则，以学生自我意识唤醒、自主能力提升、自信品格养成、自强精神发挥为主要目标，以课程为核心，以学生主体性实践活动为平台，以学校文化培育为保障，构建起适合学生自主发展的现代学校教育体系。

二、校园文化建设的思路与策略

从学校文化的本质来看，它具有价值性、整体性、稳定性与独特性的特点，学校文化建设是学校教育生活的再造，也就是说，学校文化需要历史的传承、积淀，也需要人为地培育与凝练。

1. 通过"谋先度远"，完善学校文化建设体系

作为一所新组建的学校，我们的首要任务是要对学校文化进行有效的设计。

首先，对学校文化进行正确定位，我们把"自主合作"文化核心以"学校章程"的形式予以确认，设计并制定"学校发展规划"和"学校文化建设规划"，指导并保证学校文化建设的实施。其次，设计并确定校标、校训、校歌及学校标识系统等显性文化元素符号。再次，积极培育师生的行为文化，规划并开展学校特色项目建设。最后，设计并开发具有学校文化内涵的课程体系。

2. 通过制度建设，进行精神文化的凝练

学校制度往往体现为一种强制力量，迫使人们的行为与现存学校制度所要求的思想、行为模式保持一致。学校制度正是通过这种强制性的力量，对学校成员的行为进行规范、引导和约束，从而形成制度所期望生成的学校文化。

学校制度建设的关键是制度的科学制定与有效执行。首先，是要解决"如何制定制度"的问题，即给制度的生成制定一个规则，我们的体会是，充分体现"民主集中"制的教代会制度是一大法宝。其次，制度的内容要体现学校文化要素。再次，要以铁的手段抓好制度的执行，学校制度内容的合理与制定程序的规范，就必然代表了全体学校成员的意志与利益，学校各职能部门没有理由执行不力。从我校的实践看，只要长期坚持，制度的遵守就成为大家的自觉。

3. 通过理念培育，激发师生的文化追求

文化能熏陶人、影响人，但文化对人的影响是潜移默化的，又是深远持久的。同样，人们对学校文化的培育也不是一蹴而就的。

我们在创建工作中，及时成立创建工作领导小组，通过各级会议，对学校文化及文化建设进行解读，统一全校师生员工思想，明确校园文化建设需靠校园每个成员共同努力践行，如年级组长引领年级组教师抓好年级组文化；教研组长引领教研组成员抓好教研组文化，办公室主任引领办公室成员抓好办公室文化，学生处引领班主任抓好班集体文化、教师个人要抓好课堂文化等。思想统一，认识到位，文化建设就有了思想基础与人力资源保证。

4. 通过"闻道笃行"，浓厚学校文化氛围

"闻道笃行"是学校的校训，也是我们进行文化建设的指导思想，即向着理想和目标勇敢、踏实、坚定地前行，乐观地与社会分享前行的收获。在文化建设中，我们正是按照"自主合作"这一学校文化之道，一步一个脚印地踏实前行，才使校园盈润着文化的气息。

加强对师生意识形态的领导与引导，定期刊出校报校刊，出版师生文集，对"感动校园人物"进行隆重表彰，评选"高星级班主任""高星级教师"，运行校园网站，开辟学校宣传长廊，制作路灯杆宣传牌、主题展板，借力《海宁日报》等，大力宣传学校重大活动、师生典型事迹等，激发出师生的"精气神"。

开展多元化的文化活动，既丰富师生的文化生活，又让大家得到文化的熏陶，感受文化的力量。在学生活动中，学校定期举办艺术节、科技节、读书节、体育节等大型活动；每年各类师生活动及家校合作活动120多项。

5. 通过主题教育，构建师生行为文化

师生行为文化的构建，是一个长期的持续的践行的过程，除了必需的制度保证外，我们选择了主题教育，在教师行为文化建设中，学校先后开展了教师

职业精神教育活动、"以情优教"主题教育活动、"三讲"（"讲规矩、讲形象、讲奉献"）教育，努力构建"品性讲正气，为人显大气，做事有朝气"的教师行为文化。

学生行为文化建设中，学校积极开展"自主德育"，通过"自主规划、自主评价、自主管理、自主学习和自主活动"机制运行，构建起"自主意识、合作意识和公民意识"的学生行为文化。

6. 通过特色学校创建，深化学校文化建设

在特色学校创建中，我们通过引领学生把人生规划、成长记录等都融入"自主"元素，积极实践，激发他们的无穷潜力；通过研究学生自主学习课堂，根据"以情优教""以学定教"理念，进行翻转课堂、微课开发、白板技术、云课堂试水、小组合作等各种手段，用心尝试。

学校构建了"目标引领、问题导入、合作探究、精讲精练"的学生自主学习课堂教学模式，先后开发了《海宁潮与潮文化》《海宁名人文化》《初中分年级主题教育课程体系》《南苑中学学生人生规划课程》等校本教材。推行教师自主编写作业，引领师生自主发展评价，指导学生开展"人生规划"发展性评价，所有这些创建活动，都深化了学校的文化建设。

三、校园文化建设的成果与体会

（一）学校文化建设成果

1. 学校物质文化特色彰显

通过精心设计，目前学校已形成具有鲜明个性的学校标识系统，并广泛应用学校各区域布置和各物品设计中，提高了学校的文化品位。

通过系列"美丽校园"建设，使校园整体环境得到较大优化，使学校物质性的显性文化彰显出自己的特色。

2. 学校制度文化魅力凸显

学校各项管理制度全面，涵盖整个学校管理系统，这使全校各项工作开展秩序井然。以教职工绩效考核为例，我校的绩效考核分奖惩与处罚两大类。奖励分为考勤奖、管理绩效奖、德育工作考核奖、教学工作（又分考试科目与非考试科目）考核奖、育人科研成果奖、服务育人考核奖、年度综合考核奖等七项奖励，处罚则分为工作差错与工作事故二个类别共16项。

其中年度综合考核奖，对专任教师、非专任教师和管理人员三个系列的教职员工进行全员化综合考核，结果按 A、B、C、E 四个等第（E 为不合格）按

学期计奖，且与年度考核、年度评优直接挂钩。

健全的管理制度加之有效的制度执行，优秀的制度文化不仅凝练出学校精神文化，还催生出了学校的管理特色。

3. 师生行为文化生机初显

学校通过有效的教职工行为文化的培育，使学校每一位成员的行为方式以及承载这些行为方式的各种活动，都在"自主合作"的价值观引领下，显现出"品性讲正气，为人显大气，做事有朝气"的特色。正是这"三气"文化的构建，学校在改革发展中的许多问题都迎刃而解，教风校风建设得到社会的认可。

"自主意识、合作意识和公民意识"的培养，使学生的行为规范养成，道德品行的提升，学习能力的增强，都起到了很好的助长作用。学校教育质量全面优化，特色项目层出不穷，各类竞赛获奖连连，是最好的诠释。

4. 学校精神文化价值外显

通过对学校文化的凝练，全体师生具有了共同的价值追求，并日渐外显于行。

教师的自主聘任，基于自主发展的"星级教师"评价，全员班主任制的推进，教研组、备课组的活动与考核，"文明寝室"及各类学生先进评比，学生"诚信试场"的准入……学校的日常教育生活普遍采用自主申报制；师生的学习与工作由原来的"来自上级的任务"变为大家的"内在的自觉"。

和谐的校园氛围，离不开"合作"文化的力量，学校从校际合作到家校合作，处处感受到"共赢"的成果。如果没有文化的支撑，就根本不可能有初中的"自主导练"。

5. 学校特色得到催生

我校的特色化发展，特色主题的定位，是植根于文化土壤中的。在"自主合作"特色文化建设中，激发了师生的认同感和责任感，营造了一个共同价值追求的氛围，使学校的所有人员都受到无形的感染和潜移默化的熏陶，"自主合作"成为每一位南中人的文化自觉与文化自信。有效的学校文化建设，使植根其中的学校特色之花含苞绽放。现在，学校发展既有"顶层设计"的规划，更有底层"我要"的驱动，我校争创的一个个特色项目，都是教师的"杰作"。单就体艺来说，如体育组的射击（省阳光体育后备人才基地）、足球（浙江省优秀定点学校）、定向运动，音乐组的合唱团、美术组的硬笔书法，劳技组的微课群等等。学校特色发展俨然如一列动车，每一节车厢都独具动力，无疑，这是文化建设的魅力所在。

(二) 学校文化建设的体会

1. 有效的制度建设，是学校文化凝练的必取之径

考察当前一些"名校"，大家也会发现，它们之所以有优良的学校文化传统，往往是源于其长期良好、稳定和有序的学校制度安排。从这一意义上讲，学校文化状况实质上反映了学校制度建设的性质与优劣。

2. 学校文化是需要设计并培育的

学校文化是一种隐藏在现象后面的稳定的、长期的信仰、价值观和方法论，是学校的本质内核与精神特质，学校的课程、礼仪、口号、行为方式、规章制度都是其本质的外现。同一所学校的文化又具有相对的稳定性，因而学校文化需要历史的传承、积淀，但对一所新学校而言，更需要人为地设计与培育，不然，文化建设就无从谈起。

3. 学校文化建设与特色学校建设应该是统一的

学校文化的本质特性与学校的办学特色是统一的，脱离了学校本质与精神的"土壤"，"特色"之苗就不能健康生长。从学校文化的本质和特色学校的基本属性的分析也可知，办学特色的形成，必须依赖于学校文化。

4. 学校文化建设也是一个文化创新的过程

文化学理论告诉我们，文化创新的主要途径，是"取其精华、去其糟粕"的继承传统文化的过程，又是一个"推陈出新、革故鼎新"的创造与发展新文化的过程。所以，学校文化建设应立足学校实际，少说空话，积极实践，既要防止沉睡于历史的传统里的"守旧主义"，又要反对全盘否定传统文化的"历史虚无主义"。

第三章

自主评价，激发了学生自主发展的内驱力

内驱力是个人发展的内部动机，是源于个人需要的一种内部推动力和内部刺激，是实现个人发展目标的精神支撑。在学生的发展过程中，如何激发他们对自身发展的内在需求，是自主教育中必然包含的重要环节，也是学生能实现自主发展的重要保证。在我校的自主教育实践过程中，通过自主评价来激发学生自主发展的内驱力成了一种行之有效的的方式。

第一节　学生自主评价概述

自主评价其中的寓意主要是在于培养学生自觉与主动的进行自我审视、自我检验、自我完善的行为品质。当学生对自我发展有了主动性，就会按照自己规定或设置的目标行动，而不依赖外力推动，由个人的需要、动机、理想、抱负和价值观等推动。我校在自主教育特色学校建设中，实施了以学生为主体的自主评价机制。

一、学生自主评价的含义

（一）学生评价

学生评价是指在一定教育价值观指导下，根据一定的标准，运用现代教育评价的一系列方法和技术，对学生的思想品德、学业成绩、身心素质、情感态度等的发展过程和状况进行价值判断的活动。

学生评价不仅包括教育者对学生的评价也包括学生的自我评价。实践证明，任何评价如果没有被评价者的积极参与，就很难达到预期目的。当代教育评价已不把被评价者作为被动的客体，而是把他们视为参与评价的主体，采取各种

途径和方法，使之积极参与评价过程。他评和自评的结合，不仅可以增加评价结果的客观性和科学性，还可以帮助学生提高自我评价能力，培养学生自主适应社会发展需求的自我调控能力。因此，培养学生的自我评价能力本身就是促进学生身心发展的一项重要措施。

学生评价可分为他人评价和学生自我评价两大类。

1. 他人评价

他人评价，是指教师、家长或其他学生等依据一定的标准，对被评价者的思想品德、学习行为、身心素质和情感态度进行价值判断的活动。

2. 自我评价

自我评价，是使学生作为评价主体，依据一定的标准对自己的期望、品德、发展状况、学习行为与结果及个性特征进行判断与评估，是学生自我认识，自我分析，自我提高的过程。

（二）学生自主评价

1. 含义

自主评价是自我评价的一种发展模式，是学生通过自觉和主动的意识对自己思想、愿望、行为和个性特点持续做出判断和评价活动。学生把自己当作认识主体从客体中区分出来，开始理解我与物和非我关系后，通过别人对自己评价和自己对别人言行评价的过程中，逐渐学会自我评价。自主评价是自我评价发展的产物，突显了评价的激励、反馈、调整和改进功能。

2. 特点

自主评价中最显著的特征就是要"培养自主性"，让学生实实在在地参与评价过程，是"促进学生主动发展"的重要举措。

3. 内容

自主评价主要包括学业评价、活动评价、品行评价和能力评价。自主性评价强调学生自主的同时，还辅以他人评价，即教师评价、家长评价、同伴评价和社会评价等多种形式。

二、学生自主评价的心理学基础

（一）自我意识

自我意识是对自己身心活动的觉察，即自己对自己的认识，具体包括认识自己的生理状况（如身高、体重、体态等）、心理特征（如兴趣、能力、气质、性格等）以及自己与他人的关系（如自己与周围人们相处的关系，自己在集体中的位置与作用等）。自我意识具有意识性、社会性、能动性、同一性等特点。自我意识的结构是从自我意识的三层次，即知、情、意三方面分析的，是由自我认知、自我体验和自我调节（或自我控制）三个子系统构成。自我意识的形成原理包括：正确的自我认知、客观的自我评价、积极的自我提升和关注自我成长。人生不同的发展阶段，其自我意识的形成各有特点。

自我意识是人的意识的最高形式，自我意识的成熟是人的意识的本质特征。它以主体及其活动为意识的对象，因而对人的认识活动起着监控作用。通过自我意识系统的监控，可以实现人脑对信息的输入、加工、贮存、输出的自动控制系统的控制，这样，人就能通过控制自己的意识而相应地调节自己的思维和行为。

（二）自我评价

1. 发展过程

自我评价是一种重要的评价形式。它属于人的自我概念的重要内容之一。迄今为止，自我评价问题已经成为哲学、心理学、社会心理学、教育学、文化学、价值学等多个学科关注的热点话题。自我评价不仅具有独特的自我功能，促进自我发展、自我完善、自我实现，而且具有重要的社会功能，极大地影响人与人之间的交往方式。以多学科的研究成果基础，综合地探讨自我评价的功能和作用具有重要的理论和现实意义。由于自我评价的功能发挥是以正确地认识自我为前提的，为了充分发挥它的功能和作用，还必须探讨正确地评价自我的途径和方法。

2. 评价规律

自我评价发展的一般规律是：评价他人的行为→评价自己的行为→评价自己的个性品质。它是自我教育的重要条件。人对自己的思想、动机、行为和个性的评价，直接影响学习和参与社会活动的积极性，也影响着与他人的交往关系。一个人如果能够正确地如实地认识和评价自己，就能正确地对待和处理个人与社会、集体及他人的关系，有利于自己克服缺点、发扬优点，在工作中充分发挥自己的作用。实事求是地评价自己是进行自我教育、自我完善的重要途径之一。

3. 评价要素

自我评价是人的自我概念的重要内容之一。其前提是自我意识，只有当人具有自我意识的能力，才能做出自我评价。自我评价的功能首先表现为自我功能，就是说，它对人的自我发展、自我完善、自我实现有着特殊的意义。自我评价也具有重要的社会功能，它极大地影响人与人之间的交往方式，也决定着一个人对待他人的态度，还影响对他人的评价。正确的自我评价的社会意义就在于它帮助人成为社会人，有健康人生观和价值观的人。要利用自我评价的正面价值来促进人的全面发展和社会发展，还要有效地克服自我评价的可能负面作用。

4. 实施条件

作为正在成熟和发展中的中学生，他们正在从完全归属于父母、家庭的非独立社会定位逐渐向一个具有独立人格、社会性个体的社会定位过渡。他们已具有一定的自我意识，对自我有一定客观的认识，能进行较客观的自我评价，有一定的自我提升意愿，比较关注自我的成长情况。在教育过程中评价作为学生成长发展的一个极为重要的组成部分，作为一种有目的、有过程、有结论的价值判断活动，其根本目的是通过自我评价和他人评价的过程促进学生对自我进行自觉主动地验证、证实和完善。只有这样的人才能主动、积极地进行自我提高和完善，并为社会进步做出贡献。而自主评价正是突出评价活动中的学生的主体地位和作用的评价方式。

三、学生自主评价的基本要求

（一）注重形成性评价

自主评价主要目的不是为了选拔少数优秀学生，而是为了"激励学生学习，帮助学生有效调控自己的学习过程，使学生获得成就感，增强自信心，培养合作精神"，发现每个学生的潜质，强化改进学生的发展，并为教师提供反馈。这就势必要更加注重对学生发展过程的关注，也就是注重对学生形成性的评价。

形成性评价又称过程评价，是在教育过程中进行的评价，是为引导教育过程正确、完善的前进而对学生学习结果和教师教育效果采取的，"对学生日常学习过程中的表现、所取得的成绩以及所反映出的情感、态度、策略等方面的发展"做出的评价，是基于对学生学习全过程的持续观察、记录、反思而做出的发展性评价。形成性评价心理学的研究成果和教育实践经验表明，经常向教师和学生提供有关教育进程的信息，可以使学生和教师有效地利用这些信息，按照需要，采取适当的修正措施，使教育成为一个"自我纠正系统"。

形成性评价不单纯从评价者的需要出发，而更注重从被评价者的需要出发，重视学习的过程，重视学生在学习中的体验；强调人与人之间的相互作用，强调评价中多种因素的交互作用，重视师生交流。在形成性评价中，老师的职责是帮助学生确定发展方向、收集资料、与学生共同讨论、在讨论中渗透教师的指导作用，与学生共同评价。

形成性评价使学生"从被动接受评价转变成为评价的主体和积极参与者"，这使得学生在发展的过程中的角色得以发生转变，主动性得到更多的发挥，成了自身发展的主体，这也是我校自主教育理念在培养学生自主发展中的重要落脚点。

（二）形成综合性评价

自主评价要建立起科学的评价体系，必须是多维度、多层次、多方面的综合评价体系。要使用比较系统的、规范的评价标准对于多个指标进行综合评价。对学生的评价主要分为学业类评价和德育类评价。

1. 学业类评价

学业类评价是学校以国家的教育教学目标为依据，运用恰当的、有效的工具和途径，系统地收集学生在各门学科教学和自学的影响下认知行为上的变化信息和证据，对学生的基础型课程、拓展型课程、研究型课程学习及体艺类课程等方面的知识和能力水平进行价值判断的过程。

2. 德育类评价

德育类评价是指在一定教育价值观指导下，依据一定的社会评价标准，运用现代教育评价的一系列方法和技术，对学生的道德品质和行为习惯作肯定或否定的价值判断。德育评价着力于人的内在情感、意志、态度的激发，更注重于发挥评价在教育活动之前、之中的导向功能，以及确认、激励和行为调控作用，使学生逐步树立正确价值观、人格不断完善，以评价促养成，从而促进学生的全面发展。

现代德育评价具备以下五个特点：

（1）现代德育评价同德育目标密不可分；

（2）现代德育评价具有综合性、连续性和灵活性的特点；

（3）现代德育评价具有注重诊断、分析的特点；

（4）现代德育评价已不仅是教师个人的工作，而应成为学生自己的事；

（5）现代德育评价要求客观、明智、公正地解释评价结果。

我校的学生自主评价就是从学业类评价和德育类评价两个主要方面，对学生从不同学习阶段、不同学科能力、不同品质表现、不同行为方式、不同表现平台等多个指标进行综合评价，并根据各指标的重要性进行加权处理，使评价结果更具有科学性、针对性，从而使得学生的自主发展更具有方向性。

（三）促使参与性评价

要使评价的效果得到更大的实效性，必须使评价以学生为主体，让学生更加主动地参与到评价的过程中来。

所谓"主动参与评价"，是指学生在教师的有效指导下，通过自觉主动地参与评价活动，增强参与意识，端正参与动机，提高参与能力，从而体现学生的主体作用。参与意识是学生对评价活动积极投入的意愿。学生有了参与意识才会有强烈的投入欲望，才会有积极的参与行为，才会对评价过程和结论进行积极的反思，才会进行有效的自我发展、自我完善。

我校实施的自主教育，在评价中更多地实施了参与性评价为主的自主发展评价。学生在自主评价的过程中，从自主发展目标的设定，到对目标达成评价方法的学习，再到目标达成情况的评价结论，全程进行了参与。

例如我校刚毕业的李同学，他在进入我校后，在指导老师的帮助下确定了自己在初中阶段的发展目标，在他的学习过程中，按照设定的目标计划分阶段地对自己的目标达成情况进行了自主评价，通过这样全面参与的自主评价，使得他能及时地进行反思、小结和调整，并顺利达成了初中阶段的自主发展目标，顺利地被省一级重点中学录取，实现了自己的第一步学习生涯目标。

这种让学生全面参与自主发展的评价形式，使得学生对自身发展的方向、过程及情况有着清晰的了解，从而能有更明确的自主发展步骤，以实现自主发展的目标。

四、自主评价的时代意义

学生自主评价对学生的自主发展有着特殊的意义。按照伯恩斯的看法，自我概念对人自己有着重要的心理作用。这些功能包括：保持内在一致性、决定个人对经验怎样解释和决定人们的期望。个人怎样理解自己，是其内在一致性的关键部分。个人需要按照保持自我看法一致性的方式行动。

（一）促进学生自主反思

自主评价的过程会促使学生进行自我验证，从而为自主发展提供动力。

根据心理学的有关研究成果，一旦学生进行了自主评价，就会在这个过程中努力确证他们的自我概念。特别是当评价结论是否定性的时候以及跟维护肯定性评价的愿望相冲突的时候，学生就会进行自我校验。自我验证在很大程度上表现为对评价结果的证明。这样的自我验证过程对于学生自身的发展来说会有意义，因为如果学生的评价结论是肯定的，自我验证会促使学生去表现自己，通过实践证明自己，而实践可以给学生提供发展的机会。即使学生的评价结论表现为否定，自主评价在很大程度上还会激发学生进行自我敦促，通过自我敦促的过程提高学生的自我反思能力，在自我反思中学生会得到自我提高。

（二）促进学生自我实现

自主评价的过程能够促使学生进行自我证实，并为自我实现提供动力。根据心理学的有关研究成果，一旦学生对自己形成了相对完整和定性的评价，就会想方设法通过证实自己的能力来减少对这种自我评价有威胁的各种负面影响。例如，若在一个方面，一个人的自尊受到损害，他（她）会寻求从另外一个方面来弥补。也就是说，通过自主评价学生会努力不断地反思自己，并证实自己的价值。这种自我证实的功能已经有科学证据的支持。在实际生活中，人们经常会用这种方式来自我证实。例如，如果你说我唱歌不行，我就会用我更擅长的弹吉他等方法来证实自我。自主评价过程对自我实现起着非常重要的动力作用，因为为了自我证实，学生必然会将自己的自我能力以某种方式表现出来。在心理学里，自我证实跟前面的自我验证是从不同侧面来说明自主评价的自主功能。自我验证体现的是学生从反面去验证自主评价的结果；而自我证实是从正面证明自己的自主评价结果的正确性。由于这种差异，自我验证更加有利于自我发展；自我证实更加有利于自我实现。当然，自我实现的过程中也会对自我发展有促进作用；反之亦然。只是两者的主要功能不同而已。

（三）促进学生自我完善

自主评价的过程有利于学生的自我完善。根据心理学的有关研究成果，当学生形成自主评价结论之后，有的时候会感到评价的某个方面受到威胁（挑战）。在这样的情况下，他（她）就会加倍努力地寻求对这种自主评价结论的社会承认。在实际生活中有很多的例子：比方说，如果一个学生在考试中失利，他（她）会寻求某个人说他（她）仍然很聪明，从而坚持自己是一个有才华的人的评价结论；他（她）也可能跟某人去争辩来显示自己仍然比别人聪明。实际上，这也是要追求社会承认。

心理学的有关研究成果还表明，自主评价的过程对自我完善的促进作用还表现在它有利于主体的自我提高。学生通过自我评价来进行自我形象管理。为了有效地管理自己的形象，学生会经常自我检查（自我评估），并有意识地对他人关于自己的印象进行管理。也就是说，学生会运用自我提高机制来完善自我，例如通过得体的衣着、言语等。同时，这也是为了使他人对自己感觉良好。例如获得他人的恭维。因此，自我提高实际上是改善他人对自我的印象。这也反映出，学生的自我评价不是孤立的，而是跟他人的评价密切不可分的。善于自我评价的学生会利用他人的评价来反思自己、修正自己的评价，并努力争取让他人对自己获得更高的评价。

（四）促进学生社会交往

自主评价不但具有特殊的自我功能，还具有特殊的社会功能，因为它在一定程度上会影响人与人之间的相互关系，也影响一个人对待他人的态度。心理学的研究表明，人会有一种自我评价维护的意识。学生在进行自主评价的过程中，会关注别人如何对待自己。例如：如果别人（例如同学、老师、家长）说一些不让你感觉舒服的话，你就会感到自己的自我评价受到了威胁，就会远离这些让你不舒服的人，尽量让他们的行为和态度跟你不相干起来，从而维护自己的自我评价。在这种情况下，学生如果善于自我反思，就会努力自我改进，从而促进自身的发展。这表明，学生的自主评价过程也影响着他们跟别人的交往方式。

自主评价过程还影响对他人的评价，不能正确进行自主评价的学生一般也不大会正确评价别人。而心理学和社会学的研究发现，人们如何评价别人，就会以什么样的方式对待别人。也就是说，人们的评价决定态度。而不同的态度就必然有不同的行为，从而导致不同的人际关系。从整个社会的心理健康角度来说，正确地进行自主评价有着重要的意义。首先，他人评价对学生的心理有重大影响。当一个学生对他人的评价正确、适度，从别人那儿获得的对自己的评价跟他进行的自主评价相吻合时，其自我感觉就会良好，内心处于平稳正常的心理状态之中；反之，如果一个学生所期望得到的他人的评价和对他人的评价与他自己进行的自主评价不相一致，出现一定的高低落差时，就会产生心理失衡，导致自我评价障碍的发生。其次，评价他人对心理也会有影响。如果一个人能够正确评价他人，他会感到自己有良好的评价和认识他人的能力。就是人们经常说的"看人很准确"。这样，他会增加人际交往的自信心和自豪感。最后，他人对他们自己的评价也对"我"有心理作用。如果一个人的交往圈里都能或者大多能进行正确的自主评价，对此人的自主评价必然会有帮助，在观察和潜移默化中，此人也会不断学会自主评价。

综上所述，培养学生的自主评价能力，是促进学生自主发展、自我实现、自我完善和社会交往能力的必然要求；是实现学生健康成长，培养学习型、成长型、发展型人才的必然选择；是学校教育发展适应新时代社会进步，对国家未来发展负责任的必然使命。

第二节　学生自主评价的实施

自主评价要得以有效的实施，需要有适合学生特点的自主教育素材，还需要有引导学生进行积极参与的自主评价机制，也需要有指导学生进行自主评价的德育队伍。我校在自主教育理念的支撑下自主编撰了《中学生人生规划校本课程》，建立了一系列适合学生自主发展的自主申报机制和自主评价制度，并且打造了全面服务于学生自主发展的全员班主任队伍和德育导师队伍。

一、人生规划教育

（一）对人生规划教育的理解

1. 人生规划

所谓人生规划就是一个人根据社会发展的需要和个人发展的志向，对自己未来的发展道路做出一种预先的策划和设计。

人生规划使我们在规划人生的同时可以更理性的思考自己的未来，初步尝试性的选择未来适合自己从事的事业和生活，尽早（多从学生时代）开始培养自己的综合能力和综合素质。

人生规划与职业规划的区别就是人生规划比职业规划广泛，职业规划只是人生规划的一部分，他并不是人生的全部。职业有很大一部分是为了实现高质量生存的手段而已。

2. 人生规划教育

人生规划教育是对学生进行人生规划知识、思维、方法和技能的培训。通过培训，让学生学会对社会的现状及发展趋势、对自身的个人特质和优缺点进行分析和了解，让学生学会把总目标分解成多个阶段性目标的方法，让学生学会设计阶段性目标达成计划和步骤的方法，让学生学会通过对阶段性目标和步骤的实现情况的分析来反思和调整人生规划设计的方法，从而使学生全面人生规划的方法和技能。

（二）人生规划教育校本课程的开发

1. 校本教材开发背景

中学阶段是学生人生观、世界观和价值观形成的关键期，也是学生未来人生发展定向的关键期，随着高校招生政策的改革和高中课程改革的进行，学生面临的主要矛盾已经由原来的升学竞争转变为专业选择和职业定向，这一矛盾的转变要求学校在进行学业教学的同时，给学生提供学业指导和专业定向帮助，教育部颁发的《普通高中课程方案（实验）》第一次明确提出要培养学生初步具有"独立生活的能力，职业单调，创业精神和人生规划能力"，这对中学教育工作提出了新的要求。为落实这一目标要求，需要学校有针对性开展学生人生规划相关教育。

2011 年，我校许逢春校长参加了嘉兴市骨干校长赴芬兰教育考察活动，他在 20 天的考察活动中，深刻感受到了"人生规划教育"在芬兰教育改革中的重要作用与学生自主发展的积极意义。2012 年初，许校长提出了在全校开展"人生规划教育"的构想，通过学校行政会讨论后，迅速进行了实施，派遣学生处正、副主任等多人参加了省级"人生规划教育"培训，通过一年的探索和谋划，我校自主进行了校本教材《中学生人生规划教育校本课程》的开发。

2. 校本教材开发目的

该校本教材是围绕学校对学生的培养目标：培养具有"自主发展意识和团队合作能力的现代公民"。通过人生规划课程的学习，让学生了解个人自主发展与人生规划的关系，了解人生规划相关资源，培养人生规划基本技能，进行个人与生活环境相互适应的探索，对人生规划进行实践，培养宏观及具前瞻性的人生态度与信念。

3. 校本课程纲要

课程纲要

章节名称	章节主旨	课时名称	教学内容	教学目标
我们生活在哪里	帮助学生提高对社会的了解，包括对社会的现状及发展趋势进行宣传，使学生了解现有的社会资源，树立起正面的榜样，引导学生养成积极的生活态度，从而激发学生自主发展的内驱力	第一课时	介绍当今社会的现状及发展趋势，社会人群不同的生活态度，在社会中扮演的角色	开阔学生视野，让他们了解当今社会，了解个人自主发展与人生规划的关系，引导、培养学生积极的生活态度
		第二课时	介绍当今社会的行业分工，与行业相对的专业，与专业相对应的学校，这些学校的录取要求	让学生了解社会行业情况，了解行业所需要的专业技能，以及学习专业技能所要达到的要求
我是谁我在哪里	帮助学生分析自我、了解自我，引导学生发掘自身的长处与短处，从而对自己的个人自主发展有一个初步的定位	第一课时	介绍自我剖析的方法，分析个人的兴趣爱好、能力倾向、拥有的社会资源等	让学生掌握自我剖析的方法。通过学生的自我剖析，使学生对自身有较为清晰的了解，对自身今后如何在社会立足有初步的定位
		第二课时	分析现在的个人情况，包括思想现状、学习现状、行为现状等	
我要到哪里去	帮助学生设定个人自主发展的目标	一课时	学习目标设定的方法，根据学生的自身情况，通过科学分析，设定适合个人自主发展的目标	让学生掌握人生目标设定的方法，从而设定适合学生个人实际的自主发展目标

章节名称	章节主旨	课时名称	教学内容	教学目标
我怎么到达目的地	帮助学生沿着既定目标的方向，设定具体的中、短期阶段性目标和实施步骤、方法	一课时	认识个人自主发展目标的实现步骤和过程，对实现目标的过程和步骤进行详细的具体规划	让学生学会目标达成的操作方法。通过设定具体的中、短期阶段性目标，让学生在平时学习生活中，有清晰的方向和可操作的步骤
我到了哪里	帮助学生及时进行规划实践的自我反省，反思实践过程，进行阶段性总结与评价	一课时	进行有效的监督、信息反馈、自我反省的方法，进行短期的阶段性实践总结与评价	让学生学会有效监督、反馈与反省，对个人短期阶段性目标的达成进行评价
我如何接着走	帮助学生对人生规划的阶段性目标和实践步骤、方法进行调整。从而朝着个人自主发展的目标科学有效地前进	一课时	根据阶段性评价，对人生规划的阶段性目标和实践步骤、方法进行调整	让学生学会在实践人生规划的过程中进行科学的调整，以更有效地方式进行自主发展
我怎样更好地接近目标	帮助学生对个人自主发展目标进行反思，设定适合自身实际的目标	一课时	对一个较长阶段的人生规划实践进行总结和评价，根据实践情况，反观个人自主发展目标设定的合理性，并做出对人生规划的科学调整	让学生学会对个人自主发展目标设定的反思与调整，懂得人的发展是一个循环螺旋上升的过程

4. 人生规划校本课程内容

通过教材的编撰，课时的安排，授课教师的落实，学习对象的确定，《海宁市南苑中学中学生人生规划校本课程》正式开授。

附：海宁市南苑中学中学生人生规划校本课程目录及摘要（2017年版）

海宁市南苑中学中学生人生规划校本课程目录及摘要（2017年版）

目 录

我们的世界——中国社会发展现状

我们的选择——当代高中学生择业方向

第二章 我是谁？我在哪儿？

寻找自己

看清自我现状

第三章 我要到哪里去？

我的未来我规划

第四章 我怎么到达目的地？

我走的路我设计

第五章 我到了哪里？

放慢脚步回头看

第六章 我如何接着走？

抬头看路多思考

第七章 我怎样更好地接近目标

我的过去我的未来

第一章 我们生活在哪里？
我们的世界——中国社会发展现状

一、我们所处的阶段和当前社会形势的特点

（一）经济增长趋缓形势明显

（二）中国宏观经济发展进入新阶段

（三）就业形势平稳发展

（四）区域增长格局继续发生变化

（五）居民收入增长格局发生变化

（六）社会保障覆盖面迅速扩大

二、当前社会发展面临的新问题

（一）国内消费对经济的拉动力减弱

（二）居民收入差距不断扩大

（三）人口结构快速变动产生深刻社会影响

我们的选择——当代高中学生择业方向

一、大学生就业形势分析

（一）全国高校招生情况

（二）"供给"与"需求"

（三）历年大学毕业生总数及未就业毕业生总数

（四）未来几年大学毕业生就业形势

（五）扭曲的择业观

二、树立正确的择业观

三、我国未来职业发展趋势展望

（一）行业分析

（二）科技方面重点发展领域

四、2014 年全国高校办学水平排行榜

（一）2014 中国 734 所普通高校各学科最高水平学校名单

（二）2014 中国 734 所普通高校各学科排行榜

五、2013 年浙江省高校招生各批次分数线与首轮投档情况

（一）2013 年浙江省高考各批次分数线

（二）2013 年浙江省普通高校招生首轮投档情况

六、南苑中学学生历年高考上线情况

第二章　我是谁？我在哪儿？
寻找自己

一、认识自己的气质，及不同气质类型对应的职业倾向。

（一）介绍气质及气质类型

（二）了解自己的气质及气质类型对职业倾向的影响

二、了解自己的兴趣

三、了解自己的能力特征

四、选择自己的方向

看清自我现状

一、我的学习动机

（一）学习动机按照不同维度有几种分类：

（二）我的学习动机：

（三）学习动机的激发

二、我的学习习惯

三、我的学业成绩

四、我的提升空间，我需要努力改进的地方

第三章 我要到哪里去？
我的未来我规划

一、人生规划目标的预设

二、目标设定的科学性

（一）决策的类型

（二）影响人生规划的因素

（三）人生规划决策的方法

三、人生规划目标的设定

第四章 我怎么到达目的地？
我走的路我设计

一、人生规划达成的基本要素

（一）明确的目标

（二）坚韧的毅力

（三）求实的态度

二、人生规划达成的步骤

（一）找出自身的优势

（二）制订分段实施的规划

（三）建构监督体系

三、目标设立与行动计划

（一）目标比较

（二）设立目标的指导原则——SMART 原则

（三）目标分解（剥洋葱）

（四）个人人生规划设定

第五章 我到了哪里？
放慢脚步回头看

一、导入

二、反思性学习

（一）反思性学习的含义

（二）反思性学习的基本特征

（三）反思性学习的模型

（四）反思性学习的基本环节

三、【课堂操练】引导学生正确评价自己

（一）认识目前的"我"

（二）评价目前的"我"

（三）反思目前的"我"

四、总结这一阶段的"我"——"我到了哪里"

五、布置作业

第六章 我如何接着走？
抬头看路多思考

一、导入

二、自我调节学习

（一）自我调节学习的含义

（二）自我调节学习的模式

（三）自我调节学习的社会认知观

（四）自我调节学习的维度

三、【课堂操练】分析目标的达成程度，引导学生合理调整规划

四、【课堂操练】规划下阶段的"我"

五、布置作业

第七章　我怎样更好地接近目标
我的过去我的未来

一、人生规划达成的关键因素

（一）洞察变化

（二）合理评估

（三）适度（适时）调整

二、人生规划达成的要素

（一）确立人生规划达成的主导意识

（二）具有积极有效的行动能力

（三）形成灵活机动的调整策略

三、阶段性评估与策略调整

5. 人生规划教育课程开设

（1）早期的课程

在 2011 年，我校人生规划教育课程开设的早期，我校将高一年级作为试点进行教育培训，通过大型讲座的形式，把校本课程的七个章节对学生进行了九次讲座的培训。使得学生对人生规划有了初步的了解，学到了一些基本的方法和技能。早期的人生规划教育对学生的发展起到了一定的指导作用，让学生对自身的发展有了初步的规划和设计，但只形成了一个相对模糊的方向，并且在实践过程中缺少明确的步骤。

（2）现在的课程

通过教育的实践，我们对人生规划教育的实施进行了反思，对教育的方式和方法进行了改进和深化。

①前期体验

在学生跨入我们校园之前，我校就开始了对学生进行人生规划的教育，在学生被我校录取的通知书中有一份假期职业体验的任务表，要求学生去亲身体验自己感兴趣的职业，并写好体验报告，这为学生进入我校进行人生规划教育做好了铺垫。

②培训授课

我校把人生规划教育课程排入了常规教学课程中去，由专职的人生规划教育老师通过分班授课的方式，给学生进行人生规划校本课程的教授。同时又配以由各正、副、助理班主任、德育导师及家长组成的团队，帮助学生设定自主发展目标和实施步骤，并进行跟踪督导和给予帮助。培养学生通过阶段性的自主评价，对自身发展的情况进行反思、小结和调整。把人生规划教育落在了学生自主发展的道路之上，留下了清晰的印迹。

③成长记录

在课堂授课的同时，我校还专门设计了与"人生规划教育"实践相匹配的学生"自主发展记录册"。在每学期期初，指导学生通过对自身的分析，以学期为单位，将其确定的阶段性的发展目标，设计的自主发展步骤，发展目标达成的明确标志，在记录册进行登记。在每学期期末的时候，让学生对本学期目标达成情况进行登记，记录下自主发展过程中的闪光时刻，并对本学期规划实施的进程进行反思总结。这些过程的记录，让学生在每个学期都有着明确的发展目标和实施步骤，帮助学生有效地实践人生规划。

由于开展人生规划教育起步较早，使得我校学生在进行人生规划的过程中能够领先一步，帮助了我校中学生在继续社会化的过程中，顺应客观世界和个体发展的规律，确定正确的人生发展方向，顺利度过这一人生的关键期。在当下我省高校招生政策改革的形势下，学生因为进行了人生规划，所以在选课时不会盲目，而是有了明确选择的方向；学生也因为进行了人生规划，所以学生在进行高考志愿填报时，也不会显得无所适从，而是有的放矢、从容不迫；学生还因为进行了人生规划，使得他无论在初中阶段，还是在高中阶段，以及之后的大学阶段，乃至以后的人生各个阶段，都能设计出适合自身发展的规划，这才是学生接受人生规划教育后最大的收获与财富，学校也因此取得一定的成绩。

二、学生自主申报机制

（一）学生自主申报机制的理解

1. 基于自主评价的行动

艾里克森认为，自主评价是个体心理社会性发展的第三个阶段，即主动形成积极品质。所谓主动性，是指人在完成某项活动的过程中，来源于自身并驱动自己去行动的动力的强度。对于一个学生来说，重点在于采取行动，主动的意义是在于没有人要求的情况下，超乎学习预期和原有需要层级的努力，这些付出可以改善及增加的效益，以及避免问题的发生，或创造一新的机会，为自信心和创造性品质的形成打下基础。我校在自主教育特色学校建设中，实施了基于学生自主评价的自主申报制度，这为学生的自主发展提供了一个个性化的平台。

2. 基于学生个性的自主性培养

每个人都有积极向上、争取进步、自我提升、获得认可的意愿，学生亦然。任何学生在他们的学习生活中，都有着好好学习、取得进步、获得肯定的主观意愿，如何发挥这种向善的意愿的积极影响和促进作用，激发学生努力学习、不断进步的内驱力，是教育工作中一个重要内容。

同时教育必须承认学生因个性差异而导致学生间的心理与思想成熟、道德需求与道德认知、学习能力与认知水平的差异，必须从学生发展的实际水平出发，充分确立学生的主体地位"以生为本"，根据不同类型学生的不同特点，开展不同形式、不同内容的评价活动。以学生的自主选择与评价为机制，能更贴近学生实际的发展情况和需求，易激发学生教育的自觉性与主动性，激发学生的元认知能力，提升学生的自我教育力，最终达成教育的实效。

3. 基于德育实践的创新

如果一个个体或一个集体有了一个明确的奋斗目标，其潜在的动力将会不自觉地被调动和激发，会主动地对其内在各方面的关系进行协调，并自主地调动各个有利因素为其所用，从而形成一股统一的发展动力，以使得目标得以实现。

在我校的德育实践过程中，我们从最初实施的寝室管理中得到了建立自主申报机制的灵感。在寝室的管理过程中，我们提出了寝室先进的自主申报评比，让有评优意向的寝室在学期初主动的进行创优申报，而这些主动申报的寝室其及内部成员，在之后的寝室建设过程中展现出了有别于以往的创建动力，他们在寝室文化、卫生、纪律等各方面的创建中都能够尽力地展示出他们认真努力的态度和富有激情的能力。这一实践成效让我们从中看到了学生在目标引领下展现出来的积极性和动力，也看到了我校自主申报机制建设和实施的可能性。随后我校又陆续推出了各类评优的自主申报制度。

（二）学生自主申报机制

1. 个人的自主申报

每个学生都有其自身的个性特点，有其对自我的认识与定位，有其对自我的期望和规划。我校在根据国家对学生培养的要求指导下，承认学生个体之间的差异性，把学生被动地接受考核转变成学生根据自身特点进行的自主目标要求，由"要我"转向"我要"，进行了有针对性学生个人先进的自主申报设计。

附：海宁市南苑中学"学生先进"自主申报方案

海宁市南苑中学"学生先进"自主申报方案

一、指导思想

为更好地培养"有理想、有道德、有文化、有纪律"的一代新人，树立榜样，表彰先进，学习先进，充分发挥学生的主观能动性，激励学生加强自我教育，提高自身素质，完美自身形象，特实施"学生先进"自主申报方案。

二、"学生先进"自主申报办法

（一）各类先进采用学生自主申报原则，在学校规定的时间内由学生结合自身实际，对照各类先进评比细则进行自主申报并填写有关申报材料。

（二）班主任负责汇总好本班学生先进自主申报情况并将表格一份交学生处，一份自己留底（粘贴教室宣传栏内）。

（三）期末各班主任根据期初学生申请情况和评比办法对符合条件的学生给予认定。

三、"学生先进"评比条件

（一）"三好学生"（嘉兴市级先进在校级先进基础上产生）

1. 思想行为好，拥护四项基本原则，具有五爱精神，积极参加社会实践活动，模范遵守《中学生守则》《中学生日常行为规范》和《南苑中学一日常规》，在同学中起表率作用。

2. 学习实践好，学习目的明确，积极开拓知识面，独立思考和实践能力强，成绩优秀。期末总评考试科目总评初中85分以上，且各科不低于80分，考查科目必须合格，高中考试科目80分以上，且各科不低于75分，考查科目必须合格。

3. 身心素质好，认真上好体育课，积极参加课外体育和文娱活动，有良好的卫生习惯，注意保护视力，体质较好，达到《国家体育锻炼标准》良好级，体育成绩75分以上。

4. 思品考核和行为规范考核优秀级。

5. 名额不超过本班学生数 10%（校级）；班级不限。

（二）"优秀学生干部"（嘉兴市级先进在校级先进基础上产生）

1. 班干部或学生会干部工作积极而有成效。

2. 符合"三好学生"前 4 项条件。

3. 名额：每班 2 名（校级）；班级不限。

（三）单项先进（略）

（四）"行为规范先进个人"（略）

（五）"优秀寝室长"（略）

四、"学生先进"表彰办法

（一）校级先进由学校统一表彰

（二）班级先进由各班班委自行表彰

2. 集体的自主申报

个人的发展离不开良好的人文环境的培养，尤其是对于正处于发展成熟阶段的中学生而言，人文环境对其发展的影响力更为强大。就与学生直接相关联的人文环境有社会环境、家庭环境、校园环境、班集体环境，尤以其中学生所处时间最长的班集体环境对学生发展成长的影响作用最大，所以一个优秀的班集体对学生健康发展的重要性更是毋庸置疑的。为了让班集体建设的规划更有方向、建设步骤更加明晰，学校进行了"先进集体自主申报"的设计。

附：海宁市南苑中学先进集体自主申报方案

海宁市南苑中学"先进集体"自主申报方案

为进一步推进海宁名校建设，激发学生的团队凝聚力、团队自主发展的内驱力、团队合作能力。以学校"自主合作"理念为根基，将校训"谋先度远、闻道笃行"作为培养学生思想发展的目标，经学校研究决定，实施先进集体自主申报制度。

一、指导思想

目标引领、自主合作、评价激励、促进成功。

二、评价原则

坚持客观、公平、公正，对自主申报先进集体的班级进行各方面的评价。引导班集体在原有基础上取得进步，自觉把班集体愿景作为自身发展的需要和动力，促进班集体的自主发展。

三、参加对象

全校各班。

四、申报项目

先进集体自主申报项目：文明班级、跑操示范班级、美丽教室示范班级、示范寝室。

五、评价指标

详见"海宁市南苑中学'文明班级'评比细则""海宁市南苑中学中跑操示范班级评比方法""海宁市南苑中学中美丽教室示范班级评比方法"。

六、实施程序

（一）班集体制定自主发展目标

班集体对团队自身现状进行分析，结合学校提出的集体发展目标，各班集体明确自主发展愿景，提出自主发展目标，可自主申报一项或多项自主发展目标。

集体发展目标：

综合发展目标：校文明班级。

特色发展目标：跑操示范班级、美丽教室示范班级。

（二）学校搭建集体自主发展平台

学校根据集体自主发展愿景，组织搭建集体发展平台，提供相应的培训学习机会、专家指导机会、集体展示机会（各类学生活动）、交流表达机会（各种论坛）。

（三）评价工作小组组织考评

学校组织评价小组对申报集体进行考核评价，确认评价结果。

（四）班主任对考核评价进行反馈

班主任将考核评价结果及时反馈给学生，对评价结果与集体愿景进行分析归纳，并及时调整。

七、激励机制

集体奖励根据"海宁市南苑中学'文明班级'评比细则""海宁市南苑中

学'跑操示范班级'评比方法""海宁市南苑中学'美丽教室示范班级'评比方法"进行奖励，并将纳入期末班级考核。

自主申报机制的实施，使得涉及班级与学生个人的各项创建与达级活动，均不由学校各级组织指定或行政命令式评选，而是要有学生或班集体对照标准，根据其自身特点，选择申报最切合其发展实际的达成目标。学校坚持只有学生或班集体前期的自主申报，才有学校考核的资格。这一机制的实施，让学生从"要我"向"我要"的思维与习惯发生了转变，使得个人和集体的有了主动发展的意识，从而在发展过程中有了目标和方向，极大地激发了他们自我发展的内驱力。实现了学生、集体发展的"个性化"转变，使得他们的发展更"接地气"、更"有奔头"。

三、学生自主评价机制

（一）学生综合素养的自我评价

学生的发展主要是学业发展和思想品质发展，对学生的评价也必须综合其各方面的发展情况进行评价，这种综合素养的评价才是客观全面的，才是正确实际的，才是有助于学生发展的。

附：南苑中学学生综合素质评价实施方案 摘要

南苑中学学生综合素质评价实施方案 摘要

一、学生综合素质评价总体原则

二、评价维度和等第确定

（一）学期评价

（二）毕业生综合业素质评价等地确定

三、评价内容、标准及办法

（一）品德表现（25分）

1. 评价内容

主要反映学生在践行社会主义核心价值观、弘扬中华优秀传统文化及学生道德认知和行为表现等方面的情况。包括社会责任感、诚实守信、合作友善、自尊自信、遵守纪律和人生态度等方面的表现。重点记录学生诚信、正义、尊重、关爱、责任等情况（包括学生遵守日常行为规范等日常在校表现和参与公益劳动、社区服务、志愿服务活动等）。

2. 评价标准

（1）学校根据上述要求制定《学生综合素质评价"品德表现"评价要求和评价标准》（附件一）。

（2）学生自评、学生互评、教师评价等都依据该标准执行。

（3）学生平时行为习惯表现以违纪记录的形式计入本项考核。具体违纪情况见《南苑中学学生手册》。

3. 评价办法

（1）按照学生自评占10%，教师评议占50%，学生互评占40%。

（2）学生自评采用书面评价表。学期结束前一周在班级集中张贴，接受同学和老师的监督。书面评价表见《学生综合素质评价"品德表现"学生自评表》（附件二）。

（3）学生互评根据上述评价要求、学生自评表材料和平时的了解打分。学生互评表见《学生综合素质评价学生互评表》（附件三）。

（4）教师评价由班主任、副班主任和文化课老师完成，评价根据上述评价要求、学生自评表材料和平时的了解。教师评价见《学生综合素质评价"品德表现"班主任和文化课教师评价表》（附件四）。

（5）学生平时的行为习惯考评采用违纪记录的办法。凡在平时违反中学生日常行为规范的；在值周班级和常规检查中受到扣分处理的；违反学校规章制度被处分（年级通报批评）的情况。由班主任查实后进行记录，作为品德表现评价的依据。

（二）运动健康（25分）

1. 评价内容

（1）主要反映学生初中体育与健康课程的修习情况、体育运动方面的特长发展和心理品质的发展水平等。包括学生健康生活方式、体育锻炼习惯、身体机能、运动技能、体育兴趣和情绪调控、承受挫折、适应环境的能力等情况。重点关注学生参加《国家学生体质健康标准》测试结果、参加日常体育锻炼与各级各类体育竞赛及各类心理健康教育活动。

（2）主要考评指标：①体育与健康课程的修习情况和心理健康教育活动情

况；②《国家学生体质健康标准》测试结果；③日常体育锻炼；④各级各类体育竞赛。

2. 评价标准

（1）体育教师评价要求和标准根据《学生综合素质评价技能类老师评价要求和评价标准》[附件六（1）]、《学生综合素质评价技能类老师评价表》[附件六（2）]。

（2）学生互评要求同教师评价要求。学生互评量表见《学生综合素质评价学生互评表》（附件三）。

（3）学生自评要求同教师评价要求。学生自评表见《学生综合素质评价"运动健康""艺术素养""创新实践"自评表》（附件十）。

（4）《国家学生体质健康标准》及考核办法根据上级要求，具体见附件七。

（5）日常体育活动。采用点名与扣分相结合的办法。点名根据班级日常点名制度的记载，扣分根据《桐乡六中值周办检查扣分办法》（附件八）。

（6）各级各类体育竞赛依据有关部门颁发的获奖证书。教育行政部门等政府部门组织的竞赛予以认可，民间组织自发组织的竞赛不予认可。

（7）校级获奖以获奖证书或获奖通知为准。

3. 评价办法

（1）体育与健康课程的修习情况和心理健康教育活动情况。5分。按照学生自评占10%，体育教师评议占40%，学生互评占50%计算。

（2）《国家学生体质健康标准》测试结果。10分。根据测试结果的成绩评定，按照优秀、良好、及格、不及格四个等地，分别计10分、9分、8分、7分计入。具体数据由教务处直接导入评价系统。该成绩作为两个学期的数据。

（3）日常体育锻炼。5分。具体包括眼保健操、大课间活动、体育艺术"2+1"活动。

（4）各级各类体育竞赛。5分。参加市级及以上各类比赛的，得5分；参加校级比赛的（如运动会等）获奖的得5分，不获奖得4分；积极支持、协助和鼓励其他同学参加比赛的得4分；不参加不支持的得1分。

（三）艺术素养（25分）

1. 评价内容

（1）主要反映学生对艺术的审美感受、理解、鉴赏和表现能力，反映学生音乐与美术课程修习情况及艺术特长发展等。重点是参与音乐与美术课程过程性评价、学业考查、艺术展演、比赛以及艺术兴趣及特长等情况。

（2）主要考评指标：①艺术类课程（主要指音乐、美术等）的课程学习状况；②艺术类课程的期末考评成绩；③各类艺术活动参与；④艺术兴趣特长发展。

2. 评价标准

（1）艺术课程老师（音乐、美术）评价要求和标准根据《学生综合素质评价技能类老师评价要求和评价标准》［附件六（1）］、《学生综合素质评价技能类老师评价表》［附件六（2）］。

（2）学生互评要求同教师评价要求。学生互评表见《学生综合素质评价学生互评表》（附件三）。

（3）学生自评要求同教师评价要求。学生自评表见《学生综合素质评价"运动健康""艺术素养""创新实践"自评表》（附件十）。

（4）艺术类课程（音乐、美术）的期末考评根据学科教学的要求，结合学校实际制定，具体见《学生综合素质评价艺术类课程（音乐、美术）期末成绩考评办法》［附件十一（1）］。成绩评定结果由音乐、美术老师汇总上报，汇总表见《艺术类课程（音乐、美术）期末考评成绩汇总表》［附件十一（2）］。

（5）各类艺术活动参与主要是指学校组织的各类艺术活动的参与情况；艺术兴趣特长发展主要指班级、年级组织的各类艺术活动的参与情况。

参加市级及以上艺术类活动、类艺术考级类活动采用加分计算。

3. 评价办法

（1）艺术类课程的课程学习状况。（8分）。主要考查学生学习的参与度和学习表现。按照学生自评占10%，教师（主要是音乐、美术老师）评议占40%，学生互评占50%。

（2）艺术类课程的期末考评成绩。（8分）。根据音乐、美术学科期末成绩，按照优＋、优、良＋、良、及＋、及、不及格七个等第，分别计8分、7.5分、7分、6.5分、6分、5.5分、5分。音乐、美术先各以8分总分计算成绩，最后各按50%合成总分。

（3）校级艺术活动参与情况。（5分）。积极参加校级文艺团体（如合唱、舞蹈、器乐、国画、书法等等）及参加各类演出；积极参加校合唱节、艺术教育成果展示活动；积极参加班级组织的各类艺术活动的，得5分。学生不参与活动的得2分。

（4）艺术兴趣特长发展。（4 分）。积极参加班级组织的美化布置、手抄报比赛、黑板报等与艺术有关的活动的，得 4 分。学生不参与活动的得 1 分。

（四）创新实践

1. 评价内容

（1）主要反映学生创新思维、调查研究能力、动手操作能力和实践体验经历等，反映学生初中综合实践活动课程的修习情况以及科学与技术的实践操作、社会实践与科技创新活动及其相关成果与作品等。重点记录学生参加研究性学习、科学实验、信息技术、劳动技术、社区服务及社会实践、科技活动、创造发明等情况。

（2）主要考评指标：①综合实践活动课程的修习情况以及科学与技术的实践操作；②学生参与课程研究性学习情况；③学生参与学校组织的各类竞赛、作品征集、活动等情况；④学生参与暑期社会实践活动及服务情况等。

2. 评价标准

（1）实践类课程评价老师（拓展性课程、科学实验、信息技术、劳动技术等任课教师）评价根据《学生综合素质评价技能类老师评价要求和评价标准》［附件六（1）］、《学生综合素质评价技能类老师评价表》［附件六（2）］。

（2）学生互评要求同教师评价要求。学生互评表见《学生综合素质评价学生互评表》（附件三）。

（3）学生自评要求同教师评价要求。学生自评表见《学生综合素质评价"运动健康""艺术素养""创新实践"自评表》（附件十）。

（4）拓展性课程是指根据学校课程安排开出的拓展类课程和小课题研究课程等。具体以学校公布的拓展性课程开设计划为准。

（5）科技创新类活动主要是指科技创新类比赛、计算机信息比赛、劳技作品比赛、机器人比赛、头脑风暴、科技小论文、创新实验比赛、课本剧比赛等市级及以上比赛。如有其他比赛的，以上级部门文件通知为依据。

（6）学生参与学校组织的各类创新实践活动，具体项目由教务处在每学期结束前公布。

（7）参加学校组织的志愿者活动以学校学生处、团委组织活动为准。

（8）参加社区暑期社会实践活动以社区盖章的登记表为准。参加其他社会组织、社区组织的活动，以实际组织单位的通知和其他证明材料为准。家庭性质、班级性质的实践类活动的以照片为准。

3. 评价办法

(1) 综合实践活动课程的修习情况以及科学与技术的实践操作。（8 分）。主要考查学生综合实践课程、劳技课程、信息技术课程、科学实验课程等修习情况。按照学生自评占 10%，教师（主要是综合实践、劳技、信息、实验老师）评议占 40%，学生互评占 50%。

参加评议的老师各自以 8 分标准填写评价表，由系统自动折算成每门 2 分，最后生成总分。

(2) 学生参与课程研究性学习情况。（8 分）。

A. 参与拓展性课程学习情况。（5 分）。

学生参与拓展性课程的学习或参与小课题研究并能完成规定的学习任务的得 5 分。参与拓展性课程的学习或参与小课题研究未能完成规定的学习任务的得 2 分。不参与的得 0 分。

拓展性课程开设以学校公布的拓展性课程方案为准。成绩评定按照各门拓展性课程设定的具体评价标准。课程成绩汇总由拓展性课程的开设老师完成，具体见《学生综合素质评价拓展性课程和小课题研究汇总表》（附件十三）。拓展性课程老师实行点名制度，缺席扣分，学生每缺席一次，扣 0.1 分，具体以点名记录为准。

B. 科技创新类活动。（3 分）。

学生参加市级以上比赛获奖的得 3 分；参加市级以上比赛不获奖的得 2 分。

参加市级比赛的由教务处根据比赛结果文件直接计入考评系统。

(3) 学生参与学校组织的各类创新实践活动情况。（5 分）。

学生积极参加学校组织的各类创新实践活动、劳技、信息、科学实验、实践类作品征集，以及其他学校组织的活动、竞赛，获奖的得 5 分，参加不获奖的得 4 分；不参加的得 1 分。

学校组织的项目由教务处在期末结束前公布。成绩由班级汇总，统计表见《学生综合素质评价参加各类校级活动统计表》（附件九）。

(4) 学生参与暑期社会实践活动及服务情况（4 分）

①参加学校组织的志愿者活动；参加社区暑期社会实践活动；参加各类社会组织、社区组织的活动；参加家庭性质或班级性质的实践类活动的，得 4 分。不参加的得 1 分。

②学校组织的志愿者活动，由团委统计，直接计入考评。

③暑期社会实践活动的以班级为单位统计，只计入每学年的第一学期。统计表具体见《学生综合素质评价社会实践活动情况班级统计表》（附件十四）。

④参加各类社会组织、社区组织的活动，参加家庭性质或班级性质的社会实践活动的，每学期由班级统计，具体见《学生综合素质评价社会实践活动情况班级统计表》（附件十四）。

四、加减分制度和一票否决制度

（一）为积极鼓励学生个性特长发展，为学生未来发展奠基，在综合素质评价中予以加分。同时为促进学生良好行为习惯养成，体现奖罚结合的原则，对部分行为予以减分。

（二）加分、减分是指在每学期100分考评以外的加减分，但每学期加分或减分最多不超过5分。

（三）加分项目

1. 参加各级各类竞赛、比赛（不包含中考文化课以成绩计奖的竞赛），获得校级奖项的，每项加0.5分；获得市级奖项的每项加1分，获得省级及以上奖项的每项加2分。

2. 获得代表学校参加市级比赛资格的，每项加1分；代表嘉兴参加省级及以上比赛的每项加2分；代表浙江参加全国比赛的加3分。

3. 同一项目不重复计分，按照级别较高的一级计分。

4. 加分项目每学期由班级统计，教务处核准。统计表见《学生综合素质评价加减分项目班级统计表》（附件十五）。

获奖项目须递交证书原件和复印件，原件由班主任审核，附件随统计表一起上交。参赛项目，须递交文件及参赛材料，班主任审核。

5. 加分项目每学期计算，在四个评价纬度计分并总分合成后计入。

（四）减分项目

1. 因严重违纪根据《南苑中学学生违纪处分条例》受到学校通报批评、纪律处分，每次扣1分。该项由校区政教处记录备案，在考评中直接计入，政教处保留处分的决定，以备查阅。统计表见《学生综合素质评价加减分项目班级统计表》（附件十五）。

2. 减分项目每学期计算，在四个评价纬度计分并总分合成后计入。

（五）一票否决办法

1. 在初中学习期间因严重违纪根据《南苑中学学生违纪处分条例》受到学

校通报批评、纪律处分累计二次及以上的，在综合素质评价中直接记为 E 等。该项三年累计计算，政教处保留相关材料备案。

2. 在初中学习期间，因违法犯罪受到公安部门处罚的，在综合素质评价中直接记为 E 等。政教处须取得公安机关的相关证明材料，并保存备案。

受到公安部门法律处罚包括：公安机关调解、罚款、拘留、判刑。

3. 一票否决情况由政教处记录并直接计入评价系统。

五、成绩汇总和公示（略）

六、信息汇总和数据库建设（略）

（二）学生行为规范的自主评价

行为规范是学生成长教育的重要组成部分，学生对自身行为的自主评价、自我反思、自主提升是其自主发展的必然过程。

附：南苑中学学生行为规范自主评价工作方案　摘要

南苑中学学生行为规范自主评价工作方案　摘要

为强化学生行为规范意识，总结学生近半个学期的表现，决定在期中对学生的品行进行一次阶段性考核，现把有关要求通知如下：

初中各班

一、以《南苑中学学生自主评价表》（教科室下发的）为考核内容，按表上要求对学生进行一次阶段性考核并写好相关总结（具体参照表格说明）。

二、做好学生自评、互评工作，教育学生客观、公正地做出评价。

三、班主任要对同学、老师评价差的学生加强教育与引导，进行一次集中整顿。

四、保管好《南苑中学学生自主评价表》，一学年后按教科室要求或上交或放入"学生成长档案册"。

高中各班

一、以《南苑中学学生行为规范表》为考核内容，按表上要求对学生进行一次阶段性考核（即"初评"）。

二、考核表格统一用《学生素质报告册》上已有表格（要对应学年及学期）。

三、做好学生自评、互评工作，教育学生客观、公正地做出评价。

对班级中同学、老师评价差的学生加强教育与引导，进行一次集中整顿。

望班主任认真做好指导工作，根据实际情况在班内对学生做出阶段性地评价。

（三）学生成长档案袋的自我评价

为使学生在中学三年留下成长的足迹，督促他们不断进行自我总结、自我反思、自我评价，学校制定了《学生成长档案册》，并对该工作进行了翔实的布置。

附：南苑中学学生成长档案册实施方案 摘要

南苑中学学生成长档案册实施方案 摘要

一、档案册的保管工作

（一）班主任指导学生在档案册里嵌放三张表格（"卷首语"放首页；"个人信息"放第2页；"毕业寄语"放末页）。

（二）学生可自行保管档案册，但需妥善保管，保证册子的整洁、完好。该档案是学生评价的依据之一，且三年后，如中考遇特殊情况，需作参考。

二、档案册的美化工作

学生可根据自己的兴趣、爱好，美化自己的档案册，但前提是保证册子的美观，而非花哨（体现个性，有审美情趣）。如学校下发的资料可自行复印到彩色纸张上，使其更为美观，但有关内容需保持一致。

三、档案册的归档工作

（一）档案册中的相关表格由学生自行填写相关内容（用蓝、黑钢笔书写；要求书写认真、无涂改）。

（二）按档案册材料归档要求，学生平时把相关资料及时归档，每学期结束，做一次全面归档。

（三）归档时可把相关材料做系统归类，利于查阅。

（四）学校已插在档案册里的资料需妥善保管。

四、档案册的展评工作

（一）各班主任可定期在班内开展"《学生成长档案册》"展评活动，提供学生交流、学习、评价的平台。

（二）每学期结束，班主任都需教育学生及时将材料归档。

（三）学校将定期组织"优秀《学生成长档案册》评选及展评"活动。

（四）学生"激励卡"的自主评价

思想、行为后进生的教育是学校教育中不可回避，也是必须重视的一项工作。引导他们从日常的思想、行为中寻找"闪光点"，通过自主评价，努力改进和提升自身素质，从而培养他们成为思想上积极向上、行为上遵纪守法的合格中学生，是自主教育主题中的应有之意。

附：南苑中学学生"激励卡"自主评价制度

南苑中学学生"激励卡"自主评价制度

为更好地培养"有理想、有道德、有文化、有纪律"的一代新人，本着"以人为本""为了一切学生"思想，激励并督促学生不断完善自我，提高自身素质，争做合格毕业生，特制定"激励卡"使用制度。

一、激励卡发放范围

思想、行为规范考核成绩与合格中学生相比，存在一定差距，且个人有积极向上，力求努力提升自身素质，完善自我形象思想的学生。

二、激励卡使用办法

（一）学生认为自己在思想、学习、生活行为方面（待人有礼貌、热爱班集体、注重仪表等）有进步或在某学科学习过程中有进步（包括预习、听课、作业、复习、发言、纪律等方面表现）的，都可填写"激励卡"。

（二）激励卡上"闪光点"一栏，可由学生自己"描述"，如属于某学科方面的则需经任课老师签名证明，最后由班主任审核通过，此卡才有效；如属于其他方面的可由班主任直接填写，此卡有效。

（三）"一个闪光点"对应填写一张"激励卡"。

三、激励卡计分办法

（一）一张激励卡对应给予5分，集满12张为60分。

（二）"激励卡"是学生撤销处分的一个硬指标。如遇学生有不良记录，可通过有效"激励卡"刷新纪录，集满12张可刷新一次记录（如由"记大过处分"→"记过处分"→"严重警告"→警告→撤销处分）。

（三）"激励卡"集得多的同学，期末学校给予表扬并颁发"进步奖"奖状。

四、激励卡的保管

（一）班主任负责保管空白激励卡，学生需要时领取。

（二）班主任负责保管好学生的"有效卡"（放入"思想跟踪档案袋"内）。

（三）学生集满12张可交给班主任审阅，最后由班主任将卡上交学生处（放在"思想跟踪档案袋"内），作为刷新不良记录的有效材料（学生处及时出具处分降档说明并反馈给班主任将其放入学生"思想跟踪档案袋"）。

自主评价机制的实施，使得进行自主申报的学生和班集体会阶段性进行行为达成与目标要求的比照，这样阶段性的自我检验，会激发他们进行及时的自我反思，从而及时地进行自我调整，以达到预期的目标。这种根据过程性的评价，使评价的根本目的得以实现。

第三节　自主评价的成效与展望

自主评价的实施，从原动力上消除了学生自身发展的惰性，让学生在了解自身发展需求的基础上，有了更明确、更有效的发展方向。自主评价是学生自主发展的保障，而非最终的目的，它是为学生实现自主发展而存在的。我校自实施自主评价以来，学生得以积极参与到自主评价的全过程中来，这使得学生的自主发展得到了有效的落实，同时我们也对自主评价存在的问题进行了反思与继续完善的展望。

一、自主评价的成效

（一）让学生能进行有效的规划

人生规划校本课程的开发和教授，使得学生在社会化过程中能跟上社会发展的步伐，学生通过培训，了解了社会发展的趋势，对相关职业有了初步的了解，对自身有了进一步的认识，对自我的发展方向有了初步的定位，对自己在中学阶段的目标有了明确的规划。

我们对我校的 600 名学生进行了问卷调查，具体数据如下：

南苑中学人生规划教育培训调查问卷统计

	有明确发展目标	有阶段性目标	有目标达成步骤	有目标达成标志	有实践反思与调整
接受培训前	105 人	26 人	23 人	19 人	12 人
经过培训后	586 人	562 人	553 人	553 人	545 人

问卷统计的结果显示，通过人生规划教育的培训，学生对自身发展从懵懂阶段向有着清晰目标和步骤的实践阶段迈出了扎实的步伐。对自身人生规划能力的提升，使得学生能有效地进行自主发展的规划，进而实现自主发展的目标。

（二）改变了学生传统的发展模式

学生自主申报、评价机制的建立，使得学生从以往的"要我"式被动发展向"我要"式主动发展进行了转变，学生从被"评优"的发展方式向自主的"创优"的发展方式迈进。这种自主发展思维方式的转变，让学生在以后的发展过程中有了源源不断的内驱力。

现在我校学生自主申报个人先进的比例达到了全校学生的 96%；班集体自主申报先进集体的比例达到了 100%，其中申报 4 个先进集体项目的达到了总班级数的 77%，申报 3 个以上先进集体项目的达到了总班级数的 86%。通过考核评价来看，进行了自主申报的个人或班集体对目标的要求更加清晰、对达成目标的态度更加积极、对目标实践的步骤更加扎实、对目标实现的能力也更加提升。

正如已被保送到浙江大学读研的我校毕业生徐同学所说："自主发展的关键就在于不断地对自己的发展过程进行自我反思，而自主评价是有效进行自我反思的方法与手段，高中学习让我真正收益的正是学会了自主评价的方法。"在自主评价活动中，学生通过主动确立发展目标，及时进行自我诊断和自我反思，以自主评价的结果来指导和改进其学习活动，调节和控制自己的行为偏差，最终提高学习目标的实现水平。这正是自主评价的导向功能重要意义。

（三）使学生的发展有了明晰痕迹

在自主评价的作用下，学生对自我的发展从自身定位到目标设定，从总体目标到阶段目标，从目标达成标致到目标达成过程，进行了详细而有序的步骤设计。我校学生在他们的《成长记录册》上记录下的点点滴滴，都是他们在中学阶段成长道路留下的痕迹，也是他们茁壮成长的明证。

如2018届李同学在他的《成长记录册》上所记的自主发展过程：

李同学《成长记录册》

<table>
<tr><td rowspan="5">初中三年成长规划</td><td>人生目标</td><td colspan="2">1. 提升自己的价值，有同情心、责任感，为社会做出贡献；
2. 成为一名医生</td></tr>
<tr><td rowspan="2">初中三年成长目标</td><td colspan="2">行为习惯：诚实、守信、乐于助人</td></tr>
<tr><td colspan="2">学业成绩：考取重点高中</td></tr>
<tr><td>实现目标具体措施</td><td colspan="2">1. 多背记、多理解、上课多思考；
2. 阅读许多名著，阅读不同种类的书籍；
3. 上课认真听讲、认真思考，找到适合自己的学习方法；
4. 科学安排时间，制定学习计划，多预习、复习；
5. 每晚听半小时英语，做半小时课外练习；
6. 为目标和梦想坚持不懈，努力奋斗，坚强勇敢</td></tr>
<tr><td></td><td></td><td></td></tr>
<tr><td rowspan="6">七年级</td><td></td><td>第一学期</td><td>第二学期</td></tr>
<tr><td>学期目标</td><td>1. 获得"三好学生"；
2. 期末考年级前50名；
3. 始终保持谦虚进取、向上的态度</td><td>1. 获得"三好学生"及更多奖项；
2. 语文成绩有提升；保持谦虚、进取的态度</td></tr>
<tr><td>成长计划</td><td>1. 坚持每日读半小时名著，一日一日记；
2. 课前认真预习，课后认真复习；
3. 干好自己的工作，尽力帮助同学</td><td>1. 坚持每日一日记，每日读半小时名著；
2. 课前认真预习，课后认真复习；
3. 养成良好的学习习惯，学会学习方法</td></tr>
<tr><td>奖惩记录</td><td>三好学生</td><td>三好学生、省作文大赛三等奖、市查字典比赛三等奖</td></tr>
<tr><td>自我反思</td><td>1. 能做到乐于助人；
2. 上课能专心听讲，能认真完成作业；
3. 技能课成绩只有良，不理想</td><td>1. 关心集体、团结同学；
2. 成绩有所提高，还想对自己更加严格</td></tr>
<tr><td>我的进步</td><td>1. 科学成绩考到95分，提升较大；
2. 参加南中大讲坛演讲，克服了胆怯心理</td><td>1. 数学成绩有了提高；
2. 参加了多项比赛，取得了成绩得到了锻炼</td></tr>
</table>

续表

八年级		略
九年级		略
初中阶段成长总结	录取学校	海宁市高级中学
	三年成长总结	三年来，我成长了许多，完成了初中阶段设定的目标。遇到了好的老师、真挚的朋友，得到了他们无私的帮助。学到了很多知识，留下了许多美好的记忆
	美好印迹	1. 成长班长，为班级做出了自己的贡献； 2. 参加了南中大讲坛，锻炼了自身的能力； 3. 参与了学校的毕业典礼，留下了最深刻的记忆

把学生在成长过程中的所思、所做、所获记录下来，使得学生参与的每一项活动、每一次测试、每一个评价都成了他（她）成长路途上一个个实实在在的脚印。这些明晰的痕迹也使得学生对自己的发展目标和步骤都有了清晰的了解，在实施自主发展规划的过程做到了脚踏实地、有的放矢。这种不断自我审视、自我反思、自我调整、自我提升的方式，也是自主评价能让学生得到有效发展的重要原因。

二、问题与展望

由于自主评价的作用发挥是以学生能正确地认识自我为前提的，为了充分发挥它的功能和作用，还必须探讨正确地评价自我的途径和方法。在自主评价实施过程中，有以下三点值得注意：

（一）自主评价的学科研究问题

自我评价是多学科研究的对象，它已经被哲学、心理学、社会心理学、社会学、教育学、文化学、人学、价值科学等学科所关注。自我评价作为人对自己的评价，既可表现为个体对自己的评价，也可表现为团队对自己的评价（集体性评价）。作为评价，主体的态度必然对评价本身有影响，因此它应该属于价值科学的研究对象范围。但是，哲学偏重于概念分析；心理学更多地侧重于对个体差异性的研究（尽管今天的心理学有重视文化环境多因素的倾向，但个体差异仍然是它的主要关注点）；社会心理学则更关注群体；社会学侧重社会对个体的影响或者社会结构本身；教育学更关心自我评价在教育过程中的运用；如此等等。这些分学科的研究，似乎都不能全面展示自我评价的本质和过程。因此，进行交叉学科研究更符合自我评价这一研究对象的特殊性。跟人的态度相关联的交叉学科研究应当属于价值科学的大范畴。

（二）自主评价的自省能力问题

自我意识仅仅是自我评价发生的前提之一，而不是唯一的和充分的条件。除了自我意识之外，自我评价的发生还离不开现实的需要。自我评价属于意向性活动形式之一。没有现实的需要，就没有评价的动力。没有评价的动力，自我评价的机制就不会发动起来。自我评价这种特殊的认识形式，无论在个体的意义上，还是在群体的意义上，都是跟人的现实需要有密切联系的。与此同时，自我评价还需要人的自省能力。自我意识、自省能力、现实需要三者共同构成自我评价发生的前提条件。

（三）自主评价的形成评价问题

自主评价更注重学生的形成性评价，而形成性评价的有效开展是与学生的自主评价能力密切相关的，在教育培养过程中教师作为学生自主评价的指导者、督促者和陪伴者，其对自主评价的认知、理解和操作水平，对学生自我完善内驱力的激发能力，将直接影响到相关学生的自主评价效果，因此，对指导教师的培训也是学校有效开展学生自主评价的基础工作之一。

第四章

自主学习，提高学生自主发展的学习力

顾名思义，自主学习是以学生作为学习的主体，通过学生独立的分析、探索、实践、质疑、创造等方法来实现学习目标。"自主学习"这一范畴本身就昭示着是学习主体自己的事情，体现着"主体"所具有的"能动"品质；学习是"自主"的学习，"自主"是学习的本质，"自主性"是学习的本质属性。因此，自主学习是推行自主教育的必然结果。自主学习，提高了学生自主发展的学习力。

第一节　自主学习概述

"自主学习"在我国的提出，既反映了我国学习领域研究的新成果，又对当前我国整个教育教学改革提出了一系列新的带有根本性的问题。"自主学习"问题被国家教育科学"九五"规划课题确立为重要研究内容，这表明它的重要性及其在理论界的广泛共识。自主学习是自主教育的重要内容，深化对它的研究，明确其内涵对我校在特色学校建设中的地位和意义是十分必要的。

一、对自主学习的理解

近些年，我国学者对自主学习的实质问题做了一些理论探究。由于研究者的学术立场和研究方法的不同，对自主学习概念的理解也不尽相同。这些观点大致有下列三种。[1]

第一种观点认为，自主学习是一种学习模式或者学习方式。如余文森等认为，自主学习是指学生自己主宰自己的学习，是与"他主学习"相对立的一种学习方式。第二种观点认为，自主学习是一种主动的、建构性的学习。学生自己确定学习目标，监视、调控由目标和情境特征引导和约束的认知、动机和行为。他们把自主学习定义为一种自我调节的学习过程。第三种观点主张从纵向和横向两个维度定义自主学习。从横向角度界定自主学习，是指从学习的各个方面综合界定自主学习。从纵向角度界定自主学习，是指从学习的整个过程来阐述自主学习的实质。

对自主学习的研究，不同的学派站在不同的立场上，所持的学术观点是不同的。我们认为，研究自主学习需要明确的是，学生的两个自我，一个是主体的自我，即认识主体的自我，另一个是客体的自我，即作为意识对象的自我。作为教师应该充分激发学生主体的自我意识，使其发挥主体自我意识的积极作用，实现有效的自我调控，确定学习方向，选择学习方法，进行自我分析和评估，从而完成自主学习活动。

二、自主学习的目标

在现代学习社会，施教者包括学校、家庭和社会。对在校学习的学生来说，学校是学习的主要场所和主渠道，教师和校长是最主要的施教者。自主学习要求施教者应以学校教育为主阵地，同时辅之以必要而科学合理的家庭教育和社会教育，使儿童和青少年通过自主学习，学会求知、学会做人、学会健体、学会审美、学会生活、学会交往、学会劳动、学会生存，具备与现代社会需要相适应的学习、生活、交往、生产以及不断促进自身发展的基本素质。

（一）达成"四学"目的

"四学"，即愿学、乐学、会学、善学。调动并让学生形成强烈的学习动机，增加学习的兴趣，使学生愿学和乐学，解决学生中存在的厌学、逃学的问题；强化学法指导，使学生知道怎么样学习才能省时省力效果好。在新的形势下，使受教育者掌握多样化的学习技能和方法，改变盲目学习的状况，是实现学生自主发展的重要目标之一。自主学习教改实验要把学法研究和新的学习手段、学习技术的研究摆在重要位置。

（二）培养"三自"情感

"三自"，即自醒、自励、自控。这些要求主要属于学生健康心理素质的发展目标。自主学习要求学生不仅要把学习内容作为认识的客体，而且要将自己作为认识的客体，要对自己做出客观正确的自我评价，从而对自己的行为进行自我激励、自我控制、自我调节，形成健康的心理品质，使自己的注意力、意志力和抗挫折能力不断提高。

（三）进行"五性"学习

"五性"，即适应性、选择性、竞争性、合作性、参与性。要使学生学会适应，要主动适应，而不是被动适应；要适应生活、适应学习、适应环境。允许并鼓励学生根据自己的素质和兴趣发展自己的特长。允许学生有选择学习内容、学习方式、学习方法的权利，按照全面发展与特长发展的要求，对学生的偏科倾向科学引导，并鼓励学生发展自己的优势和特长。要改善办学条件，为学生进行选择性学习提供更多的图书、报刊、信息、学习技术及学习手段。鼓励学生追求与自己情况相适应的较高目标，培养他们的进取心和成功欲望，鼓励竞争。在文化学习、体育比赛、技能训练、生活适应能力等方面鼓励竞争。主动合作、乐于合作、善于合作是人类赖以存在与发展的社会基础，是人的良好品质。要创造环境，使学生增强合作意识，培养合作精神。鼓励所有学生都成为学校内一切活动的积极参与者和主动参与者。通过参与达到主动学习、主动锻炼、主动发展与提高的目的。

三、自主学习的特点

由于人们对自主学习理论的立场不同，对自主学习的界定不尽相同，因而对自主学习的特征的描述也存在一定差异。齐默尔曼在《自我调节学习：实现自我效能的超越》一书中提到，自主学习者有三个特征：具有较强的元认知、动机和行为等方面的自我调节策略的运用能力；能够监控自己的学习方法或策略的效果，并根据这些反馈反复调整自己的学习活动；知道何时、如何使用某种特定的学习策略或者做出合适的反应。

宾特里奇认为，自主学习者具有四方面特征：其一，对他人提供给自己的信息做出更加积极的反应，在学习的过程中主动地创设学习策略、目标和意义；其二，能够正视由个体差异、情绪、生理给自己带来的局限，监控和调节自己的学习行为；其三，能够根据目标和标准来评估自己的学习效果，必要时会对学习目标和标准进行适当调整；其四，能够利用自我调节过程来调节外部情境和自身特征产生的影响，以便提高学业成绩，改善学习绩效。综合已有的研究成果，结合我国教育实践和文化习惯，我们认为，自主学习具有五大典型特征。

（一）能动性

自主学习有别于各种形式的他主学习，它是学生积极、主动、自觉地从事和管理自己的学习活动，而不是在外界的各种压力和要求下被动地从事学习活动，这种自觉从事学习活动、自我调控学习的最基本要求是主体能动性。

首先，学习过程中任何自我监控活动的发生都是建立在学习者的能动性基础之上的，如果学生对自己的学习缺乏能动性，那么就根本谈不上主动性和积极性。任何自我监控行为或活动的出现，其本身就体现了学生的主体能动性。

其次，学习自我监控的关键在于管理和调控整个学习过程，这就要求学生能够根据学习的任务和要求，结合各种主客观条件，在学习活动之前努力思考，做出科学的计划和安排，在学习活动中努力克服困难，排除干扰，保证学习的顺利进行，在学习之后努力进行自我反馈和检查，必要时需采取一定的补救措施，以达到学习目的。

（二）主体性

主体性是体现"以学习者为中心"教育理念的基本要求，学生是自主学习活动的行为责任人。学习者作为主体，应该能自觉、主动地采取合适的学习方法和手段，独立地对自己的学习结果负责。教师在自主学习中的角色是教学内容、教学过程、教学活动的组织者、参与者，是以尊重、信任、发挥学生的主体性为前提的。

（三）相对独立性

自主学习的能动性和自主性必然会导致独立性特征的出现，学生在整个学习过程中必须摆脱对教师或他人的被动依赖，由自己对学习的各个方面做出选择和控制，独立地开展学习活动。[2]对于初中学生来说，其学习的许多方面，如学习时间、学习内容、学习目标等，都不可能完全由自己决定，不能完全脱离教师的引导，因而教师的教育智慧是自主学习得以发生并保证良好效果的必要保障。

（四）迁移性

从宏观角度分析，虽然学生从事的学习活动千差万别，但是对自己的学习活动进行自我监控，却是各种学习活动具有的共同特征，也是决定学习活动效果的主要因素。由于学生对学习活动进行监控的实质是相同的，因此，在任意学习活动中的学习自我监控都具有广泛的迁移性，可以应用于不同的学习情景中，也可以应用于多种多样的学习方式中。

（五）反馈性

学习自我监控要求学生不断地去获取学习活动系统各要素变化情况的有关信息，审视和检查学习的过程和学习活动的效果，并据此及时调节学习活动的各个方面的环节，表现出了很强的反馈性。

同时，这种学习自我监控的反馈又是不断循环进行的，因为对学习的每一次自我监控行为及其结果，都可作为一种反映学习进程的新信息，会直接影响到下一步学习活动和学习自我监控的行为，也就是说，上一步学习自我监控行为及结果是下一步学习活动和学习自我监控与调节行为的基础，并依次循环进行下去，直到学习结束才告一段落。

第二节　自主学习的实施

值得注意的是，并非所有的学习者都愿意为自己的学习负主要责任。这里有态度和动机的原因，也有个性特征和个别偏爱的原因。当然，现存的教育思想和教育模式也可能使学习者养成了依靠教师的学习习惯。解决学生的这些主观认识的问题，一方面要进一步加强对自主学习理论和实践的研究，为教育机制的各个环节提供必要的理论依据；另一方面也要求教育机制的各个环节以及学习者本身在主观上进行观念的更新。

我校从 2006 年起开展"自主教育"，推行至今，积极在课堂教学模式改革、建构学生自主学习平台方面做着不懈地尝试，到目前为止可分为四个阶段：

第一阶段，自主合作学习模式在教学中的运用；

第二阶段，学生自主导练的推行；

第三阶段，云课堂的教学实践；

第四阶段，电子书包的运用推广。

一、自主合作学习模式在教学中的运用

初中学生处于的年龄段正是青春期，青春期的心理变化特征表现为自主意识增强，自尊心变强，渴望交流和友谊。自我意识在这一时期出现质的变化。

青春期的孩子对于"自我"的体验和感受有着前所未有的清醒。在这个时期，成人对他们的教导有时候反而会引起他们的反叛，而同伴的影响作用则日益突出。选择理论的创立者哥拉斯认为："青少年学生有四种需要值得认真关注，这就是归属（友谊）、影响别人的力量（自尊）、自由和娱乐"。而自主合作学习正好能满足学生的这种需要。

（一）自主合作学习模式的缘起

任何一项教育教学改革不是一蹴而就的，都是在摸索中不断前行的。2006年，我校提出"倡导自主评价，推进自主教育，实现主动发展"的特色学校创建工作，开展了《中学生自主教育行动研究》的课题研究，组织教师不断学习，并进行大量的可行性论证。我校教师从不同层面进行学习，开展研究，撰写了《语文教学中教师如何引导学生自主学习的若干思考》《让自主学习成为学生主动提升英语综合能力的原动力》《初中生英语自主学习能力培养的实践与研究》《中学思想品德课教学实施自主学习初探》《例谈科学教学中自主学习能力的培养》《培养中学生对诗歌的自主鉴赏意识》《浅谈初中数学自主探究教学模式》等论文，从不同学科、不同角度开展自主学习的可行性研究，以把握研究方向的正确性。我校的办学宗旨是"为了学生的主动发展"，为培养学生自主学习能力，我校从 2008 开始着手课堂教学改革。

（二）自主合作学习的基石——以学定教

1. 以学定教

所谓以学定教，即教师要依据学情确定教学的起点、方法和策略，实现学生的主体性教学课堂。分析学情是构建主体性课堂教学的前提，学情分析包括对学习材料的分析和学生情况的分析，其中学习材料包括课程标准、学习材料的特点、重难点、先前教学经验反思等；学生情况包括学生认知基础、学习能力、习惯、学习兴趣及差异状况等。

2. 教学设计

教师围绕"以学定教"的教学理念开展教学设计研究，旨在突出学生学习的主体地位，教师的教学设计始终围绕学生的学习这一核心，制定教学设计方案。

（1）设计方案 A

	学校	年级	学科	设计
课 题				

学情分析	1. 学习材料分析（课程标准、学习材料的特点、重难点、先前教学经验反思等） 2. 学生情况分析（学生认知基础、学习能力、习惯、学习兴趣及差异状况等）	学习目标	知识与能力
			过程与方法
			情感、态度、价值观

学习任务	细化目标	学习过程的导学要点	学习评价	备注
教师根据课前的学情分析确立若干有逻辑联系的具体明确的学习任务	完成学习任务所期望达到的结果	为学生完成学习任务，达到任务目标，教师整合各种要素所设计的引导学生学习的各个环节	用什么方法、形式判断是否达成学习目标及反馈矫正	设计说明、生成性问题及处置、课后反思、教学一得等
……	……	……	……	……

此方案的运用，首先要求教师在充分分析学生学习材料，包括课程标准的要求、学习材料的特点、学习的重点难点、先前教学经验反思等角度进行；认真分析学生的学习情况，包括学生的认知基础、学习能力、习惯、学习兴趣及差异状况等。其次，在此基础上制定出符合教材特点和学生学习特点的学习目标。设计学习目标时要求教师从知识与能力、过程与方法、情感态度价值观来制定学习目标。第三个环节是分解细化目标，落实学习任务。学习目标的精细分解是提高课堂学习效率的表现，是指将课的三维目标分解落实到学生每一个阶段的学习任务中，从而使学习目标更具体、更可测。它是对目标具体性和可操作性的追求，可以帮助教师更好地把握教学过程，更好地实现学生的发展可能。此方案主要运用于七年级的语文、数学、英语、科学四门学科开展课例研讨时所用。

（2）设计方案 B

课　　题	第_____课时　总第_____课时
学情分析（结合学生原有知识基础、层次差异、教材重难点等展开）	
教学目标	
教学重点	
教学难点	
教学设计	设计意图及评价
板书设计	
教学反思	

　　教学设计的基本环节：a、重视学情分析；b、确定教学目标及重、难点；c、教学过程紧紧围绕教学目标设计教学环节，力求引导学生在自主、合作、探究中完成学习任务，重视教学环节设计的评价与反馈；d、板书设计；e、教学反思。此方案主要用于八、九年级所有学科的教学设计。教师对学情的深入研究，从备课开始就确定了课堂教学中的学生的主体地位。

　　（三）自主合作模式的实施

　　1. 自主合作模式的生成

　　2010 年，我校依托上海愉快教育研究所主持的国家级课题《基于学习任务单，提高学生学习有效性的研究》，从学习任务单的设计、学习支架的搭建、有效合作学习方式的运用等方面，结合学校实际开展课堂教学实践，在对自主教学的研究中，各教研组不断实践、不断总结、提炼，初步构建了以下课堂教学模式：

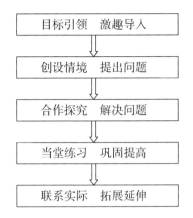

"目标引领"让教师有的放矢地教，让学生有的放矢的学，去繁驭简，学习更有针对性；"激趣导入"激发了学生学习的兴趣，让学生积极、主动地投入到课堂学习中来；"创设情境，提出问题"让教师将新授的知识以问题的形式呈现给学生，让学生通过自主地学习和探究完成知识的掌握，而不是被灌输，帮助学生认识自己是学习的主体；"合作探究，解决问题"，根据学生的性别、性格特点、学习基础等特点将学生分组，每组 5~6 名学生，每个小组的学习状况基本相当。同一小组的学生各有分工，有组织者，有检查者，有记录者，有报告者，有协调者等，通过"自主、合作、探究"的学习方式，转变学生的学习方式，倡导学生在教师指导下主动地、富有个性地学习，从而培养学生的创新精神和实践能力；"当堂练习，巩固提高"，教师针对学生学习的实际情况，精选练习，当堂巩固，以提高学生运用的能力，以实现轻负高质的课堂教学；"联系实际，拓展延伸"是课堂教学的有益补充，可以将学习的触角从课内转向课外，也可以将学生的思维层次引向更深处，培养学生自主地、创造性地学习。

2. 自主合作学习模式的优化

初步实践阶段，各教研组利用备课组活动、教研组活动积极反馈该模式在实际教学中存在的问题，讨论实施过程中产生的困惑，经过整理，将自主合作学习模式做了如下优化：

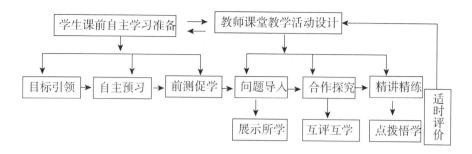

这样，课堂实施过程更加具体化，增强了易操作性，学生自主学习意识得到培养和加强，在学习的过程中养成了自主预习、自主复习的良好习惯，同时学生学习的热情也得到了激发，主动地参与到学习中来，在自主预习、自主复习、主动学习的过程中培养了学生自主学习的能力；在自主合作探究的学习方式的引导下，学生提高了质疑、探究、解决问题的能力，在预习中发现问题，在小组合作中寻找问题解决的方案和方法，最终达到解决问题的目的；将信息技术手段运用于教学的过程中，学生学会通过检索获取学习资源以达到巩固学习内容，并在此基础上达到有效拓展的目的。

3. 自主合作学习模式的作用

主体性课堂教学模式，让教师从讲台上走下来，深入学生中去，承担了个别指导、组织讨论、利用生成等责任，由知识的传授者转变为课堂的组织者、引导者；学生则从被动的接受者转变为主动学习者，承担成果展示、小组讨论、互助互学等责任。小组合作学习的方式体现了"合作探究"的新课程教学理念。教师根据学生的性格、性别、学习基础等进行合理分组，制定好合理的评价标准。互助、互教、互评的小组合作学习方式能最大限度地提升课堂学习效率。教师利用小组合作学习，培育合作、安全、愉快的学习文化。

（四）自主合作学习模式的评价标准

标准一：课堂教学是否确立了以学生为本的教学思想，重视学生自主学习能力的培养。即看课堂是否充分发挥学生的主动性、积极性、创造性，使学生在学习过程中真正成为信息加工的主体和学科知识的主动构建者；是否关注了学生的充分发展、长期发展，关注了学生发展中的不同需求、不同学生的发展需求，关注了学生发展中的个人尊严。

标准二：看课堂教学是否实现了学生学习方式的转变。"自主学习"理念下的一堂好课必须充分调动学生的探究欲和发现欲，倡导学生学习方式的多样性、差异性和选择性。"好的先生不是教书，不是教学生，乃是教学生学。"（陶行知语）教师的使命不再是单纯地为让学生占有知识而传播知识，而是为了生成知识，探索知识的来龙去脉，体验探求知识过程的快乐，并在探求中生成新知识和新能力。教学方式是否倡导"自主、合作、探究"的方式，是否重视学科与信息技术的整合，运用先进的技术手段引导学生自主学习。

标准三：课堂教学是否构建了多边互动的教学机制。"自主学习"理念下的课堂必须形成一个师生之间、学生之间的互动网络，并且这种互动不是肤浅地停留在口头上的互动，而是信息互动和思维互动。在这种情况下，课堂教学从表面看可能比较"混乱"，但这种"混乱"是一种让学生主动思考和参与之后的混乱，远比没有经过主动思考而呈现的所谓流畅有序更能体现新课程的理念。

标准四：课堂教学是否设定了围绕教学目标的教学情境。这些问题可以是教材上能找到答案的，也可以是高于教材，在教材上找不到现成答案的。教师提出的问题不在于数量的多少，而在于是否有价值，能否调动学生探求结果、讨论交流的积极性，能否调动学生的思维态势，实现教学目标。

二、学生自主导练的推行

（一）自主导练编写缘起

如果说自主学习的主观认识取决于意识形态的转变的话，那么其客观条件则取决于物质基础。自主学习的客观条件指能够供给学习者自由选择的学习材料、活动场所、学习方式和手段等硬件设施。丰富多彩的学习材料是满足个别化学习的前提条件，也是达到自主学习的重要物质条件。可以说，在自主学习主观条件比较成熟的情况下，每个学习者的学习需求、活动方式、学习进度都可能不一样。

教育行政部门统一下发的作业本和同步练，在内容选择和形式设计上往往为了照顾大面积学习者的需求而受到限制。如有些内容很好，但由于不适合程度偏低的学习者的需要而被迫放弃，而且，两套练习中不乏重复的无效题。2010年以来，在创新课堂教学模式的推动下，为进一步深化我校的自主教育，为实现低负高效的教学目的，结合我校实际，我校初中语文、数学、科学、英语四门功课推行学生自主导练的改革。

（二）自主导练的具体实施过程

1. 行政推动，成立领导小组

为了自主导练的选编和优化的有效进行，学校成立了专门的领导小组，校长担任组长，副校长、教务主任、教研组长为组员，多次集中召开会议，达成统一思想，停用教育行政部门统一下发的配套教辅，制订并讨论自主导练选编实施细则实施方案。

2. 集中学习，进行方案推广

教研组召集组员集体学习，提高认识，统一思想，增强每一位教师的责任意识。成立自主导练审核小组，自主导练选编责任到人，并每学期不断优化，要求优化率达到原作业的 30% 左右，原则上采用谁使用谁优化的方法。组内成员要全员参与，明确分工，加强工作责任制。自主导练分为"自主预习、实战演练、及时巩固、学以致用、拓展提升"五个环节，不仅符合我校的创新课堂教学模式改革中提倡的"精讲精练"原则，同时也体现分层作业思想，为学生的自主学习提供了条件。对自主导练的格式、字体、字号、边距、行距、页面大小、页眉、页脚等也做出明确规定，提高版面的利用率，减少浪费。根据使用过程中反馈出来的问题，对作业的配套、难度控制、新颖题型、重点章节的作业量、单元练习等内容进行重点优化。

3. 中期调研，提高编写质量

为了让自主导练的选编和优化工作不是流于形式，由教务处统一备课组活动时间，每周一次备课组活动，每次活动两节课，通过集体备课的形式共同对选编作业提出修改意见。领导小组成员对自主导练的使用情况进行中期调研，及时了解自主导练的编写质量，并及时反馈到各教研组，由教研组长反馈到负责编写的教师个人，负责教师根据学生的使用意见及时对作业的优化工作做出调整。

从 2010 年至今，自主导练经过推行及两轮优化，在学生和教师当中获得了一致的好评，为学生的自主学习提供了良好的平台。

4. 期终总结，评比表彰优胜

每学期末收集自主导练修改稿，要求修改率达到 30% 及以上。经各教研组长和行政领导进行评比，选出最优秀自主导练给予表彰。

（三）自主导练示例

海宁市南苑中学自主学习导练·八上数学

编号：3－5－1

§5.1 常量与变量 课型：新授 选编人：石永琴 审稿人：吴清薇

班级_____ 学号_____ 姓名_____ 作业时间：____月____日

一、自主预习

1. 我们用数学来分析现实生活中的一些现象时，会遇到各种各样的量．在某个过程中，有些量是_____不变的，有些量在_____改变．

2. 在一个过程中，固定不变的量称为_____，可以取不同数值的量称为_____．

3. 常量和变量有时是相对的，也就是说在某一过程中的常量在另一过程中可能是_____，在某一过程中的变量在另一过程中也可能是_____．

二、实战演练

4. 半径是 R 的圆的周长 $C=2\pi R$，下列说法正确的是（ ）

(A) C 变量，π，R 是常量 (B) C 是变量，2，R 是常量

(C) R 是变量，2，C 是常量 (D) C，R 是变量，2，π 是常量

5. 半径为 R，圆心角为 n° 时扇形面积的计算公式是 $S=\dfrac{\pi\pi R^1}{360}$，用这个公式计算半径为 1，2，3，4，5，圆心角为 n° 的扇形面积，变量是（ ）

(A) n (B) n，S (C) R，S (D) n，R，S

6. 圆的面积公式 $S=\pi r^2$ 中，变量是_____，常量是_____．

7. 给定火车的速度60km/h，要研究火车运行的路程与时间之间的关系．在这个问题中，常量是_____，变量是_____；若给定路程＝100km，要研究速度与时间之间的关系．在这个问题中，常量是_____，变量是_____．由这两个问题可知，常量与变量是_____的．

8. 长方形的长和宽分别是 a 与 b，周长 $C=2（a+b）$，其中常量是_____，变量是_____．

9. 圆锥体积 v 与圆锥底面半径 r 圆锥高 h 之间存在关系式 $v=\dfrac{1}{3}\pi r^2 h$，其中

常量是_____，变量是_____．

10. 某种报纸每份 2 元，购买 x 份此种报纸共需 y 元，则 $y = 2x$ 中的常量是_____，变量是_____．

11. 假设钟点工的工作标准为 8 元/时，设工作时数为 t，应得工资额为 m，则 $m = 8t$，其中常量是_____，变量是_____．

三、课后巩固

12. 笔记本每本 a 元，买 3 本笔记本共支出 y 元，在这个问题中：①a 是常量时，y 是变量；②a 是变量时，y 是常量；③a 是变量时，y 也是变量；④a，y 可以都是常量或都是变量，上述判断正确的是_____．

13. 球的体积 V（cm^3）和半径 R（cm）之间的关系式是 $V = \dfrac{4}{3}\pi R^3$，其中常量是_____，变量是_____．在这个问题中，球的半径越大，则球的体积就越_____．

14. （1）我国第一颗人造地球卫星绕地球一周需 106 分钟，t 分钟内卫星绕地球的周数为 N，$N = \dfrac{t}{106}$；其中常量是_____，变量是_____．

（2）铁的质量 m（g）与体积 V（cm^3）之间有关系式 $m = 7.9V$，其中常量是_____，变量是_____．

15. 圆的面积 S 与半径 R 的关系是_____，其中常量是_____，变量是_____．

16. 等腰三角形的顶角为 y，底角为 x．用含 x 的式子表示 y，$y = $_____，其中常量是_____，变量是_____．

17. 一位在读大学生利用假期去一家公司打工，报酬按每时 15 元计算．设该生打工时间为 t 时，应得报酬为 w 元．

（1）填表：

工作时间 t（时）	2	5	10	…	t
报酬 w（元）				…	

（2）用 t 表示 w；

（3）指出哪些是常量，哪些是变量．

四、拓展提升

18. 某气象研究中心观测一场沙尘暴从发生到结束的全过程（如图），开始时风速平均每时增加2千米/时；4时后，沙尘暴经过开阔荒漠地，风速度为平均每时增加4千米/时；有一段时间，风速保持不变；当沙尘暴遇到绿色植被区时，其风速平均每时减少1千米/时，最终停止．结合风速与时间的图像，回答下列问题：

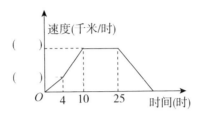

（1）在纵轴内填入相应的数值；（　　）

（2）沙尘暴从发生到结束，共经过多少时间？

（四）自主导练成效

1. 改变教学方式，提高教学效率

在重视学生自主学习导练编写的过程中，引导教师关注学生，重视学生学习的主体地位，从而继续有效推进"目标引领、问题导入、合作探究、精讲精练"课堂教学模式改革，打破传统的以教师讲为中心的课堂教学，大大提高了教学效率。

2. 形成本校特色，构建导练体系

经过几年的努力，我校初中三个年级的语、数、英、科四门学科已形成一套符合我校学生学习实际的自主学习导练体系，充分体现了作业的自主性、分层性和有效性。这个庞大的习题库仍旧在不断地更新与补充中，成了学科组宝贵的教学财富。

3. 减轻作业负担，提高学生优秀率

自主学习导练的使用把学生从机械、重复的作业中解脱出来，为学生赢得了更多的自主学习时间，特别是年级前25%的学生有了更多自主钻研和拓展时间，提高了优秀率，在市组织的提优测试中，我校近几年均获得市一等奖的好成绩。近六年以来，我校中考海高上线比例连年提升，中考海高上线比例均能达到20%以上，在海宁市公立学校当中稳居第一。

三、云课堂的教学实践

在信息技术和网络发达的当代，单纯的课堂教学，由于地点、时间、设备等方面存在着多种限制，已不能满足学生日益增长的学习需求，随着社会的不断发展，仅仅通过传统的课堂教学获取知识和技能是远远不够的，未来的学习应该摆脱时间、空间的束缚，使人们可以根据实际需求随时地进行学习，以满足学习者的学习需求。

云课堂。AiSchool 云课堂（简称云课堂）是基于云计算技术的一种高效、便捷、实时互动的远程教学课堂形式，使用者只需要通过平板电脑进入云课堂平台登录学习空间，进行简单易用的操作，便可分享老师推送的语言、图片、视频等数据文件。通过多种学科工具、测评工具、统计工具等手段改变授课方式、师生互动方式、学生学习方式，实现自主、高效、合作、探究式教学的先进的教学软件。

我校于2014年8月引进云课堂技术，同时不断完善学校无线网络系统，提供技术的公司派专门人员在我校蹲点，负责云平台的安装、调试和使用指导，一年多来学校选拔信息技术骨干和一线教学骨干与技术人员进行面对面的学习，逐步掌握云课堂平台的操作，同时结合相关学科特点，开展将云课堂技术运用于教学实践的尝试，经过一年多的学习和不断尝试，在学会相关技术和操作的基础上，学校决定运用云课堂技术平台构建自主学习课堂模式，以深化我校以"自主发展"为核心的特色学校建设。

（一）云课堂教学模式的实施

云课堂环境下自主学习课堂是以平板电脑和网络课程资源为载体，教师通过对大量课程信息的筛选和整合，并依据学情制定导学任务单，推送云课堂平台的学习空间；学生自主下载导学任务单位基础，以自主学习为方式，以合作讨论探究为主线，以反馈评价为手段的有效教学模式。

1. 以导学任务单为载体

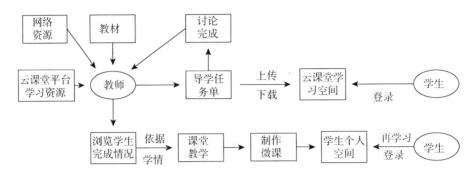

（1）整合资源，设计导学任务单

云课堂平台拥有海量的课程资源，每 ·课例都有大量相关的教学参考、教学设计、丰富的音频、视频资源，教师在充分解读教材的基础上，分析学情，对云课堂平台资源和网络资源进行收集、筛选、整合，设计出符合学生学习实际的导学任务单，并将其推送到学习空间，以便学生随时下载完成，并在平台空间开展讨论，引导学生自主学习。

（2）依据学情，开展课堂教学

这里的学情指的是学生对导学任务单的完成情况，教师通过查看学生的导学任务单的完成情况，及时总结学生对知识掌握的薄弱内容，同时查看学生针对导学任务单上的相关问题的讨论情况，从中发现共性问题和创造性的问题，并以此作为课堂教学设计的立足点，开展教学设计。在课堂上教师主要针对学生的薄弱知识进行讲解和指导，并对在课前产生的共性和创造性的问题开展师生、生生间深入的交流讨论，从而提高课堂教学的针对性和有效性。

（3）重视反馈，引导个性化学习

"云课堂"平台中的反馈评价功能，为解决常规教学方式中反馈不及时的问题提供了便利，这里的反馈评价，在云平台的后台自动生成，非常直观、到位。云课堂运用分析技术对学生的学习行为进行跟踪，通过跟踪的信息，了解学生学习爱好、学习特点、学习行为、学习质量等方面的评价，为学生进一步学习提出个性化建议，教师可以根据不同学生对知识点掌握的不同情况进行分析、归类，再设计不同层次任务单，分别推送到学生的个人学习空间，以便引导学生开展个性化的学习。

（4）及时评价，激发自主学习兴趣

教师通过学习空间可以对学生的学习任务单的完成情况给予及时的评价，通过及时评价促进学生对基础知识和基本技能的理解、掌握和应用。及时评价可以让学生及时获得反馈信息，有利于学生及时调整学习行为，反思学习过程，并使学生在不断调整与反思的过程中获得必要的知识，同时也激发学生自主学习的兴趣。

2. 重视导学任务单的设计

设计切合学生实际的优质、高效的导学任务单，有利于学生发展，有利于课堂改革的顺利实施。设计导学任务单过程时应注意四个原则：课时化原则、问题化原则、方法化原则、层次化原则。

（1）课时化原则。分课时处理学习内容，防止一个章节内容或一个文本只写成一个导学任务单。导学任务单应以课时为单位，一课时设计一个导学任务单。每课时都应理清本课时基础知识点、重点与难点，便于控制本课时内容的知识量，便于学生自学与合作学习，加强对知识学习的针对性，提高教学效率。

（2）问题化原则。以问题设计为教学起点，将知识点转变为探索性的问题点、能力点，通过对知识点的设疑、质疑、解释，从而激发学生主动思考，逐步培养学生的探究精神以及对教材的分析、归纳、演绎的能力。让学生真正从设计的问题中找到解决问题的方法，学会看书，学会自学。

（3）层次化原则。在设计导学任务单时将难易不一、杂乱无序的学习内容处理成有序的、阶梯性的、符合各层次学生认知规律的学习方案。认真研究导学任务单的层次性；要有梯度，能引导学生由浅入深、层层深入地认识教材、理解教材；能引领学生的思维活动不断深入。

3. 建立教学研究联盟

教学研究联盟是指打破校际界限，组成以研究教学为主要指向，以实现资源共享、互利互补、合作共赢为主要目标的合作伙伴。与我校同时引进云课堂技术的还有三所学校，我们与这三所学校就云课堂教学这一指向建立了四校教学研究联盟。这一联盟的课改实践教师就云课堂教学开展定期的研讨和展示活动。研讨主题的确立始于课改成员在研究过程中产生的问题，围绕不同的话题，来自不同学科、不同层次的老师一起开展研讨，同时也请云课堂技术人员一起参与，将讨论引向深入、有效。展示活动的开展一方面为教师在某一阶段以来，所开展的研究成果得以展现，也让更多的实践教师了解云课堂技术的掌握和课改工作的进展，从而更深入推进课改工作。

（二）云课堂实施的积极意义

1. 构建预习任务单，学生学习更主动

云课堂拥有海量的课程资源，每一课例都有大量相关的教学参考、教学设计、丰富的音频、视频资源，教师在课前可以利用这些资源设计出有效的预习作业单，并通过云课堂平台发布到学生的学习空间，学生下载学习任务单后通过平板电脑完成预习任务，并拍照上传到学习空间，同时也要求学生上传一个自己不能解决的问题，供大家在学习空间开展小组讨论，互相尝试在组内解决，实在无法解决的问题再上传给老师。

2. 增强教学的互动性，平板电脑展示更有效

云课堂利用云平台的广播、资源推送等功能解决了常规教学方式中交互不畅、反馈不及时的问题，突出呈现了教学的精彩环节——展示课堂教学成果。在云课堂平板电脑构成的互动课堂环境中，每一位学生将自己的感想内容拍成照片上传，老师将这些内容通过推送平台推送到每一位学生的平板电脑上，学生通过自己的平板电脑以翻页的形式浏览其他同学的感想内容，并给这些内容打分，给学生更大的展示空间。

3. 让教学评价更全面，课后反馈更及时

"云课堂"平台中的广播、资源推送、分组讨论、在线测试、反馈评价等功能，为解决常规教学方式中交互不畅、反馈不及时的问题提供了便利，这里的反馈评价，云平台后台自动生成，非常直观、到位。云课堂的这一功能可以帮助教师完成对学生多元化的教学评价。

四、电子书包的运用推广

2017年5月至今，我校引入电子书包教学，前期自主合作课堂教学模式的构建、微课教学的运用、云课堂教学的实践为我校电子书包教学的开展做了很好的铺垫，教师在运用、调控上得心应手，学生在学习、练习上主动认真，特别值得一提的是，电子书包后台题库对于教师精心选编"自主导练"来说，既提供了丰富素材，又提出了更高要求。如何编制具有经典性、针对性、个体性的"自主导练"是每位教师需要思考的问题，可以促使教师提升自身编写能力。

（一）电子书包概念

电子书包是一个集移动终端、互动教学软件、教学资源、云教育平台于一体的立体化、网络化、便携式"移动数字化课堂"，是智能教育的形象化说法。

教师借助平板电脑等便携式电子终端设备和平台进行授课、实验、作业、考试等各种教学活动，是一种具有阅读电子课本、管理学习资源、记录个人学档功能，具备支持各种有效学习方式的个人学具和交互式学具，具有课堂同步教学与笔记功能、教学管理与评价功能、学习记录与跟踪功能、家校活动功能等，教师利用电子书包进行课堂同步教学，可及时捕捉学生学习动向，调整组织教学，利用电子书包的教学评价功能，教师在线发布并批改习题，实现课堂及时评价。学生可以在教师引导下，利用电子书包丰富的学习资源与学习工具，进行小组协作学习和探究学习。电子书包的介入很大程度上促进学生学习方式的变革，让学生主动的体验学习的快乐，逐步养成自主学习的能力。

（二）电子书包实施策略

1. 校企合作，搭建平台

在互联网环境下，以平板电脑为学习终端的学习方式开展，需要强大的技术支撑，为此我校与杭州学海教育有限公司进行项目合作，由该公司提供学习平台、学习资源库、学习终端、技术指导，为我校教师开展电子书包教学提供技术保障。

2. 网络改造，优化环境

电子书包是在无线网的环境下运行的，需要强大的网络支撑，我校原有的网络环境低速、落后，因此，项目伊始，就着力对教学楼所有教室、办公室的网络进行重建，安装无线 App，以保证电子书教学应用良好的教学环境。

3. 强化学习，形成共识

（1）外出考察学习。任何一项改革都需得到教师的认可才能实行，为了让教师更好地了解电子书包这一新的教学手段，对电子书包如何在教学中运行有效应用有一个客观的认识，我们分批带领年级组长、教研组长、备课组长和部分学科教师到先进试点考察学习，先后去了杭州丁兰实验学校、湖州城东中学等学校，听取电子书包课改介绍和相关学科的公开课。通过外出学习，我校教师看到了这一项目在学科教学中的应用前景，从内心认可，为我们推行这一项目增强了信心。

（2）技术操作培训。由学海公司提供专门人员为我校全体初中教师开展操作使用培训，学会作业选择、作业发布、学生分层、微课录制、微课推送、智能课堂的使用等操作路径与方法。

（3）备课组集体培训。备课组是最好的学习单位，教学内容、教学任务、教学目标一致，在使用之初，我校要求备课组每周以电子书包的使用为主题，结合学科特点开展操作尝试，半个月下来，我校教师基本上能熟练操作，并运用于教学了。

4. 教研并进，优化教学

（1）试点推进。①2017年5月，引进之初，我校以教师科研水平较高，学生素质较好的八二班开展试点，语文、数学、科学、英语、社政五门学科全部推进，在个性作业选择、学生分层、作业分层、微课运用、教学App等方面做了有效尝试，看到了电子书包云作业的运用优势，有助于对学生课外作业的管理。②为了抢占暑假这块学习的洼地，我校在八年级期末结束前，对年级前25%的学生进行了实验推进，并要求教师利用暑假时间定期给学生布置提优作业。③全校七年级学生共620人，现在电子书包使用人数已达到598人，全面推进了电子书包教学课题研究。

（2）教学研讨。我校以备课组为单位，要求教师定期开展研讨活动，每月必须有一次活动是围绕电子书包教学的，如在作业选择、课堂教学、错题组卷、分层作业、培优等方面开展主题研讨活动，交流电子书包在使用中的优势，提出在使用过程中产生的问题，有些组内商讨解决，有些交由学海公司解决，将电子书包教学引向深入。

（3）骨干引领。学校组织科研骨干对电子书包作业本、智通课堂、App等平台开展教学实践，充分发挥骨干教师作用，如目前我校七年级数学陆培忠老师在分层教学上做得比较先进，他将自己班级学生分成ABC三层，分别推送不同作业，在每一次教师应用平台数据统计中，他的数据总是遥遥领先；九年级科学徐方平老师在课后提优工作做得非常扎实，定期布置作业、录制微课，师生互动得非常好；我们七年级英语郑娇娇老师的微课运用得比较多，七年级姜雯老师智能课堂教学使用得也很灵活。在后期的实践中，学校将充分发挥这些骨干教师的科研优势。

（4）课题带动。我校是嘉兴市第二批智慧教育深度创新应用学校，以智慧课堂教学的研究作为深度创新项目，其中嘉兴市级专项课题《云课堂构建初中自主学习课堂教学模式行动研究》是学校的总课题，今年在这个总的课题之下，我们又申报了三个嘉兴市级的子课题，以研促教，将电子书包教学引向高效。

5. 家校合作，形成合力

充分发挥家长作用，重视对学生的作业管理。一个班往往有几个家长群，有班级总群、学生优生家长群，教师也经常与家长联系，发布作业、催交作业，形成家校合力，有助于培养学生完成作业的良好习惯，对电子书包作业的完成加强了监管，有助于提高学习效率。

6. 强化管理，推进落实

学校建立了电子书包项目推进的组织机构。校长室、教科室、教务处、总务处团结协作，层层落实管理，由校长担任课改组长，两位副校长担任副组长，由初中文化课教研组长、七年级文化课备课组长等任组员，成立领导小组，有效地保障了课改的顺利进行。

自主学习能力不是教师"教"出来的，而是学习者自己发展的。因此，在课堂教学当中教师主要是渗透自主学习的理念，让学生体验自主学习，真正的自主学习习惯是学生在课前及课后通过自身实践养成的。这也是我校在上述四阶段持续不断探索与实践的本意。

第三节 自主学习的意义

从已知的社会发展史来看，人类社会的发展一直处于加速的状态。这种飞速的发展变化使知识与能力的更新变得越来越频繁，学生在学校中获取的知识与能力在不长的时间后就需要更新，要适应这种社会需求，就要求学生具备自主学习的能力。自主教育的真谛也在于此。所以课堂教学不仅要让学生学到真知，更重要的是让学生增强自主学习意识，掌握学习方法，以培养学生"学会学习，学会做事，学会做人，学会共处"为目标。

一、自主学习的积极意义

（一）适应社会发展的需要

面对新世纪的挑战，一个人仅仅依靠在学校学习的知识已经远远不够，每个人在其一生中必须不断地学习，自主学习能力成为每个人都必须具备的基本能力和基本素养。在未来的发展中，我们的学生是否具有国际竞争力，是否具有发展潜力，是否具有在新时代社会中解决新问题的能力，从根本上说，都取决于学生是否具有自主学习的能力。在基础教育阶段，世界各国都非常重视，将学生的自主学习能力作为一个基本的教学问题认真对待。联合国教科文组织在《学会生存》一书中指出:"未来的文盲不是不识字的人,而是没有学会怎样学习的人。"作为教育者,我们的根本任务应当由知识传授升级成培养学生自主学习、主动学习的能力,这是学习的本质之一。

(二)迎合课程改革的首要目标

2018年初,基础教育课程标准完成了新一轮的修订。在2013年开始的课程改革中,目标之一是改变课程过于注重知识传授的倾向,强调形成积极主动的学习态度,使得"双基"教学目标转化成以知识、能力、态度共同发展的三维教学目标。从2018年开始,基于核心素养的新课标对课程改革提出了更高的要求,在原有三维目标的基础上,以"大概念"为骨架,将学生的知识、能力、态度统一起来,形成学科核心素养,进而形成新时代学生必须具备的核心能力。在这个过程中,学生解决真实情境问题的能力是需要突破的关键要素之一,改变学生学习方式,倡导学生自主学习是关键的改革目标。

从"双基"教育一路走来,我们的教学方式中过分强调知识与技能的传授,忽视了知识学习过程中的探索和发现。这种传授知识的方法缺少对知识产生本源的探索,远离了知识和技能存在的意义,造成学生学习知识变成被动接受、记忆的过程,产生死记硬背的现象。间接地限制了学生学习的积极性,抑制了学生学习的主动性,压抑了学生学习的兴趣和热情。要转变这种教师主导的,学生被动学习的状态,需要倡导以学生为学习主体的,主动参与、勇于探索、勤于动手、乐于合作的自主学习能力的培养。

因此,我校初中部实施了体艺2+1,高中部开设了校本选修课程,这些课程的设置都在于唤醒学生的自主学习意识,激发学生学习的主动性,从而提高学生自身的学习能力。课程都由本校教师自主编写,涵盖各门学科,涉及多种门类,是课堂学习的有益补充和延续。并且学生拥有充分的选择权,可以自主报名要学习的课程,学生在学习的过程中,表现出强烈的探索欲望和融洽的合作学习氛围。

地理学科组的小组合作探究课堂教学模式引起了市教研室的极大关注,王玲玲老师代表学校在全市的地理教研活动中作为优秀经验进行了专题介绍并给予推广。

(三)学生个体发展的需求

自主学习能提高学生在校学习的质量。通过研究我们发现,学习质量高的学生,通常也是自主学习能力强的学生,两者之间在统计学上具有极高的相关性。究其根源，自主学习能力提高了学生综合理解问题的能力，从而促进学生产生更多的深度思考，由此建立的知识体系更加严密，知识迁移的水平也更高，符合深度学习的特征。

自主学习能力是个人创新能力发展的源泉。我国在建立"创新型"国家的过程中，教育必须要培养学生的创新能力，然而一个人的创新能力不是教授就能形成的。华罗庚曾经说过："一切创造发明，都不是靠别人教会的，而是靠自己想，自己做，不断取得进步"，学生的创新性与他的自主学习是密切相关的，自主学习能力的养成正是创新型人才培养的关键步骤之一。

自主学习能力是学生完善个人素养，提升个人能力的关键。一个人在校学习的时间只占其人生的一小部分，离开校园后，一个人仍然需要学习，不断提高自己的知识水平，改善自己的知识结构，这种完善的过程，主要依靠自己的自主学习能力。

在自主学习的氛围中，学生能自觉关注生活、思考生活，并利用课堂所学知识来解决生活问题，学生与学生之间进行广泛讨论，而后撰写成文。如《塑料瓶装配机初步设计》《厨房排水过滤系统初步设计》《食堂饭菜倾倒装置初步设计》均在嘉兴市高中学生综合实践活动及 STEM 项成果展评中获二等奖。

传承古典文化，优秀的古诗词篇章可谓经典中的经典。我校不断营造良好氛围，结合经典诵读，鼓励学生自主参与，自觉主动地沐浴在古诗词优美的意境中，潜移默化，丰富自身精神涵养。2018 年 3 月，我校举办了首届电子书包古诗词大会。本次活动就是依托电子书包平台，分三轮进行，首轮初赛，二轮半决赛、三论决赛。学生参与的积极性空前高涨，有近 600 名学生报名参加，而电子书包快捷的批阅、统计、反馈、展示功能大展身手，为本次活动的圆满成功提供了有力的技术支持。

（四）有助于提高课堂学习效率

学生课堂学习效率的提高是新课改是否成功的关键之一。学生自主学习能力的培养并不是要学生独立学习，而是指学生在学习过程中具有自己的独立性，教师学习过程中起到指导、引导、教导的作用。自主学习能力促使学生变"要我学"为"我要学"，主动完成课前预习，对学习兴趣浓厚，参与度高，能深入思考问题，归纳总结经验并及时反思，在这种状态下，学生的主体性得到充分的发展，学生意识到自己是学习的主体，明确学习的本质和意义，进而提高在校学习的效率。自主学习能力强的学生，在合作学习，探究学习等方面也有较好的表现。

2018 年 4 月 2 日，海宁市"智慧教育"暨"电子书包"作业现场观摩活动在我校举行，全市各初中校长、分管教学校长、教导主任、教科室主任，初中教研员参加了活动，我校郑姣姣、姜雯两位老师使用平板电脑和电子白板等现代化教学设备进行智慧课堂和电子书包作业推送、进程管理及后台自动批改反馈等课堂展示，现场观摩的领导和老师们对直观、生动、高效的课堂呈现形式称羡不已。我校教科室杨国芬主任做了《基于电子书包培养学生个性化自主学习能力》的专题报告，在以"自主教育"为特色的学校建设大背景下，详细介绍了我校电子书包在教学实践中的实施策略，得到广泛好评。海宁市教师进修学校金利兴副校长在点评中说，探索学生培养的新方式，探索智慧教育和学生智慧学习的新路程的背景下，南苑中学借助电子书包平台进行的教改在海宁开风气之先，它顺应时代潮流发展，也吻合南中"一切为了人的自主发展"的办学宗旨；新颖、灵活的教学方式打破了时空界限，拓宽了学生培养途径，为各校的教改提供了一个很好的范例。

（五）提升教学质量的有力保障

教学质量是学校的生命线，是教育永恒的主题。提高教学质量是学校一切工作的核心，而提高教学质量的核心在于学生。教师在学生的学习过程中仅起引导作用，学生才是学习的真正主人，只有学生愿学、乐学、会学、善学，充分发挥学习主动性，才能达到事半功倍的效果。

我校是海宁市唯一的一所完全中学，全校共 54 个班级，其中初中 36 个班级，高中 18 个班级。办学规模大，教情、学情复杂，但我校一直致力于自主教育的探究，在自主学习模式的实践过程中，近年来初高中的学生成绩稳步提升。

以 2018 届（3）（4）班"科学"学科的实验为例：

使用人数：两个班级总共 89 人，使用电子书包 33 人，占比 37%

开始使用时间：八年级下期末之后的暑假

作业布置频率：几乎每天一次

题量和作业时间：平均 9 题（其中主观题 2 题左右）

学生平均作业时间 15 分钟

作业内容目标：复习巩固提高七八年级科学知识，备战期初考试。

班级测试成绩如下：

	平均分			年级前20%人数			年级前10%人数		
	年级	班级	变动	年级	班级	占比	年级	班级	占比
八年级下	75.86	74.63	−1.62%	90	21	23.3%	45	7	15.6%
九年级上	100.6	105.7	+5.07%	87	26	29.9%	46	13	28.3%

尽管没有严格的控制变量，或许存在一定的偶然性。但是，从八年级下期末到九年级上期初考试这个暑假期间，在一定程度上排除了课堂教学对考试成绩差异的影响，学生电子书包云作业的科学、合理、充分使用起到了关键的作用。

初中年级，近五年来在嘉兴市期末统测当中，总分评价 T 值、总分前10%率、总分前20%率这三项评价数据，各年级始终在海宁市公立学校中位列前三名，并多次取得公立学校第一名的好成绩。在嘉兴市学业水平测试当中，2015年起，连续三年海高上线率均位于海宁市公立学校第一。2017年起，以电子书包为平台的自主学习方式全面铺开，七、八年级期终成绩总分评价 T 值分别为114.65分与106.01分，分别高于第二名26.12分与16.4分，稳居公立学校第一。

高中年级，根据海宁市普通高中招生模式，本校学生处于海宁市中下水平，成绩基本处于海宁市6所高中的第三位，但在期末考试中，我校多门科目的平均分能跻身第二名。如在2018年6月的期末考试中，高一数学、地理，高二语文、数学、外语、化学、地理均位于海宁市第二名，尤其是政治，位列海宁市第一名。高考连年创佳绩，一段（重点）率从零的突破增至两位数、二段（本科）率更是逐年递增，高达89%，为海宁市的高考事业做出了必不可少的贡献。

二、自主学习需要注意的问题

从我国目前的教育状况来看，衡量一个学生知识与能力的高低，主要的手段还是书面测试，这种教育评价机制使得教师在课堂上更愿意以考试要求为主要内容向学生传授知识。而学生为了应考，也满足于这种机械的学习方式。教师的教育思想、教学方式方法直接影响着学生的学习行为，使学生的思维方式与学习行为潜意识的依赖于教师，学习的主动性与创新能力得不到发挥。

（一）教学环境需要"因地制宜"

教育理论认为，轻松和谐的环境能使人的情绪稳定，心情舒畅，人的思维活动能达到最佳状态。赞可夫曾说过："我们要努力使学习充满无拘无束的气氛，使儿童和教师在课堂上能够自由地呼吸！如果不能造就这样的教学气氛，那么任何一种教育方法都不可能发挥其作用"。因此，教师在教学中，要转变角色，要放下威严，要由知识的传授者转化为学生学习的促进者，由管理者转化为引导者，由居高临下转变为平等中的首席；要尊重学生，让学生感到自己是课堂的主人，老师和自己一样平等，营造出一种教学互动、教学相长的氛围，这样学生的心情才能舒畅，学习的积极性与主动性才能调动起来，学生的个性与潜能才能得到张扬。

（二）要求教师"因人施教"

学生是有个体差异的，表现在自学上就是理解能力有差异、能否找到知识的关键所在、是否会总结等。对于同样的问题，有的学生学得又快又容易，而有的学生却摸不着头脑。这就需要教师根据不同的学生提出不同的自学问题和自学要求。就学生的能力发展来看，培养学生的自主学习能力要由易到难，由扶到放，要教学生学会学习。教师对学习的指导是培养学生的自学能力的关键。

自学能力是不断培养的。在孩子的学习过程中，每一位老师都应该培养学生的自学能力。学习中，教师要多鼓励、多表扬，让学生体会到自学的成就感，感受到来自教师、同学的荣誉感。自主学习的习惯不是一朝一夕就可以养成的，教师必须要经常性通过合理、有效的练习活动来强化，并要适时检查学生自主学习效果。

（三）学生需求"因人而异"

自主学习需要课堂教学改变传统、单一的评价方式，采取多元化的评价手段。把学生在教学活动中是否真正发挥主动性、积极性作为重要的评价标准和内容。重视学生的学习态度、学习方法、创造性、能力等素质方面的评价，只有这样，才能给学生创设一种有利于自主学习能力发展的氛围。

自主学习要求学生充分了解自己的客观条件并进行综合评估。明确学习的最终目标，学生依据它确定具体学习目标，因为有目的学习比没有目的的学习效果好得多。学生要善于拓宽信息渠道，掌握获取信息的技能，以便在选择学习内容、学习材料等方面具备更高的自由度。学生要与教师或其他学生共同探讨学习方法、交流学习体会、交流学习材料，并在必要的情况下相互帮助。学生要善于与他人交流情感、偏好，并在必要的情况下寻求适当的帮助。

第五章

自主活动，增强了学生自主发展的创造力

人的自主活动是人的主体性的表现，是人主体性的活动。人的活动是创造活动，是施展个人聪明才智的活动。自主活动又要求每个人将自己的才能总和发挥出来。学校的自主教育活动，是指学生在遵循一定规则的前提下，自觉主动地进行自我教育的一种过程性行为。通过自主教育活动更能充分发掘学生发展的创造力。

第一节　自主活动概述

自主活动是在一定教育规则和制度前提下，学生自觉主动对自己开展教育活动，因此，也叫自主教育活动。

一、自主活动的含义

马克思主义认为，人具有自主活动的本质。人的活动是向外和向内两方面展开的追求自由的活动：向外——对外界自然的认识和改造，达到对客观规律的驾驭；向内——对自身的认识和提高，实现内心和谐的追求。人的智慧和创造力像江河奔流不竭的源头，它是人的自主活动所激发出来的。

教育活动有广义与狭义之分。教育本身就是一种活动，不论广义与狭义，其宗旨都是进行人的培养和训练。广义的教育活动泛指影响人的身心发展的各种教育活动，狭义的教育活动主要指学校教育活动。学校教育活动有各种差别。从形式看，有教学活动、课外活动、实践活动；从活动主体看，有管理者的活动、教师的活动、学生的活动。

二、自主活动的特点

人的自主活动具有对自由自觉追求的特点。人对理想的追求也是对自由的追求，它是在人的创造活动中实现的。所以，人的自主活动具有理想的性质。人的自主活动就这样经过改革一个又一个梯级地走向自由自觉。

人的自主活动是社会性的。人的自主活动是在实践中展开的，孤立的人、单个的人无力跟自然界抗争，必定要结成集体——个人联合的社会形式，因而人的自主活动是社会性的。

教育活动的主体是学生本人。区别于其他教育活动，活动的预设、制定计划、教育活动的实施、教育活动的检查反馈都是以学生为主体。

这里的自主，并不是指完全的自己做主，自己想干什么就干什么，而需要在一定的规则前提下进行的以自我为中心的一种教育形式。自主教育活动强调认知、动机和行为的有机协调统一，是一种自我定向的螺旋式上升形式。

三、自主活动的原则

（一）预案先导性

教育本身应该有一个未卜先知的过程，不能等到问题来了才想要解决。这首先要求我们对教育诸现象有一定的预见性，未雨绸缪。自主教育活动开展必须有一定的计划和活动方案。在活动开展之前应该根据活动的要求，对场地、时间、人员、程序、活动效果等要有一定的预设，制定详尽的活动方案。

（二）自觉参与性

学生是学习的主体，是具有主观能动性和独特个性的人，在教育过程中不是被动地接受"塑造"，而是以能动主体的身份参与自我发展的过程。"授人以鱼，不如授人以渔"，这句话也从侧面说明了学生只有自己掌握学习的方法才是真正的理解，只有学生摆正自己在学习中的位置，能够认识到自己的主体性地位。学生自主教育活动的主导者、参与者、组织者、管理者的主体都是学生自己，因此整个教育活动都需要学生的自觉积极主动的参与。需要明确教育活动的目的性，强化学生的活动动机；提高学生的参与性，还需要发掘形式多样新颖，符合学生发展需求的教育活动；提高学生的自觉参与性，需要在活动中鼓励学生积极探索，不怕犯错。

（三）过程指导性

学生自主教育活动的主体虽然是学生本身，但是作为学生，在年龄和社会实践等方面的缺陷，使之在教育活动开展的过程中必然会存在或多或少的一些问题。针对此情况，为尽量避免在活动中出现过多的问题和偏差，这就需要在自主教育活动中必须有教师进行指导。从计划的制定、条件的准备、过程的组织管理、活动的小结等各个过程，都需要老师的指导，这也能帮助学生在自主教育活动中更快更好的提高能力。

四、自主活动的要求

（一）有明确的目的和计划

组织教育活动必须从全面贯彻教育目的出发，对中学生教育的具体目标要求，目标的确定要明确、具体。

自主活动是以学生为主体，进行活动的设计、实施，突出学生的主体性，教师在旁边的保驾护航，适当的引导、调整、管理，保证了活动目标的明确性和可实施性。

（二）重活动的内容与形式

要使学生自愿参加课外活动，就要使活动本身具有吸引力。吸引力来自活动内容的丰富多彩和组织形式的变化多样，能符合学生的各种兴趣和需要。

可以通过不同层面、不同部门组织各种形式的活动，如学校层面的文化艺术节、科技节、体育节、读书节、升旗仪式、入团仪式等；年级组层面的特色班集体建设、综合实践活动、外出体验活动、毕业典礼、励志讲座、拔河比赛等；班级层面的主题班会、才艺展示等。

（三）促学生的参与和创造

教育活动是学生的自主性活动，因此，要充分依靠和发挥学生的积极性、自主性和主动性。当学生能够在活动中体会到自己的主体地位，那么自然能够在活动设计中更加的积极、理智、有针对性。

学生在活动中体会到来自教师和同学的信任和期望时，总能够自觉主动地参与到活动中，明白活动的实效性，对活动的目的、形式都发自内心接受时，学生就自然而然地沉浸于活动之中。无论是从活动目标的确定、活动形式的选择、活动计划的制定，还是从实际活动开展中的参与、感受、体验，或者对活动的总结，成功经验的积累、失败经历的积淀，学生都能更加积极主动的参与其中，在自我积累中不断成长。

第二节　自主活动的实施

自主活动的实施和开展是体现学校自主合作文化的重要途径，通过不同的活动组织机制、多样的活动形式、丰富的活动内容，充分发掘学生的自主教育能力。

一、自主活动的组织机制

（一）学生处

学生处是全面负责学生思想政治教育、行为规范管理、助学解困、心理健康教育的职能部门。学生处负责全校层级的各类自主教育活动，从学校层面出发，从学生全面发展的角度，根据学生年龄发展特征，制定切合学生实际需求的发展目标的规划，形成阶段性、阶梯性发展目标体系，并根据目标体系组织学生开展教育活动。

（二）学生会

学生会是学生"自我教育、自我管理、自我服务、自我约束"的主体性组织，是学校自主教育活动的关键部门之一。

作为在校党党委和校团委领导下的青年学生群众组织，是教育的重要组成部分，它的作用就是遵循和贯彻党的教育方针，组织同学开展学习、科技、文体、社会实践等多项活动，促进同学全面发展；维护校纪校规，倡导良好的校风、学风，促进同学之间，同学与教师之间的团结，协助建设良好的教学秩序和学习生活环境；协助解决同学在学习和生活中遇到的实际问题；沟通学校党政部门与广大同学的联系，通过各种正常渠道，反映同学的建议、意见和要求，参与涉及事务的民主管理和协调，维护同学的合法权益和正当权益。因此，学生会的工作不仅能使学生通过工作实践逐步锻炼和培养各方面的能力，更主要的是在学校的教育和管理中，学生会组织能够通过自己的努力工作，在学校与学生之间起到桥梁和纽带作用。

校学生会由主席团、宣传部、学习部、体育部、志愿部、文娱部、纪检部等部门组成，通过组织学生代表大会、学生会干部竞选、志愿活动组织参与、爱心义卖活动、文明卫士、演讲赛、十佳歌手大赛、自律自检等各式各类活动的开展，实现学生自我教育、自我成长的目的。

（三）年级组

加强年级组管理，设德育年级组长，年级组在学校管理中发挥着重要作用，是学校管理中的基层行政单位。年级组的职责权限不再局限于上情下达和对基层教师的协调，而是已经成为实际的第二层学校行政管理组织。由于年级组的管理幅度较小，对教师业务的规范与监督、对教师的评价与调动的力度得以增大，学校的管理决策可以通过年级组迅速落实，既有利于学校管理上情下达，又有利于学校管理下情上达。任课教师和班主任的管理属于双线管理。

根据不同年级特色，开展具有针对性的自主教育活动。如，根据我校高一年级学生的身心特征、学习状况及学业发展要求，在高一年级开展自我教育三项竞赛评比活动。由班级代表共同商议，制定评比方案、确定评分细则、组织自查自评、阶段小结表彰等。

（四）社团组织

以"为了学生的自主发展"为宗旨，以社团活动为载体，培养学生的自主管理能力和创新实践能力，丰富校园课余文化生活，激发学生学习兴趣，促进学生多元化发展，形成有利于促进学生健康成长的校园特色文化，为学生的全面自主发展打下扎实的基础。坚持"自我管理、自我服务、自我提升"的活动宗旨，学生社团在校团委的统一领导下，以鼓励引导和学生自主选择相结合为原则开展工作。学生原则上可根据自己的兴趣、爱好和需要，自愿地选择活动项目，但限于场地设施等客观因素，学校和指导老师会根据报名情况进行适当的活动调整和人数控制。我校根据学生实际情况，开设有艺术类、体育类、语言类、技术操作类等四大类社团。经过多年的实践探索，我校建立了一套自主管理制度，这套制度保障了社团组织的活动能有序开展并取得了相应的成就。如，学校合唱社连续三年获得市合唱赛金奖，并被评为市首届优秀社团；学校定向社在省中学生定向赛中取得非常优异成绩，多人次和团体获得冠亚军。

附：海宁市南苑中学学生社团组织章程（摘要）

海宁市南苑中学学生社团组织章程（摘要）

第一章（略）

第二章　社团的成立、登记和解散

第四条　成立学生社团必须具备下列条件：

1. 有明确的章程，社团章程应包括社团的名称、简称、宗旨、主要任务、活动内容、组织机构及其他需要说明的事项；

2. 有完善的组织机构和确定的负责人；

3. 有具体活动项目；

4. 有一定数量的会员（不少于30人）；

5. 具备开展社团活动所需的基本条件；

6. 有指导教师及其意见。

第五条　社团的登记：

1. 成立新社团需发起人向校社团管理委员会申请登记，同时向校社团管理委员会提供以下书面材料：

（1）社团章程草案；

（2）社团发起成员名单及基本情况介绍；

（3）社团的指导教师意见；

（4）社团管理委员会或申请人认为须特殊说明的情况。

2. 上述材料经审查合格后，由社团发起人负责填写《社团登记表》一式三份（一份存社团管理部门，一份社团自留，一份报校团委备案）。登记表经盖章批准后，社团即正式成立。

3. 社团宗旨及活动内容基本相同的社团原则上只批准成立一个（设立分会的社团除外）。

4. 社团应尽快以公告或其他形式宣布成立。

第六条　登记成立的社团要进行学期注册：

1. 所有学生社团每学期开学后两周内必须在校社团管理委员会重新登记注册，并报校团委备案。经登记后方可继续进行活动。注册时须向校社团管理委员会提供以下书面材料：

（1）上一学期社团的工作总结；

（2）社团的变更情况；

（3）社团本学期工作计划；

（4）社团的指导教师意见；

（5）其他认为需说明的事项。

2. 上述材料经审查合格后，由社团负责人填写《社团注册表》一式两份（校社团管理委员会、社团各执一份）。

3. 学期开学一个月内不进行注册的社团，以自行解散论处。

第七条　社团的解散：

1. 社团出现以下情况之一者，校社团管理委员会予以解散该社团：

（1）连续 10 周未进行正常活动，机构瘫痪者；

（2）无正式负责人或管理混乱者；

（3）不服从管理，情节严重者；

（4）每学期开学一个月内不进行社团注册者；

（5）出现其他应予解散情形者。

2. 社团解散时，应及时向校社团管理委员会申请注销。

3. 社团解散后，任何单位或个人不得再以该社团名义开展活动。

第三章　社团的组织机构和负责人

第八条　各社团的最高权力机关为会员大会或会员代表大会。

第九条　人数较少的社团采用社长负责制，设会长一人、副会长若干人；人数较多的社团可设相对独立分支机构采用社长—部长负责制，下设各部部长一人，副部长若干人。社长（副社长）均由会员大会或会员代表大会选举产生，部长可由社长任命，副部长可由部长任命，并报院校社团管理委员会批准。

第十条　社团负责人职责包括：统筹规划本社团工作，具体领导实施较大规模的活动，向本社团会员传达上级管理部门的指示，参加校社团管理委员会的会议，培养社团后备力量等。

第十一条　社团负责人是学生干部的组成部分，按学生干部的条件配备并参加优秀学生干部评选。

第四章　社团的会员

第十二条　凡我校在籍住校学生，品行端正，承认某社团章程者，均可自愿申请加入该学生社团。原则上一人只能参加一个学生社团。

第十三条　社团会员具有参与民主管理社团的权力和参加社团组织活动的权力。

第十四条　社团会员有遵守宪法、法律和校规校纪的义务，有遵守社团章程和社团管理制度的义务。

第十五条　社团会员参与社团活动率达 70%，有资格被评选社团内部优秀会员；社团会员参与社团活动率达 80%，有资格被评选校社团优秀会员；社团会员参与社团活动率达 80%，且表现积极者，经本人申报，可由该社团指导教师和社长推荐为校优秀学生（社团活动方面）。社团会员参与社团活动低于 50%，视为自动退出社团处理。

第五章　社团的管理制度

第十六条　社团应制定《会员管理制度》，必须有社团活动记录簿、社团会员名册和社团会员出勤记录。

第十七条　社团应制定《社团发展规划》，有义务制定社团及会员发展目标和计划，并按计划实施，接受校社团管理委员会阶段检查。

第十八条　社团经校社团管理委员会批准，可以刻名章，名章由校社团管理委员会负责刻制，只限于校内使用，需对校外联系时，必须使用校团委印章。

第十九条　社团的指导教师：指导教师应是学校的正式教职工。指导教师应熟悉社团的活动内容并能胜任对其工作的指导，对社团会员进行业务培训，对社团主要活动进行可行性、安全性的论证。

第二十条　社团的顾问：社团根据活动需要可在校内、校外聘请若干政策水平高、学术造诣深或某些方面有专长，关心学生活动的有关人士担任社团的顾问。社团顾问的职责是在社团登记的宗旨范围内对社团的活动进行指导和帮助。

第六章　社团的活动

第二十一条　社团活动以小型多样为主，每次活动有记录，每学期至少应有 1 次面向全校学生的活动。

第二十二条　社团出版刊物、与校外团体、单位、个人的联合活动、面向社会开展活动或聘请校外人员参加活动、举行有关学校秩序的重大活动等，需提前两周向校社团管理委员会汇报并得到批准，社团及其成员不得以社团名义从事商业活动。

第二十三条　社团活动安排在学校规定时间进行，不得影响正常教学。

（五）班级

班级是学校教育的基础组织，也是学生自主教育活动的基本活动场所和基地。在班级管理中，必须建立以学生为本的班级管理新机制。在班级管理中，只有确立学生的主体地位，才能从根本上解决班级管理中存在的问题。

1. 活动的目的

以学生的发展为班级活动目的，因为学生的发展是班级管理的核心。纪律、秩序、控制、服从是传统班级管理所追求的目标。在现代教育活动中，班级活动完全是培养人的实践活动，满足学生发展的需要既是班级活动的出发点，又是班级活动的最终归宿。班级管理的实质就是让学生的潜能得到尽可能地开发。

2. 活动的主体

以学生为班级活动的主体，因为发展学生的主体性是学校管理的宗旨。现代班级管理强调以学生为核心，尊重学生的人格和主体性，充分发挥学生的聪明才智，发扬学生在班级自我管理中的主人翁精神。建立一套能够持久地激发学生主动性、积极性的管理机制，可以确保学生持久的自主发展。

3. 管理的主人

以学生为班级管理的主人，有目的地训练学生进行班级管理的能力，要实行班级干部轮换制，让每个学生都有锻炼的机会，并学会与人合作。以训练学生自我管理能力为主的班级管理制度改革的重点是：把以教师为中心的班级教育活动转变为学生的自我教育，即把班集体作为学生自我教育的主体。具体的做法包括：适当增加"小干部"岗位，并适当轮换；按照民主程序选举班干部；引导学生干部做"学生的代表"；引导学生"小干部"做好合格的班级小主人。

（六）小组

通过对班级分小组，组内合作，组间竞争，增加学生活动的趣味性，提高教育活动的实效性。在班级活动，充分发挥学生参与活动的积极性，提高活动动机。班级小组可以有很多组织形式，大多班级是以学习小组的形式出现，小组的组建、运行、管理、评价等都是以学业成绩为主要依据的。

学校非常重视班级小组建设，并充分发挥小组的团体动力的教育功能，建立的教育内容更为丰富的合作小组。遵循"同质结对，异质编组，组间平行"的基本编组原则，根据学生各自不同的学业成绩、心理特征、性格特点、兴趣爱好、学习能力、家庭情况等方面组成能力相当的合作小组，一般以异质为主，使小组成员之间具有一定的互补性和个性化。同时保持组与组之间的同质，以便促进组内合作与组间竞争。

建立合作小组，我校采取全优小组、纪律优胜、学习优胜、品德优胜、显著进步等项目评比的形式，每周一评比，每月一小结，每学期一总结，每学年一竞选，做到评比及时、公平、公开。评优贴近学生需求，打动学生的内心。

从小组的组建、组长的竞选、评比项目的设定、评比细则的制定、优胜奖励的设置等，班级学生自始至终积极参与，也取得显而易见的效果。

打破了原来单一的"插秧式"的授课方式，更能体现"以人为本"的理念；培养了学生之间的交流合作能力，小组合作学习的意义远远超出了学习的本身；培养了小集体的团结（队）精神；分组合作增加了学生展示的机会，增强了学生的自信心，特别是后进生参与课堂展示的机会更多了；有利于落实"兵教兵、兵练兵、兵强兵"的小对子帮扶工程；有利于实行分层次教学，教学中更注重了学生的个体差异；增强了学生自我管理的能力，更有利于班主任的管理。

二、自主活动内容

（一）特色班集体建设

班级特色文化具有一种无形的教育力量，它是学生受教育最直接、最主要的影响源之一，很大程度上影响和决定着学生素质的发展。构建特色班级，以良好的班风促进良好学风和校风的形成，有利于学校德育工作的顺利开展，有利于学生的全面发展和个性张扬。

附：南苑中学"特色班集体"创建活动指导意见（摘要）

南苑中学"特色班集体"创建活动指导意见（摘要）

班级特色文化具有一种无形的教育力量，它是学生受教育最直接、最主要的影响源之一，很大程度上决定和影响着学生素质的发展。构建特色班级，以良好的班风促进良好学风和校风形成，有利于学校德育工作的顺利开展，有利于学生的全面发展和个性张扬。

一、指导思想（略）

二、创建目标

围绕学校"一切为了人的自主发展"的办学宗旨，通过个性化的特色班级建设，以及富有特色的班级活动的开展，形成生机勃勃、灵活且具有创新精神的班级特色和良好的班风，更大程度地发掘学生各方面的才能，使学生的个性与潜能在和谐的班级文化中获得充分发展，促使他们综合素质的提高，从而全面提高学校办学品味和管理水平。

三、建设内容

1. 班干部作风建设

打造一支特别能奉献、特别能吃苦、特别能合作、特别能干事的班干部队伍是取得创建成功的关键。加强班干部"榜样意识、服务意识、协作意识、创新意识"四方面的建设。

展示形式：定期召开班干部例会。

2. 主题教育活动

主题教育活动的时间就是每周的班会时间，通过丰富多彩的主题班会，使同学们对建设特色班级提出好的建议及看法，加强班级凝聚力与创造力。

展示的形式：定期开展丰富多彩的主题班会。

3. 阅读文化建设

抓好班级阅读建设，以主题化阅读、经典化阅读为主要领域，从而树立学生"好读书、读好书"的意识。以班级阅读、网络阅读、读书交流会等多种形式激发学生阅读的兴趣。

展示形式：组织一次主题为"阅读交流"的现场研讨活动。每月开展班级读书会；写读书日记，定期交流评比；制作读书小报，分享读书体验。

4. 阳光体艺建设

一要充分发掘班上有特长的学生，开发他们在音乐、舞蹈、美术、劳技等方面的特长。通过放大特长这一途径，从而提高学生艺术素养和个性发展。二是开展以体育运动为主的各种比赛。通过比赛途径，丰富学生课余文化生活，使班级凝聚力有新的突破。

展示形式：学校和班级举办的各类活动。

5. 班级环境建设

教室环境的布置要有技巧性和艺术性，从"精品化、人文化"的高度，进一步着力设计、改造班级的显性和隐性环境，进行班级美化，从而让班级有"家"的温馨。同时制定班级建设规划，努力形成班级精神和班级特色，形成良好的班风和鲜明的班级特色。

展示形式：班级环境布置。

6. 人生规划教育

梳理出适合自己今后发展的方向，对今后人生进行大致定位。努力做到：

我的学业我规划、我的世界我掌握、我的定位我努力、我的规划我落实、我的梦想我实现。

展示形式：人生生涯规划。

7. 学习型班级建设

每位班级成员通过有效的团队学习不断突破自己能力的上限，共同创造实现理想的良好环境和班级氛围，在日常学习、生活中善于获取、提炼、创造各方面有益知识，并以这些新知识、新见解、新理念为指导，不断修正自己行为，通过个人自主学习和团队合作学习，进而努力实现班级共同愿景。

展示形式：各类学科竞赛。

8. 文明礼仪建设

将文明礼仪教育纳入特色班级创建的总体规划，认真学习和借鉴文明礼仪教育的成功经验，结合本班实际，明确文明礼仪教育目标。通过特色班级创建，使文明礼仪教育内化为每个班级成员的内在品质。

展示形式：日常文明礼仪。

四、阶段安排：

第一阶段：深入学习，提高认识。

1. 全班共同学习特色班级创建工作的意义和作用，提高对创建活动的认识。

2. 组织召开主题班会，做好宣传发动工作。

第二阶段：找准定位，制定规划。

1. 根据各自班级特点，明确班级定位。找准特色班级创建的切入点，以点带面，开展创建工作。

2. 制定特色班级创建规划。特色班级创建规划的主要内容应包括：班级建设总目标、学期或学年阶段性目标以及实现目标的主要措施和责任人。

第三阶段：深入创建，及时整改。

1. 深入开展创建工作，创建工作不能流于形式，需深入挖掘各类创建活动的教育意义，在潜移默化中使班级特色成为每个班级成员的特质。

2. 班级自查与整改。定期召开班委会议，研究分析本班特色班级创建工作中存在的突出问题，提出整改措施，集中整改。

3. 个人自查与整改。定期让学生结合自身实际，查找在学习、综合素质、日常行为等方面存在的不足，提出整改措施，并形成书面材料。

第四阶段：总结经验，成果展示。

1. 从不同层面对班级创建工作进行经验总结，总结班级创建工作的成功经验，查找不足。让每个学生结合自身实际，总结自身在特色班级创建活动中为班级做出了哪些贡献，还存在哪些不足以及今后努力的方向。

2. 召开主题班会。进行班级创建工作总结和同学之间的相互交流。

特色班级创建是一项长期的任务，不可能一蹴而就，更不能毕其功于一役，需要长期不懈的坚持。要本着立足当前、放远未来的原则，循序渐进地推进特色班级建设工作，不断发掘班级各方面特色，总结经验，把握规律，进而呈现出百花齐放、百家争鸣的态势。

（二）综合实践活动

综合实践活动的产生既适应了学生个性发展的需要，又适应了社会发展的需求。每一个学生的个性发展都具有独特性、具体性，每一个学生都有自己的需要、兴趣和特长，都有自己的认知方式和学习方式，综合实践活动为每一个学生个性的充分发展创造了空间。

初中阶段学生身心发展基本成熟，可塑性强，正处于是人生道路中第二次性格定型期。他们具有一定的抽象思维能力，思维活跃，具有强烈的探究欲望；他们的生活空间不断扩大，对人生、对社会、对自我形成了初步认识。初中阶段是培养有责任感的生活、有创意的生活、有个性的生活方式的关键阶段，是人生观教育、价值观教育和思想品德教育的关键阶段。初中生不满足于单纯书本知识的学习，具有参与社会生活的愿望。拓展初中教学活动空间和活动内容，引导他们在生活中学习，在实践中学习，在应用中学习，主动地参与社会生活，并服务于社会，成为初中阶段学生身心发展的客观要求。因此，加强培养初中学生的综合素质是我国国情和社会发展的客观要求。初中教育必须全面实施素质教育，克服片面的书本教育的弊端，引导初中生开展综合实践活动，培养他们的综合实践能力、创新精神和探究能力以及社会责任感，以适应社会发展的客观要求和初中学生终身学习的需要。

综合实践活动基于学生的直接经验，密切联系学生自身生活和社会生活，是各学科的延伸、体现对知识的综合运用的实践性课程，它是培养学生情感、态度、个人品质的活动平台，能够缓解师生矛盾，改变校园氛围，弥补管理不足，寓德教于活动中，使学生乐学、想学，激发其求知欲，将学生主观能动性发挥到各学科中去。在新的基础教育课程体系中，综合实践活动具有自己独特的功能和价值。与其他课程相比，综合实践活动具有如下特性：

1. 实践性

综合实践活动以开展活动为主要形式，强调学生的亲身经历，要求学生积极参与到各项活动中去，在"做""考察""实验""探究""设计""创作""想象""反思""体验"等一系列活动中发现和解决问题、体验和感受生活，发展实践能力和创新能力。

2. 开放性

综合实践活动面向每一个学生的个性发展，尊重每一个学生发展的特殊需要，其课程目标具有开放性。综合实践活动面向学生的整个生活世界，其课程内容具有开放性。综合实践活动强调富有个性的学习活动过程，关注学生在这一过程中获得的丰富多彩的学习体验和个性化的创造性表现，其学习活动方式与活动过程、评价与结果均具有开放性。

3. 自主性

综合实践活动尊重学生的兴趣、爱好，注重发挥学生的自主性。学生自己选择学习的目标、内容、方式及指导教师，自己决定活动结果呈现的形式，指导教师只对其进行必要的指导，不包揽学生的活动。

4. 生成性

综合实践活动是由师生双方在其活动展开过程中逐步建构生成的课程，而非根据预定目标预先设计的课程。随着实践活动的不断展开，学生的认识和体验不断深化，创造性的火花不断迸发，新的活动目标和活动主题将不断生成，综合实践活动的课程形态随之不断完善。因此，综合实践课程的目标和主题是动态的，目的是唯一的。

我校2016年八年级亲水小队所做的吹响人水和谐的集结号——潮乡水资源调查报告，小组成员通过共同商议，设目标、订方案、分任务、下实地、做调查、查资料、做小结、结成果，小组成员一起经历这一个个环节，从中收获颇多。

（三）艺术文化活动

学校开展形式多样的文化活动，经过多年的实践探索，逐步形成由全体师生共同参与的文化艺术节、科技节及读书节三大艺术文化节。

1. 文化艺术节

校园文化艺术节是学校文化建设的重要载体。各种内容丰富、主题突出、各具特色的校园文化活动的开展，有利于提升学生的艺术素养及综合素质，进一步发挥文艺在校园文化建设中的积极作用，在校园和谐的基础上，推进"名校"建设目标。文化艺术节也是我校传统优势节目，截至目前，我校共举行了十七届校园文化艺术节。每届活动，都以先进文化为引领，以育人为宗旨，以校风学风为核心，以优化育人环境为重点，以树立正确的世界观、人生观、价值观为导向，以各种校园文化活动为载体，弘扬人文精神，进一步为学生提供更多展现自我才华和提高自身素质的空间，推动和加强校园精神文明建设，全面促进学生成长、成才。正是通过一次次的展示、探索、改进，我校的文化艺术节也在一次次的进步中，如2018年第十七届文化艺术节的主题为"传承·凝聚·奋进"，它凝练出了本届活动的魂，在"自主合作"核心思想文化的引领下，形成一种传承文化开拓创新、凝聚精神团结合作、追求进步永无止境的积极向上的南中精神。

2. 读书节

读书节活动可以营造爱看书、看好书的校园氛围，也可以帮助学生养成良好的读书习惯，开阔视野，增长知识，形成良好的品质。如2017年读书节以"与经典同行，与名著为伴"为主题，旨在通过经典著作推荐、读书成果展示交流、手抄报评比、读书报告会、演讲赛等形式，使学生在实践中把对传统经典的学习领悟和自身专业特色结合起来，丰富了阅读的内容。经过探索实践，在全校营造出继承弘扬中华传统，传承千年文明的氛围，为创建书香校园，培养学生阅读习惯提供良好的基础，为学生的成长提供了强大的精神动力。

3. 科技节

科技节是推进素质教育的实施，塑造先进的校园文化有效途径。同时也能为学生提供展示个性的平台，丰富学生的课余生活，锻炼学生双手的灵活性，培养学生的耐心和细心的习惯。我校连续举办十届科技节，提高学校科技教育的质量，促进学生的全面发展，为学生一生的发展奠定基础。2018年第十届科技节以"自主 合作 创新 成长"思想为指导，培养学生自主合作精神，探索创新，坚持成长。节中开展的活动内容丰富，突出活动主题，融科技、文化、思想性和艺术性于一体，能充分展现我校学生的风采。

（四）志愿服务活动

由校团委、学生会组织学生积极参加各类志愿者活动。学生会倡导、发布活动，学生自主报名、参与志愿活动，并在活动中拼出志愿活动积极活动。运动会志愿者活动、文明卫士、失物招领、文明就餐、重大活动的志愿活动。

青年志愿者组织是共青团手臂的延伸，是青年志愿者行动一切工作和战斗力的基础。自上一届校青年志愿者协会改选以来，规范和加强了青年志愿者协会的组织和制度建设，并不断加强青年志愿者干部队伍建设，在一定程度上提高了工作效率和工作质量，也进一步完善了青年志愿者行动体系，现已经初步形成了自上而下的志愿服务体系，即以校青年志愿者协会为指导中心，以各年级为依托，以青年志愿者行动项目为纽带的自愿服务体系。

在校园内，我们致力于宣扬"奉献友爱"精神，倡导共建良好的校风、学风，培养我校学生的公民意识、奉献精神和服务能力，促进我校学生的健康成长。开展了诸如学雷锋、校园卫生环保、为图书馆义务工作、救助贫困学生等大量志愿服务活动。同时，积极推进青年志愿者行动的项目化建设，虽然还很不成熟，但已取得一些成绩。

青年志愿者协会在全校、全社会大力倡导"奉献、友爱、互助、进步"的青年志愿者精神，为青年志愿者提供了"奉献爱心、锻炼自我、完善自我"的平台，同时也为学校的发展和社会进步做出了一定的贡献。

我校确定了以"立足校园、服务社会"为指导思想的工作思路，以"做实事、办好事、弘正气"为我们志愿者服务的宗旨。

（五）文化体育活动

学生参加各种文体活动。全体学生参与的跑操运动、校级运动会，新生杯篮球赛及足球赛。

每年一届的校运会，作为学校教育教学工作的一个组成部分，不仅在学校的体育工作，而且在学校的德育工作中也发挥着巨大的作用。不仅锻炼了学生身心，活跃了校园气氛，而且增强了学生的集体观念，培养了学生团结合作的精神，促进了学生终身体育观的形成。体育与健康课程以促进学生身体、心理和社会适应能力整体健康水平的提高为目标，作为体育与健康课程中的一项重要活动——学生体育运动会，也应该使学生在和谐、平等、友爱的运动环境中感受到集体的温暖和情感的愉悦；在经历挫折和克服困难的过程中，提高战胜挫折能力和情绪调节能力，培养坚强的意志品质；在不断体验进步或成功的过程中，增强自尊心和自信心，培养创新精神和创造能力，形成积极向上、乐观开朗的生活态度，形成现代社会所必需的合作与竞争意识，学会尊重他人和关心他人，培养良好的体育道德和集体主义精神。如何通过学生体育运动会的开展，满足学生真正的需要，让每个学生都能够从中受益，以促进全面发展的社会主义新人的成长，还有许许多多的课题值得大家探讨。我们有理由相信，随着新课程标准的实施，随着教育教学改革的不断深入，我校体育运动会将越来越显示其价值，发挥其作用。

拔河比赛培养了团队精神和坚韧的品质。团队的协作，合理的人员匹配，合理的人员站位，啦啦队为团队的荣誉而呐喊助威，为团队的荣誉而欢欣鼓舞，为团队的荣誉而相互依靠，为团队的荣誉而相互欢庆，团队的力量远远大于个人的力量，个人的力量凝聚形成了无穷的团队力量。同学们感受着因自己的努力而获得的团队荣誉和骄傲，精神振奋。

（六）仪式体验活动

仪式是德育的一种重要手段，仪式的氛围是学生人生的重要体验。创新仪式活动内容，让仪式教育活动与时俱进，注重学生全程参与，突出体验育人，增强仪式育人的实效性，是仪式体验活动的着力点。作为课堂教育的延伸和扩展，仪式包含独特的文化意蕴，具有丰富的教育意义，对学生的思想观念、价值追求、行为方式都有启迪、引导和教育的作用，它是学生品德培养和人格塑造的有效路径。

升旗仪式、离队入团仪式、十八岁成人仪式、九年级以及高三毕业仪式等，对于过来人来说，也许已经难有刺激，可是，对于初体验的学生来说，却是生命中一段非常重要的经历。仪式的隆重、正式，典礼的热烈、典雅，会深深地留在脑海中，对其心灵起着深刻、持久、潜移默化的感染效应。同时仪式的设计和策划，仪式的内容安排，绝不是仪式本身短暂过程的时间流逝，而是学校文化的集中体现。每一个环节都需要精心策划，每一个细节都需要周密考虑。因此，我校把它作为文化的一项内容，突出南苑中学的文化韵味。

近年来，我校越来越重视中学生的仪式化教育。力求将离队入团仪式、十八岁成人仪式、九年级以及高三毕业仪式做规范、做出特色、做出实效，切实推动学生的自主成长。

1. 离队入团仪式

我校离队入团仪式，安排在每年 5 月 4 日这个特殊的日子举行。

伴随着嘹亮的国歌声，入团仪式正式开始。主持人首先讲解举行入团仪式的意义，并宣读新团员名单。出席活动的师长们为新团员代表取下红领巾、佩戴上团徽、颁发团员证。随后，全体新团员在领誓人的带领下面向团旗庄严宣誓，入团介绍人代表宣读《团章》中有关团员义务和权利的条款。"团徽是一个代表共青团的徽章，它不是一个普通的装饰品，也不是一般的纪念章，而是共青团员肩负重任的标志。共青团给团员颁发团徽，是对每位团员的信任，也对团员做出了要求。我们相信并要求每个团员，努力学习，积极向上，充分发挥团员模范带头作用，我们每个团员从佩戴上团徽的这一刻起，就要认清自己肩负的责任，努力履行团员义务，用实际行动来表明自己无愧于共青团员这个光荣的称号。"《团章》中规定：新团员必须在代表着团组织的团旗下，举行一次严肃、庄严而富有教育意义的入团宣誓仪式。新团员应该通过这个仪式将自己的入团誓词牢记在心，并以此激励自己作为一名共青团员的荣誉感和责任感。作为一名中学生能积极申请入团，并被批准入团，是每位同学一生中的一件大事和人生不可缺少的一个亮点，标志着他的理想信念进入了一个新的起点，希望每位同学今后继续努力，时刻牢记今天的入团宣誓，严格要求自己，好好学习，积极向上，特别是现在这个时刻，应该排除纷扰，全心全意努力学习，为自己的人生迈好每一步；在学校外，要积极争做一个优秀的公民，通过自己的不断努力，造就成为社会的有用之才。

2. 十八岁成人礼

十八岁成人礼，古称"冠礼"。华夏文化是礼仪的文化，而冠礼是华夏礼仪的起点。冠礼之后是学习和践行华夏礼仪的开始，一个孩童，经过冠礼的教育和启发，能获得新的思想导引和行为规约，在冠礼中真正体会到自身的责任和担当。以一个成人的行为来衡量自己，学着去做一个社会性的人，即既要拥有独立的自体意识，更要拥有属于大局的集体意识。这样才能是一个成熟的人，对自己负责、对他人负责、对社会负责，才能在新的平台上以新的状态面对新的生活，接受挑战且越战越勇。在学生十八岁时举办成人礼，具有多重意义。十八岁正好是树立自己人生观、价值观、社会观的关键时刻，此时的成人礼上加载的社会责任、自我承担意识，能够给学子们指明一个前行的方向。前行的路有君子礼仪规范指导，避免学生误入歧途。让学生进入社会后严格要求自己，努力实现自身的价值。我校 2016 年以"青春 感恩 责任 理想"为活动主题，2017 年以"成长 感恩 责任 奋斗"为活动主题，这都吻合南中学子成长和自主的意义。

3. 毕业典礼

毕业典礼是对学生进行集体教育、仪式教育中的重要一课。我校一直努力把学生的毕业典礼办成是洗涤学生心灵、升华师生情感、升华同学之谊、增进学生对母校的情感的重要一课。最近几年我校对毕业典礼的形式和议程不断创新，去掉那些呆板、陈旧而无教育效果的环节，通过不断改进，效果越来越好，在师生中取得了不错的反响，得到全体师生的一致好评。毕业是中学的结束，但也是人生另一场奋斗的起点，学生又回到的原点，在奋斗的原点一步领先就会步步领先。毕业典礼主题的选择更是寓意深长，贴近时代潮流。经过几年的探索和实践，我校的毕业典礼基本包括以下三个环节：

第一环节：忆师恩。师生同台演出、对话，回忆三年中的酸甜苦辣。学生代表献花，感谢师恩，全体高三、九年级班主任接受学生最诚挚的祝福，学生把美丽的鲜花献给可敬可爱的老师。毕业班的学生代表手捧鲜花，送给陪伴他们走过三年风雨，对他们不离不弃的老师们。一束美丽的鲜花，一个深情的拥抱，感谢老师们三年的付出，感谢老师们在自己孤单、动摇时的陪伴和鼓励。此时的同学是幸福的，因为有无私奉献的老师陪伴；此时的老师们是幸福的，因为有懂事热情的学子陪伴。此时每一个人都是幸福的，因为大家曾经齐心协力共同拼搏、一起成长。

在每年的毕业典礼上，师生同台演出节目，互送祝福。这一环节也是每年毕业典礼的重要章节。节目虽然简单却不失隆重，话语虽然朴实却不失真情。以我校2018届毕业典礼为例，毕业典礼在庄严的国歌声中拉开帷幕，教师代表共同朗诵诗歌《妈妈》传达了对学生的期望和祝福。三年来，陪伴在学生左右的是我们敬爱的老师，老师为他们的成长付出了辛勤的汗水，倾注了真挚的情感。如今，他们将要踏上新的征程，老师也依然不忘对学生千叮咛万嘱咐。三年的高中生活，让他们从稚气走向成熟，从懵懂走向理性。一千多个日夜，洒下老师多少辛勤的汗水，留下了多少酸甜苦痛。此时此刻，面对即将告别生活了三年的菁菁校园，我想大家的心情一定难以平静。九年级学生代表全体毕业生发言，字里行间充满了对南中的留恋，充满了对老师的不舍，充满了对同学的难分。

第二环节：品友情。班级文化特色展示让我们再一次感受我们难忘的中学生活。难以忘记，我们走进南中的那一刻；难以忘记，驰骋操场的瞬间；更难以忘怀，那一张张熟悉的面孔以及三年中学生活的点点滴滴。一曲"南中之歌"唱出了南中的风采，唱出了对南中的依恋，唱响了南中的精神。

第三环节：共起航。校长寄语，寄托希望，颁发毕业证。在每年的毕业典礼上，校长带领全体毕业班师生一齐回首三年来师生们一起走过的路：有艰辛、有梦想、有拼搏、有成绩、有激情、有辉煌。大家从三年前我们有缘相聚于此开始回首三年来毕业生们的点点滴滴，撷取三年来毕业生们的优秀表现，三年来毕业生们给学校带来的荣誉，为学校创造的奇迹和辉煌。校长肯定学生从高一进校到毕业取得的各项骄人的成绩。学生在学校的酸甜苦辣一幕幕在学生的脑海里闪过，校长的话字字都落在了每位同学和老师的心中，自豪感在每个人心中油然而生。

毕业典礼是一个隆重的仪式，更是一种集体教育。典礼的主角毕业学子们，学会了感恩，更加珍惜自己所拥有的一切，带着来自同学、来自老师、来自母校的深深祝愿，踏上新的征程，不论他们走向哪里，身在何方，母校都是他们强有力的后盾。老师们也是收获了来自同学们的"爱"，收获了成功，体验到了来自教育最本源、最朴素的幸福。我校简约而不失庄重的毕业典礼，赋予南中"自主合作"特色文化内涵的每一次毕业典礼，终将成为所有学子和老师心灵的一次洗涤，情感的一次升华，成为师生人生长河中最难忘的一次次经历。

三、自主活动的形式

（一）展示活动

中学学生不缺乏能力，只是需要更多展示能力的平台，这也是培养学生自主教育能力的需求。学校根据学生的发展需求开展成长档案册展评、优秀作品展、班长论坛、南中大讲台等展示活动，由点到面为学生提供展示才能的平台。

1. 展评优秀《成长档案册》

为发挥学生自主评价作用，学校给每位学生建立《成长档案册》后，引导他们自主管理自己的《成长档案册》，定期开展"《成长档案册》展评"活动，可以让更多学生在相互学习，相互评价中加强自我教育。

2. 开展"学生大讲坛"

学校推出了"学生大讲坛"活动。通过学生自主申报，学校资格审查后，挖掘全校思想"优等生"中的精英，进行培训指导，建立"学生大讲坛"人才库——让他们每周轮流进入直播室，围绕一些主题向全校同学进行宣讲。"南中大讲坛"充分展示思想"优等生"的风采，这不仅使他们自己有"成就感"，而且，也产生"我是榜样"的心理暗示，从而达到自我教育的作用。同时，这还在学生间产生"偶像效应"，使全校学生向榜样看齐，完善自我，提升自我，尽情发挥了同伴教育的作用。

3. 举办"班长论坛"

各班班长是一个班中学生的"领头人"，他们的思想水平、素质表现直接影响到一个集体学生的思想面貌。通过举办"班长论坛"，我校为班长们提供了一个交流的舞台，有利于他们产生"思想碰撞"，提升思想意识、拓宽工作思路，改进工作方法。各班班长在"共鸣"中前进，在"反思"中成长，在"拿来"中发展。

4. 展示优秀作品

学校在教学楼、实验楼、宣传栏等地专门开辟学生优秀作品展示区。有学生优秀书画作品展出、文艺汇演展示、体育运动成绩展区。同时与共建社区合作，既美化了社区人文环境，又为学生提供了展示才能的机会。

（二）综合实践

1. 走进"魅力大学"

高二年级"走进大学，圆梦青春"社会实践活动。让学生走进大学，了解大学，开阔学生视野，增长学生见识。"走进大学，圆梦青春"高二年级社会实践活动方案。利用学校地利优势，组织全体高二学生参观浙江财经大学东方学院。通过组织参观校园、分组与大学老师及优秀学生代表进行交流、参观实践体验等活动，感受大学学习生活，培养学生乐学、爱学的情怀。把课堂从高中延伸到大学，培养学生自主学习、了解社会、创新意识和敢于探索的精神。丰富学生的课外生活，让学生在活动中感知，在活动中交流，在活动中学习，在活动中陶冶情操。

2. 走进"美丽乡村"

八年级"大海宁，美丽的家乡"社会实践活动。通过组织学生自主野炊、参观风力发电、户外班团等活动，让学生深入大自然，了解大自然，开阔学生视野，增长学生见识。亲近自然、感受生活，培养爱家乡、爱祖国、爱大自然的情感。把课堂延伸到自然和社会，培养学生自理能力、动手实践能力、创新意识和吃苦耐劳、敢于探索的精神。丰富学生的课外生活，让学生在活动中感知，在活动中交流，在活动中学习，在活动中陶冶情操。在活动中渗透环境保护教育，让学生树立环保意识。

（三）专题讲座

1. 家庭教育讲座

在七年级和高一年级这两个起始年级，我校多次邀请陈默教授为家长做亲子教育专题讲座。讲座上，陈默专家运用通俗易懂的语言、简单趣味的实例，现场指导家长们如何在日常生活中锻炼孩子的各种能力。陈默教授擅长从母爱的角度出发，强调原生家庭对孩子成长的重要性，鼓励家长们给予孩子更多的关爱，用爱去培养孩子。每次讲座中，许多家长都表示学习到了不少教育孩子的好方法，同时也认识到了自己在家庭教育中的偏失与不足。这样的讲座对普及良好的家庭教育，也为我校更有效的家校互动方面起到了积极促进和推动作用。不少家长从中感到受益匪浅。

2. 考前心理讲座

中高考对学生来说都有着不同寻常的意义，因此怎么样做好考前准备、考中面对、考后处理对学生来说都非常重要。我校自 2005 年开始，就积极为学生举办考前心理辅导讲座。通过举办本校心理教师、邀请校外专家等途径，从情感、情绪方面、学习方面、日常生活及饮食方面的一些注意事项着手，让每个学生能更坦然地进入中高考前的冲刺阶段，稳定学生情绪，帮助学生自信迎考、自如应考。

3. 学考选考讲座

随着新高考改革的逐步推出，选科、志愿填报就越显重要。为了帮助高三学子能有效地、最大限度地利用考到的分数，考入理想的学校，我校多次邀请志愿填报权威专家张雪平老师为我校师生做选考和高考志愿填报报告会，讲座深受学生及其家长们的欢迎。

（四）主题班会

根据不同年龄阶段学生的特点，结合具体的德育实际情况，我校建立了整套符合年级特征的德育教育体系。

附：南苑中学年段德育目标及主题班会内容

南苑中学年段德育目标及主题班会内容

一、七年级、高一年级德育目标及主题班会内容

（一）学生的德育目标

1. 思想道德方面的德育目标：

（1）爱祖国、爱家乡、爱学校、爱班级；

（2）心中有他人、心中有集体；

（3）文明有礼，尊敬师长，团结同学，遵守社会公德。

2. 行为习惯方面的德育目标：

（1）学习并严格遵守《海宁市南苑中学学生手册》，争做合格中学生；

（2）形成惜时守信、自觉学习、上课认真听讲、按时独立完成学习任务的态度和习惯；

（3）形成积极参加劳动、为集体服务，爱惜劳动成果，爱护公共财物的生活态度和习惯。

3. 个性心理品质方面的德育目标：

（1）具有积极向上、勇于进取、不怕困难的心理品质；

（2）具有诚实正直、自尊自爱的心理品质；

（3）具有能够分辨是非、抵制错误思想言行，拥有健康志趣、爱好的心理品质。

（二）主题班会内容

1. 德育重点：行为规范教育。

2. 主题班会

主题班会安排在每月的第一周班团课进行，如需调整则有年级组统一进行调整，并将主题班会内容作为该月德育主题。

第一学期：

（1）9月份：规范行为习惯，争做合格学生。（行为习惯教育，思想道德教育。学习并遵守《海宁市南苑中学学生手册》，进行仪容仪表教育并狠抓落实，争做文明有礼，尊敬师长，团结同学，遵守社会公德的合格中学生）

（2）10月份：热爱集体，从我做起。（行为习惯教育，思想道德教育，个性心理品质教育。进行集体主义教育，严格遵守校纪校规；积极参加劳动、关心他人、为集体服务；自律自强，养成良好的个人学习、生活习惯）

（3）11月份：谈谈我的学习方法。（行为习惯教育，个性心理品质教育。进行学习习惯教育，形成课前预习有纪录、有准备，课堂上专心听、勤思考、敢提问，按时独立完成学习任务的态度和习惯）

（4）12月份：互帮互助做镜子。（行为习惯教育，个性心理品质教育。通过自查互查，谈优点说不足，突出行为规范教育，培养学生具有明辨是非、抵制不良影响，拥有自我控制、自我调节能力的心理品质）

（5）1月份：我们班的明星。（行为习惯教育，个性心理品质教育。总结评选班级本学期的各项行为习惯先进个人，报年级组长，在年级内进行表扬；推选出5人/班的校级"行为规范先进个人"）

第二学期：

（1）3月份：学习雷锋，弘扬正气。（行为习惯教育，思想道德教育。学习雷锋先进事迹，加强集体主义教育，培养为集体、为他人服务的意识和行为习惯）

（2）4月份：学自尊，会自爱。（行为习惯教育，个性心理品质教育。学习先进模范，自我反思，培养诚实正直、自尊自爱的心理品质和行为习惯）

（3）5月份：学会感恩，懂得感恩。（思想道德教育，个性心理品质教育。结合母亲节、父亲节，从身边的事，感受家长、老师、同学的爱，怀有感恩之心，并在学习生活中通过实际行动表达感恩之情，提升个人素养）

（4）6月份：认识自我，完美自我。（行为习惯教育，个性心理品质教育。开展互帮互查，发现闪光点，改正不足之处，养成辨是非、扬正气、有志向、强自律的良好品质）

（三）每月之星评选

每月之星采取学生自主申报形式开展，分年级和班级两部分，各班安排在每月最后一周的班团课进行班内评选，并上报测德年级组长，测德年级组长负责每月底进行统计并在校电子屏上予以公开表扬。每学期单项"每月之星"累计3次以上（含3次）者，学校发予奖状进行表彰。

年级组设立每月"文明之星""学习之星""体育之星""劳动之星""进步之星""守纪之星""自律之星""诚信之星"，每项12个名额。

各班在年级每月之星的基础上，设立各班每月之星，每一项目可评出前3名优秀学生，并在班内公告栏中予以表扬，每月底每一项目上报1名优秀学生名单至侧德年级组长处。具体评价办法由班级学生自主设计，并形成文字材料在班内予以公告。

二、八年级、高二年级德育目标及主题班会内容

（一）学生的德育目标（略）

（二）学生的主题班会德育内容

1. 德育重点：诚信教育。

2. 主题班会

主题班会安排在每月的第一周班团课进行，如需调整则有年级组统一进行调整，并将主题班会内容作为该月德育主题。

第一学期：

（1）9月份：感恩从诚信做起。（思想道德教育，行为习惯教育，个性心理品质教育。结合教师节，突出诚信教育，教育学生从诚信做起来表达感恩之情，

重视在平时学习、生活中以诚实守信来要求自己，以诚信作为自身的道德标准。）

（2）10月份：塑造一个诚信的我。（行为习惯教育，个性心理品质教育。遵守《海宁市南苑中学学生手册》，狠抓仪容仪表，培养诚实守信，勇敢坚强、谦虚谨慎的心理品质，培养有集体荣誉感，正确处理个人与集体、自由与纪律的关系，争做诚实守信的中学生，并有向团组织靠拢的意愿和行动）

（3）11月份：七彩青春，健康起步。（思想道德教育，行为习惯教育，个性心理品质教育。进行心理健康的引导及青春期男女生正常交往教育，学会以诚信来正确处理人际关系，养成文明交往、礼貌待人的习惯，具有一定的法制观念）

（4）12月份：交一份诚信作业。（行为习惯教育，个性心理品质教育。进行学习习惯教育，有较明确的学习目标，初步具有自主学习的能力，培养认真学习的态度与习惯）

第二学期：

（1）3月份：传统美德，诚信起步。（思想道德教育，行为习惯教育，个性心理品质教育。进行中华传统美德教育，如爱国教育、礼让教育、爱心教育、孝敬教育、廉洁教育等，以诚信作为教育的重点和突破口，教育学生以诚实守信来弘扬中华传统美德）

（2）4月份：了解交际礼仪，提升自身形象。（行为习惯教育，个性心理品质教育。进行文明礼仪的宣传与教育，加强社交礼仪的教育，使学生了解并实践集会、就餐、同学间交往等方面的交际礼仪，形成文明健康的习惯，展现良好的自身形象与素质）

（3）5月份：科学让人类进步，安全为生命护航。（思想道德教育，行为习惯教育。进行反邪教、禁毒、防灾减灾、防传染病等教育，宣传交通、消防、饮食、防溺水、网络等安全教育，培养学生相信科学、重视安全的思想意识）

（4）6月份：诚信，让我成为更好地自己。（思想道德教育，行为习惯教育，个性心理品质教育。让学生回顾自身的改变，反思诚信教育给自己带来的变化与进步，教育学生时刻以诚信要求自己，成为一名讲诚信的中学生）

三、九年级、高三年级德育目标及主题班会内容

（一）学生的德育目标（略）

（二）学生的主题班会德育内容

1. 德育重点：理想教育、责任教育。

2. 主题班会

主题班会安排在每月的第一周班团课进行，如需调整则有年级组统一进行调整，并将主题班会内容作为该月德育主题。

第一学期：

（1）9月份：理想从今天启航。（思想道德教育，行为习惯教育。进行理想教育，让学生树立起健康正确的理想，并为实现理想制定计划和实施步骤，强调从点滴做起从小事做起，严格遵守《海宁市南苑中学学生手册》，争做有责任心的合格中学生）

（2）10月份：做一个敢担当、有责任的中学生。（思想道德教育，行为习惯教育，个性心理品质教育。对理想教育进行深化，以责任心的培养来促成理想的实现，养成良好的社会公德和文明习惯，形成自主教育、自主管理、自主学习的习惯）

（3）11月份：为理想插上腾飞的翅膀。（行为习惯教育，个性心理品质教育。进行学习方法和学习习惯教育，共同学习、交流科学、踏实的学习方法，形成讲科学、重质量、踏实干学习氛围）

（4）12月份：挫折，人生的财富。（行为习惯教育，个性心理品质教育。通过挫折教育，培养学生科学分析的能力，养成坚强的意志品格、良好的自我约束能力和坚定的毅力，激励起学生奋发向上的积极精神和学习动力）

第二学期：

（5）3月份：如何做一个有责任心的合格毕业生。（思想道德教育，行为习惯教育，个性心理品质教育。回顾理想，反省自我，强调责任意识对自身发展的重要性，形成人人争做有责任心的合格毕业生的良好氛围）

（6）4月份：向着理想前进。（思想道德教育，行为习惯教育，个性心理品质教育。通过先进案例教育，坚定理想信念，形成方法科学、意志坚定、踏实刻苦、你争我赶的学习气氛）

（7）5月份：成功就在于再坚持一下的努力之中。（行为习惯教育，个性心理品质教育。加强对学生坚强的意志品格、良好的自我约束能力和坚定的毅力的培养）

（8）6月份：阳光心态，从容应战。（思想道德教育，个性心理品质教育。进行积极心理疏导，形成不放松、不放弃、不过度紧张的心理状态，以积极阳光的心态迎接挑战）

（五）"与校长面对面"互动交流活动

由于教育者与被教育者角色的不同，思考问题的角度也不同，两者在同一问题上容易产生分歧。为此学校定期开展"学校信息发布会"，校长"答现场记者问"等活动。通过这些活动，学生能够在平等、民主的氛围中积极参与学校管理。同时，学校育人的理念也能够在学生中传播，使得学生在了解了学校管理需要及原委后，能自觉遵守学校的规章制度，争做遵规守纪的文明生。

第三节　自主活动的成效与展望

学校自主活动的开展，增强了学生自主发展的创造力。自主活动的设计、开展、评价，提高了学校活动的针对性，激发了学生的积极性，提升了活动的实效性。

学校自主活动的开展，取得了一定的成就，但是在具体的设计、实施和操作过程中，还是存在一些不足，需要我们在自主活动的教育中继续探究、前行。

一、自主活动的成效

（一）自主设计——提高了活动设计的针对性

教师要转变其作为拥有知识的权威者的角色，成为教育活动的组织者。传统的学校教育是"教师中心"的，教师作为知识的化身而进行单向的灌输。新课程要求教师转变自身形象，成为教育的组织者，为学生的自主活动创造条件。

教育学生并不只是鼓励人人都去做强者，而更需要一种积极的关于生活、生命的情绪。当学生能够在活动中体会到自己的主体地位，那么自然能够在活动设计中更加的积极、理智、有针对性。如每年由学生组织发起的爱心义卖活动，爱心义卖活动是我们传播爱心、彰显爱心、培养爱心的活动，它是由学生自主设计发动，本着"一方有难，八方支援"和"物品有价，爱心无价"的思想组织开展的，是学校自主德育的一个重要载体。随时一年年活动的开展，在活动的组织、设计、管理等方面更加地贴近学生的实际，活动的效果也愈加显现。

（二）自觉参与——激发了学生参与的积极性

"基于信任基础上的高期望值"是成就学生美好人生的法宝，教师要点燃学生学习和进步的热情并肯定学生的成功，促使学生从他的起点不断进取。当学生能够真切体会到来自教师的信任和期望时，学生总能够自觉地参与到活动中，明白活动的实效性，对活动的目的、形式都发自内心接受时，学生就自然而然地沉浸于活动之中。从活动目标的确定、活动形式的选择、活动计划的制定，还是从实际活动开展中的参与、感受、体验，或者对活动的总结，成功经验的积累、失败经历的积淀，学生都能更加积极主动地参与其中，助其在的自我积累中成长。

如2018年八年级的"大海宁，美丽的家乡"社会实践活动。通过各班班委的宣传发动，学生自主申报，自愿参加，绝大部分同学积极参加，并且还参与到班级的主题活动中来，积极展示自己各项的才能，活动充分激发了学生的参与积极性。把课堂延伸到自然和社会，丰富学生的课外生活，让学生在活动中感知，在活动中交流，在活动中学习，在活动中陶冶情操。

（三）过程指导——保证了活动目的的达成性

关注学生主体，提升学生的主体性是我们的一贯追求，而学生主体性的发挥需要教师的指导。教师作为组织者和引导者，要面向全体学生，了解和研究每一个学生的需要及发展的可能性，注重个别指导尽可能满足学生的不同需要。突出学生的主体性，再有教师在旁边的保驾护航，适当的引导、调整、管理，保证了活动目的的达成性。

如中学生的"成长档案册展评"活动。为了更好地发挥学生自主评价作用，引导学生自主管理自己的《成长档案册》。而成长档案册的管理过程其实就是一个自我规划和自我管理的成长过程，这时老师通过专业的过程性指导，帮助学生更加合理优化的管理自己的中学生活。定期开展"《成长档案册》展评"活动，让更多学生在相互学习，相互评价中加强自我教育。

（四）自主实施——提升了活动实施的有效性

教育活动的有效性必须基于并服务于学生的发展。一般意义上的有效或高效是指教育活动达到或超出了预期目标，这种有效性无疑是必要的。

教育活动的自主实施，既能实现显性可测目标的达成，也能促进隐性品质的塑造和能力的培养，如社会责任感、创新精神、实践能力等。

每年的毕业典礼都由学生自主设计、筹划、准备、排练。班级文化特色展示再一次感受难忘的中学生活！一曲"南中之歌"唱出了南中的风采，唱出了对南中的依恋，唱响了南中的精神。师生同台演出、对话，回忆三年中的酸甜苦辣。每次的毕业典礼都展示了能力、抒发了恩情、彰显了祝愿。

二、自主活动的展望

（一）自主活动的要义理解

以生为本，把学生的发展放在首位。把学生放在首位，意味着相信学生，相信学生的潜能，相信学生有自主活动的能力，从而把教育活动的权力真正交给学生，真正解放学生，解放学生的创造力。

构建平等、民主的师生关系。有效的教育活动离不开教师用心营造的平等、民主、和谐的人际互动，具有这种特质的人际互动能够为学生创造安全、宽松、温馨的心理氛围和学习背景，也是促进学生经验有效增长的最为重要的因素。

在教育活动中教师要妥当处理好预设与生成的关系，关注教育活动过程中学生的表现，锤炼自己的教育机制，及时将那些出乎意料却具有隐形的、潜在的教育价值的"点"，转化为显性的、现实的教育行为。

（二）自主活动的德育作用

从学生实然出发，以学生道德的应然为目标引领，分门别类，有针对性地积极设计、开展适合不同学生发展的自主德育活动，从而达到德育实效——引导学生加强自我教育，提高思想道德水平。从"应然"到"实然"。

（三）自主活动的师生关系

有效的教育活动，是基于并服务于学生的发展，是以学生定教育活动，而不是传统的以教定学。教育活动必须把学生的发展放在首位，以学生为活动的主体。

同时，考虑到学生的身心发展年龄特点和个性差异，从他们现有经验出发，完全任其发挥，肯定也是不利的。因此，在教育活动中，教师要根据学生的年龄、学情等情况，帮助学生制定适宜的活动目标，选择恰当的活动内容、手段与方法，并且在活动开展和结束过程中及时的跟进，适时的指导。

（四）自主活动的愿景展望

教育活动是复杂的活动，特别是自主教育活动，因为教育活动的必备要素——人的复杂性。学生与教师已有的经验不同，他们对环境中的物与人的兴趣、需要和互动方式也各不相同，这就使得教育活动变得异常复杂，时时处处充满变数。而学生与学生之间又有差异性，可以说一百名学生就会有一百种不同的想法，因此，怎么样使我们的自主教育活动能够在动态运作中更具实效，是需要我们一直摸索和不断实践的。

第六章

自主管理，实现了学生自主发展的自律力

　　自主管理是自主教育一个重要的组成部分，需要外在良好的环境和氛围，需要以多样化的健康活动为载体，需要以人性化的制度为约束，需要以全面、客观的评价机制作保障。它是当前学校教育中一种较为可行的教育管理模式，有利于学生的终身发展和国民素质的整体提高。这种教育管理的结果使学生会从自律前提下的自信走向自主，从自主走向自立，从自立走向自强，最终从自强走向自如，即能够灵活自如地适应社会的发展并推动个体和社会的不断进步。

　　因此，学校将自主管理纳入学校管理体系，营造学生自主管理的德育环境，倡导学生增强自主管理的意识，着力培养学生的自主管理能力，促进学生的知识能力素质协调发展，充分展现和发挥其创造潜能。

第一节　自主管理概述

　　自主管理的主体是全体学生，教育的最终归宿是学生的全面发展，人本管理的途径是学生全员参与。当学校、班级由全员参与管理时，师生之间、生生之间是主体的管理网络。学生从传统的管理客体变为管理的主体，每个"管理者"都会树立主体意识，主动履行自己的职责和义务，把完成自己承担的任务看作是自己的理想和追求，从而尽其所能为其奋斗，变"要我做"为"我要做"，变"他律"为"自律"。

一、对自主管理的理解
（一）自主管理的含义
1. 传统的学生管理
长期以来，我们把学生管理简单理解为教师对学生的管理，以至于在管理

过程中所采取的许多措施都有意无意地把学生放到了自己的对立面。传统的教育观念把学生当成被动的受教育者，在教育过程中教师习惯于发号施令，习惯于包办一切，忽视了学生的自我教育、自我管理功能，学生始终处于被动的局面。这样的教育，教师苦、教师累，学生也得不到发展。

传统的学生管理中，忽视了以人为本的理念，很少考虑学生的心理需要和心理体验，把自主和有活力的人，僵化为按号令行动的一种工具。教师专制性强，缺乏民主，"听命"和"顺从"成为学生的基本状况，学生的自主性无法表现。

2. 我们的"自主管理"

我们的"自主管理"，就是要唤醒管理对象即学生自我成长的内在需求，赋予其自主管理的权力，并为其提供自我发展的空间和平台，促进其自我发展与主动发展。

也就是说，根据学生的身心特点和教育规律，在学校教育管理的宏观调控下，有目的、有计划、有组织地引导学生在学习生涯中，充分发挥他们的主观能动性，以个人、小组、集体等形式主动参与到自主发展的实践活动中来，在活动的过程中培养自我教育、自我管理、自我约束的能力，使学生在由他律转化为自律的过程中走向自主发展。

（二）自主管理的理论基础

苏霍姆林斯基说过："真正的教育是自我教育。"自我教育是实现自我管理的前提和基础，自我管理则是高水平的自我教育的成就和标志。因此，真正的管理是自我管理。

1. 现代管理理论

学校管理本质上是一个"人→人"（即"教师→学生，学生→学生，教师→教师"）系统，系统内部各要素之间是互动的。我们不能只关注"师→生"，而不关注"学生→学生"和"学生→教师"。现代管理理论特别强调系统中各要素的循环结构，而不看好单向线条结构，因为前者能反映出相互间的主动地位、体现主动性与被动性的互换；而后者则将一部分人放在主动性位置上，而另一部分则被放在被动者位置上。

2. 现代人本主义心理学

现代人本主义心理学是自主管理的心理学基础，其中最重要的理论依据就是马斯洛的"需要层次理论"。每个人都渴望能够主宰自己的行为，学生自主管理满足了现代学生希望受尊重、需要自我实现的心理需求，为学生全面发展提供了舞台，让学生体验到了成长所带来的快乐。以马斯洛、罗杰斯为代表的人本主义心理学家认为，教育的目的就是发展学生的潜能，提出了以促进学生潜能的实现为核心的道德教育观，强调以学生为中心。因此，让学生成为自己所期望的人物，完成与自己能力相称的事情，最大限度地发挥个人潜能，满足自我实现的需要，是我们自主管理的指导思想。

3. 学生本位论

学生是管理的对象，也是管理的主体。学校因学生而存在，学校的一切管理是为了学生的全面发展。学校应尽可能更多地为学生创设各种条件，让更多的学生参与管理工作，使他们在这些管理工作中取得更多的成功。

4. 内化论

学校管理的理想境界是内化。所谓"内化"是指经过认同而逐步形成指导自己行为的价值复合体的过程。在德育过程中，教师、学校，一切德育活动只是外因，是催化剂。真正内化要靠学生自己，关键是学生参加德育活动后的切身感受和接受程度。强化学生的亲自感受和消化接受程度，提高他们的主动性是决定性的一环。当学生是以主人翁的地位发动、组织、参与其中，那么他们的切身体验就会明显地强化而保留，从而逐步地内化。

（三）自主管理的基本要求

学生自主管理的核心理念就是以人为本，尊重学生、信任学生、依靠学生、发展学生，把学生作为一个真正的人来教育，相信他们能够管理好自己、发展好自己。教育者所要做的，就是给学生一个良好的生存和发展环境，实现学生素质的全面提高和发展，把学生培养成一名德能兼备的"文化人"。

1. 从培养情感基础开始

认同感是自主的萌芽，是人生发自主的原点。认同感对于唤起人的自主管理意识有着不容忽视的作用，而起决定作用的则是人对于所在单位的归属感。认同感产生于对组织的信赖，归属感产生于对组织的依赖，而责任感则是由此而产生的对组织的责任意识。归属感越强，人对组织的责任感就越强。

2. 关注个体自主的发展阶段

从自主管理的理论上讲，人的成长分为三个阶段，分别为依赖期、独立期和合作期。人就是在由依赖到独立、进而合作的循序渐进中，完成自主能力的养成与自我价值的构建。要想从依赖期过渡到独立期，至关重要的就是完成知识、心理、情感上的独立，事事主动积极，而非受制于人，拥有自我评价和思考力，建立自我价值观。有效的独立是培养良好合作关系的基础，培养每一个人的独立人格，是我们发展的努力方向和坚定信念。

3. 不断完善机制，扩大组织点

（1）扩大组织点及施加影响力

学校各级组织对其成员的影响力不同，就会产生不同的效果，其影响具有累加与叠加的特点。如果把每一级组织都看作是一个点的话，当这些组织点又同时产生作用的时候，对师生自主管理意识和能力的提高就会产生巨大的推动作用。扩大点数的过程是一个自上而下逐步培训、推进的过程。学校必须培养并提升其下属组织自主管理的能力和水平，一级对一级负责，逐级培养，层层推进。

（2）扩大组织点所产生的效能

①有助于组织及其成员的个性发展。扩大组织点，不同组织的领导者会为其成员提供不同的发展模板，不同的发展模板又会促进组织中成员的个性发展。组织点越多，组织能够提供的模板就越多，不同模板的交互作用，会进一步促进组织及其成员的个性发展。

②有利于提高民主化的程度。民主是自主管理的基石。要提高自主管理能力，组织必须在一定程度上进行授权和分权。授权和分权的过程本身就是一个民主化的过程。在授权与分权的情况下，组织点越多，成员的参与度越高。随着自上而下管理的权力因素递减，情感因素就会不断递增，更容易产生民主化的氛围，提高民主化的程度。

③有益于组织及成员间的公平竞争。竞争是增强自主管理能力的动力。组织点扩大，很容易形成组织及成员间的竞争格局。组织单位越小，成员间的竞争越激烈，竞争的合理性和公平性就会越大。

④有助于提升组织及其成员的领导力。领导力能够促进自主管理能力的发展。扩大组织点，可以为师生提供更多提升领导力的机会，使更多的人有机会在实践中锻炼和发展自己的领导能力，实现真正意义上的"人人是管理者，人人是被管理者"的管理理念。

4. 给予不同方面的自由

国际21世纪教育委员会向联合国教科文组织提交的教育研究报告中提出：教育是"保证人人享有他们为充分发挥自己的才能和尽可能牢牢掌握自己的命

运而需要的思想、判断、感情和想象方面的自由"。

（1）给予时间上的自由

学校要真正实现自主管理，要让师生有自由支配的时间，让他们有充分的时间去进行个性发展的自我设计、自我选择、自我构建、自我评价，从而促进个体的自我管理能力的提升。

（2）给予意愿上的自由

首先表现在对工作内容的选择上，其次要给师生表达意愿的自由。

（3）给予组织上的自由

团委、学生会、社团、年级组等的设立，可以实现组织的多元化，努力提高个人的参与度，激发更多人的发展潜能，也为学校整体自主管理带来强大的生命力。

5. 加强三大能力的培养

在学校自主管理过程中，教师及学生广泛参与，因此他们的自主管理能力得到了充分的发展，并不断地优化与传递，形成学校所特有的管理文化。这种以自主为特征的管理文化又进一步促进了师生自主能力的提升，因而也激发出学校发展的生命活力，实现学校的可持续发展与超越性发展。在这样一个良性循环过程中，可以看出师生的自主管理能力关键是由领导力、执行力、创新力三方面组成。

（1）加强领导力培养

从自主管理的角度讲，领导力所指向的对象，是全体而非个别，是每个人都应实践的一种特殊的能力。

（2）增强执行力培养

执行力就是贯彻战略意图，完成预定目标的操作能力。增强执行力必须走好三大步。

第一步：制度参与。制度的形成应当是一个自下而上的路径。比如在班级管理中，我们建立以学生为主体的班级制度，各班级形成自己的"班规"。班规的制定、执行、评价及相应的惩戒措施都由学生来参与决定及自主管理。这样，制度的制定者与遵守者相统一，责任感和自律性都得到了加强，制度的效能也水涨船高。

第二步：反馈调控。在过程中进行反馈调控是加强执行力的关键环节，在自主管理中，既要关注管理成果，又要关注管理过程。学生在管理过程中得到的收获，就是管理的最大价值。

第三步：评价导向。学校自主管理不是取消评价，相反，需要师生参与到评价过程中去。在管理过程中，我们将教师和学生同时作为评价的主体和客体而纳入评价体系。教师和学生在不同的团体中担任着不同的角色，也履行着评价与被评价的权利和责任，使评价对各项工作的落实起到良性的导向和有益的促进作用。

（3）着眼创新力培养

教育本来就应该是充满激情与挑战、富于创新性的事业，时代发展与社会进步对创新性人才发出了更为热烈的呼唤。这无疑给了教育更大的压力，同时也是更大的机遇。如何培养创新性人才？这是每一个教育管理者都必须思考的问题。这个问题的答案一定会落在两类人身上，那就是教师和学生。在教育实践中，教师和学生更多地因为不同的内容、以不同的形式处于不同的团体组织中，进行着自主与合作，享受着共同成长、共同提高。

二、自主管理的选择

自主管理是一种较为可行的教育管理模式，符合现阶段学生身心发展规律，有利于学生的终身发展。我们选择以自主教育作为学校特色，是希望通过自主教育管理，学生会从自律前提下的自信走向自主，从自主走向自立，从自立走向自强，最终从自强走向自如，即能够灵活自如地适应未来社会的发展需要，形成自我发展能力。

（一）自主管理的作用

1. 有利于激发学生的潜能

当代素质教育着眼于学生的可持续发展，世界著名的创造性研究专家泰勒认为，"如果学校能在学科之外多发掘一些其他能力，他就会建立起良好的自我概念，增强自信，主动学习，获得更多的知识，最后又导致潜能的充分发挥"。

2. 有利于促进学生全面发展

通过以学生为本的自主管理，锻炼学生的意志、脑力、智力和体力，完善学生的意志和品格，提高学生的智力，增强学生的体力，使学生获得超越生存需要的更为全面的自由发展。这就是以学生为主体的自主管理的理想境界。

3. 有利于学生自主性培养

随着自主管理意识的不断增强，自主管理能力不断提升，在人生规划课程的引导下，在心理健康课程的启迪下，学生逐渐学会设计未来的发展之路。考什么样的大学，选什么样的专业，以至在大学如何发展自己等，在学生的心里已逐渐明晰起来。到了高三，多数学生已经设计好了自己的未来。

加强学生的自主管理，还将有助于增强学生的自主意识，有助于培养学生的主人翁精神和个人责任感，有助于学生形成独立自主而又乐于合作的精神。

（二）自主管理的类型

自主管理主要包括两个层次，即群体自我管理和个体自我管理。加强学生群体的自主管理，有助于增强学生的自主意识，有助于培养学生的主人翁精神和个人责任感，有助于学生形成独立自主而又乐于合作的精神。

1. 全校学生的自主管理

从学生实际能力出发，让学生参与学校管理，使他们真正做学校的主人，在参与中增强责任感，在参与中成长发展。比如，学生成立志愿者组织；设立值周班级和文明岗；全校各班班干部负责"五项全优"竞赛检查评比；学生参与策划、编排、主持学校大型的艺术节等各类主题教育活动等。

2. 班集体学生自主管理

学生在学校主要是生活在特定班集体中。因此，应把班级学生的自主管理作为学生群体自主管理的重点来抓，让每位学生都成为自主教育的受益者。我们要把"自主式"班级管理转变为学生自律性的管理，让学生懂得"我应该""我可以""我反对"，其目的就是要变学生的"被动"为"自主"；变"听话"为"自律"；变"严严实实"为"生动活泼"；变"中规中矩"为"敢想敢说"。让学生学会自己管理自己，通过自主管理让学生在一个和谐的教育环境下学习与生活，确保学生能自主地健康发展。

3. 学生个体的自主管理

（1）主体意识的养成包括：①培养学生积极参与班级、学校与社会活动的意识；②在各种活动中提高学生的自主管理能力；③提高学生人际沟通的技能以及对社会与各种新环境的适应性。

（2）道德面貌的提升包括：①培养学生的社会责任感和义务感；②培养学生自尊与尊重他人相统一的态度；③培养学生自觉遵守纪律、制度、法律的观念。

（3）健全人格与精神风貌的形成包括：①培养学生具有强烈的自信心；②培养学生迎接挑战的冲动和勇气；③培养学生承受挫折和战胜危机的顽强意志；

④培养学生具有较强的自我心理调节能力。

（三）学校文化的催生

我校在"自主教育"特色学校建设中，以"一切为了人的自主发展"为办学宗旨，以培养具有"自主发展意识和团队合作能力的现代公民"为办学目标，确立了"自主合作"的学校文化。"一切为了人的自主发展"，意味着我们要关注每一位学生、关注学生的情绪生活和情感体验、关注学生的道德生活和人格养成。

学生自主管理是一个实践过程，也是学校自主教育的一种体现，旨在激发和唤醒学生内动力，使学生从"被成长"中产生生命自觉，让学生用自己的力量成长，最终达到成人成才的目的。

通过对学校内、外环境的全面客观的分析，我们认为：实施自主管理，培养学生自主管理、自主发展的能力，进而培养学生终身学习、持续发展意识与能力，应是我们德育工作的宗旨，也应成为我校德育工作的特色。

（四）育人目标的要求

发展学生个性，培养学生特长，创建学校特色，全面推进素质教育是形势发展的需要，也是历史发展的必然趋势。

1. 时代发展对人才素质培养的需求

随着社会经济的迅速发展，人们的生活水平日益提高，但同时，社会在发展的同时也在呼唤一种自主性人才，即具备自我教育、自主管理、自我成才、自主发展能力的新型人才。

2. 素质教育对深化课程改革的需要

关注人是新课程的核心理念。新课程认为学生是发展的人，是具有独立意义的人。当前课程改革的目标是围绕人的培养目标来设计和确定的。新课程的培养目标要全面贯彻党的教育方针，全面推进素质教育，体现时代要求；要使学生具有爱国主义、集体主义精神，热爱社会主义，继承和发扬中华民族的优良传统和革命传统；具有社会主义民主法制意识，遵守国家法律和社会公德；逐步形成正确的世界观、人生观、价值观；具有社会责任感，努力为人民服务；具有初步的创新精神、实践能力、科学和人文素养以及环境意识；具有适应终身学习的基础知识、基本技能和方法；具有健壮的体魄和良好的心理素质，养成健康的审美情趣和生活方式，成为有理想、有道德、有文化、有纪律的一代新人。

3. 人本管理对新型师生关系的构建

当前中学生的特点迫切需要让学生懂得自主管理、学会自我发展：他们自主、独立和平等的意识增强，迫切希望从父母的束缚中解放出来，希望得到别人的尊重、理解；他们上进心较强，对未来满怀希望，乐于开拓，绝大部分学生有着独立地处理和安排自己事务的强烈欲望，有着展示自己才华的心态，有着向往为集体和他人工作的心理渴求；但同时他们心理与行为有着冲动性和逆反性。他们独立意识增强，意志品质日趋坚强，但又缺乏必要的知识和能力，在行为举止上表现出明显的冲动性，在对社会、他人与自我之间的关系上，容易出现困惑、苦闷和焦虑。因此，学校要致力于建立充分体现尊重、民主和发展精神的新型师生关系。这为实施建设"学生自主管理"掲供了强有力的理念支持。

第二节　自主管理机制的建构

管理是一项整体的育人工程。在自主管理中，学生既是管理的客体，更是管理的主体。要充分发挥学生自我管理、自主管理的积极作用，必须健全管理制度，完善管理机构，形成自我管理、自我教育的育人氛围。

一、自主管理组织机构

建立和健全组织机构是自主管理的组织保证。学生的自我管理是作为学校教育管理体系的一个组成部分，这就要求必须建立起良好的指导机制与约束机制，这是有效实现学生自我管理的保证。

（一）领导小组

自主管理是一个系统工程，必须整体规划。为了实现"一切为了人的自主发展"的办学宗旨，落实自主管理体制，我校成立了学校自主管理领导小组。在校长室的领导下，以学生处、教务处、总务处、团委、年级组等各处室为协助的学校自主管理领导小组，实行分级管理，协调合作。

（二）学生处

学生处是学校负责学生思想品德教育和管理的职能机构，其基本职责是科学、系统地组织全校德育工作，指导和帮助年级组长、班主任开展各项德育活动，抓好各项常规管理，保证学校良好的教育教学秩序。指导各年级建立各级家长委员会和家长学校，开展家访活动；密切学校和社会的联系，开拓德育途径，构建"家、校、社会"三方合力的德育工作网络。做好班主任培训工作，指导各年级组做好班主任考核和班级管理量化评估工作。

以学生为本，搞好学生思想道德教育，建立并完善学生自我管理工作体系，抓好各年级学生干部的培训工作，指导学生开展自主管理。同时，做好学生的心理健康、法制、安全等教育工作，全面提高学生素质。关心生活困难、单亲家庭及留守的学生，做好教育基金、助学金的管理发放等各项资助工作。

（三）团委、学生会

学生是学校的主人，应该在学校的管理中有自己的声音，有自己合理的愿望表达。为了让学生能广泛地参与到学校的管理中来，成为学校管理的主人，我校设立校团委和学生会两个学生自主管理组织。

团委是在党组织领导下负责做学生思想政治工作的政治团体。校团委设书记1名，副书记2名。下设组织部、宣传部、文体部，各部设部长1名，委员由教工团支部和全校各班团支部书记组成。

学生会是学生实现自主管理、自主发展、展示才华、培养学生管理能力的一个团体。学生会设主席1名，副主席3名，秘书长1名，常委8名。下设学习部、纪检部、宣传部、文娱部、体育部、播音部、志愿者管理中心、失物招领中心、食堂管理中心等9个部门，分别设部长1名，副部长1名，干事若干名。

（四）班委、团支部

班级作为学校的基础单位，是培养和实施学生自主管理的重要阵地。优化班干部队伍建设，对强化班级自主管理、提高学生自主管理的效能非常必要。班干部队伍应由学生民主推荐、竞选产生，充分体现全体学生的意愿，充分行使学生的民主权利。班干部要分工明确，协调配合。班规的确定要经全班学生的集体讨论，以取得全班更多同学的支持。这样，既能更好地对学生起到约束作用，又尊重了他们的个性，调动了学生参与班级管理的积极性。

根据我校实际管理需要，每班设正班长、团支书各一人，副班长二人。团支部下设团组织委员、团宣传委员各一人。班委主要包括学习委员、纪律委员、卫生委员、文娱委员、体育委员各一人、生活委员、宣传委员各四人、总寝室长一人，各学科课代表若干人。每班参与班级管理人数约25～30人。

实践证明，在班级管理过程中，学生的参与越多，他们的责任感就越强，自我管理能力就会提高越快，班级的面貌也会越好。

　　附：班团干部职责分工

班团干部职责分工

　　团支书：全面负责团组织的各项活动。组织发展先进青年加入团组织，开展各项志愿服务、社会实践等活动，深入了解班级同学的思想状况，并做好同学的思想工作，配合班长做好班级工作，及时与班主任沟通团支部和班级工作。

　　班长：全面负责班级事务，配合班主任开展班级工作。及时全面地传达学校各项工作，协助班主任组织、主持主题班会，协助任课老师维护教学纪律，组织协调班委工作，了解班级同学的思想动态，调动同学们的活动积极性。及时掌握班级"五项全优"竞赛评分情况，每天负责班级同学的出勤情况，做好《班级日志》《夜自修管理统计册》记载情况。

　　副班长1：负责仪容仪表检查，班级内部每天自查发型、校服、胸卡、首饰等，定期协助本年级的年级组长进行年级组仪表抽查，并及时上交抽查表至学生处。

　　副班长2：负责跑操，严格把好大课间跑操请假关，及时登记、上交请假单，公正客观地做好跑操评分工作。

　　学习委员：负责眼保健操检查，公正评分，及时反馈，并及时上交检查记录表至学生处。每天在黑板上誊写当天课程表，督促各科课代表及时收缴作业并做好缺交记录，带领课代表和小组长积极创建积极向上的良好学风。

　　纪律委员：负责监督和管理班级纪律，尤其是课间及自修期间的纪律，做好预防和阻止班内违纪事件发生，对班内违纪行为进行管理和记录，及时向班主任反馈班级纪律情况。

　　卫生委员：负责班级卫生，督促值日生做好各项工作，每天及时了解班级卫生评分情况。

　　生活委员1：负责自行车停放、节电节水。明确班级自行车停放区域，督促自行车安全检查、停放整齐、区域卫生等。根据学校安排，做好班级节电节水自查和抽查工作，及时反馈扣分情况，并上交检查记录表至学生处。

　　生活委员2：负责班级课桌椅、门窗等财产，检查门窗是否锁好。如发现损坏，应及时查明责任人，并填写报修单。期初做好班级财产调查登记，期末做好班级财产损失（如桌椅脚套等）统计，并做好赔付工作。

生活委员3：负责多媒体，管理好本班教室多媒体设备钥匙，课前主动询问老师是否使用多媒体，如老师需要使用多媒体，协助老师开好多媒体设备，不使用时及时关闭。一旦发现教室多媒体出现问题，必须及时上报班主任或学校控制室相关老师，以便及时处理。

生活委员4：负责饮水机及安排搬水，管理班级水票使用，并做好收支记录。

宣传委员1：负责黑板报及其他宣传工作，做好班级环境的美化、宣传，做好《班团课活动记载》工作，负责到传达室领取本班报纸。

宣传委员2：负责安全工作宣传，协助班主任做好教室安全巡查和记录。

宣传委员3：负责文学社征稿工作，在大型集体活动中负责组织同学积极撰稿投稿。

宣传委员4：负责心理健康宣传工作，做好学校心理咨询室的宣传辅导，热心帮助、开导遇到困难的同学。

总寝室长：负责本班寝室安全及住校班教室安全检查工作，管理好本班寝室的纪律、内务等，及时向班主任反馈本班寝室情况。

文娱委员：负责班级文娱活动，积极协助音乐老师组织和参加学校各项文娱活动，为班级各种演出编排节目。

体育委员：负责班级出操（升旗仪式、跑操）的整队、领队和考勤工作，协助班主任组织学校运动会等体育活动的报名、训练、比赛，协助体育老师组织班级同学上好体育课，开展班级体育锻炼，丰富班级课外活动。

（五）社团组织

学生社团是由本校学生自行组织的面向全校的各种学术性、文化娱乐性、体育技能性的团体。社团组织是学生自我表现的舞台，是校园文化活动的主力军，是学生自主管理的践行者。

目前，我校拥有合唱团、民乐队、鼓号队、羽毛球、足球、射击、播音、合欢树文学社、模型制作等多个社团。社团本身就是学生自主管理的重要阵地。开展多层面、多内容、多形式的社团活动，为学生自主管理提供了大舞台，使学生自主管理的水平不断提高。

二、自主管理氛围的营造

学生自主管理首先要有一个良好的校园氛围。学校通过国旗下讲话、主题班会、文化艺术节等各种活动形式，使全校师生达成共识，在校园里营造良好的校园氛围。这是学校推进自主管理模式的主要基础。

1. 公正民主的氛围

（1）学生自主管理，应该是让全体学生参与管理，参与全面管理，参与管理的全过程，即无论大小事情都让学生参与决策、参与行动、参与评价，从而体现他们在学校和班级中的主人翁地位。

（2）学生的自主管理要从事情的本身出发，更多地考虑学生的心理特点和心理需求等方面的实际情况。这样能更符合学生的客观实际，容易被学生所接受，具有鲜明的针对性，同时也更能体现素质教育的客观要求，做到充分调动全体学生关爱集体、热爱集体、建设集体，为学校发展和班级建设做出贡献。

2. 公开透明的氛围

公开是实现自主教育的重要条件和手段。学校和班级管理也应有相当高的透明度，以体现师生间、学生间的平等关系，从而赋予学生了解权和知情权，这样才能调动学生参与管理的积极性，建设好学校和班集体。其中实施和推进校务公开、班务公开是民主管理的必要举措。

发动学生参加自主管理，做到原则公开、管理过程透明、管理结果受到监督。这种公开和透明，保证了班级管理的公正、公平，使学生参与班级管理、接受班级管理的自觉性得到提高，进而提高了班级管理的效益，促进班级建设和学生的全面发展。

3. 轻松和谐的氛围

自主管理的班级，目标明确，班规透明，责任落实，监督有力，措施完备，使学生的日常学习、工作和生活井然有序，师生间、学生间有更多的信赖和协作，可以形成轻松愉快、坦诚互信、和谐协调的班级心理氛围，对学生的身心健康、个性发展和自身潜能的充分发挥都起着极为重要作用。

三、自主管理意识的培养

自主管理要以学生为主体，以发扬人文和科学精神为基点，以培养学生创新精神和实践能力为重点，培养学生良好的思想政治素质、道德品质、公民意识和社会责任感，培养学生良好的心理素质和健全的人格，培养学生终身学习的能力。

1. 培育学生公民意识，奠基自主管理基础

公民意识是指公民对自己国家和社会中的身份地位的自觉意识，是对自己应当享有的权利和义务的自觉意识，是对公民主体地位的自我确证。公民意识培养的主要内容包括：道德与文明意识、权利与责任意识、自由与法治意识、国家与民族意识、合作与理解意识、平等与公正意识等。

实施公民意识教育和学生自主管理是密不可分的，二者相互促进、相互补充、相互作用、相互完善。根据学生身心发展过程的一般特点，针对学校特定学生群体的特殊性，以公民意识培育为基础，不断开发学生自我管理的潜能，培养自主管理的能力，使学生管理工作走上优化发展的轨道，是提高学校学生教育管理工作实效性的新生长点。

2. 培养学生主体意识，激发自主管理热情

学生作为学校教育的对象，既是发展的主体，又是丰富的教育资源。学生内心有不断进步的要求和欲望，是教育成功的保证。只有充分发挥学生的主体作用，激发学生积极开展自我教育，树立学生的主人翁意识，启发学生自主管理的内驱力，才能使学生获得真正意义上的成长。

3. 增强学生责任意识，促进自主管理行为

学生既然是自主教育系统中的关键环节，是学校的成员之一，他们有权也有责任参与管理。要培养学生的自主性，就必须坚持以人为本，培养学生高度的责任感，鼓励学生积极主动参与到管理中来。当责任感随着组织中成员的主人翁意识不断增强的时候，成员自主管理的愿望就会变成他们自觉的行动。在责任感的驱使之下，学生的能力得到锻炼，自治水平得到提高，真正成为班级管理的主人。

四、自主管理评价机制的构建

自主管理既要看管理方法，还要看管理效果。评价需要标准和依据，要建立完善的考评机制。学校根据实际情况，制定了一系列对班级管理、班主任管理、寝室管理等的考核制度。通过考评项目的细分化和设置的科学化，及时有效地进行激励评价，使学生通过行为规范的养成，逐渐向自主管理方向发展，从而提升学生良好的个人综合素质，培养学生的自律能力，养成良好的道德

习惯。

（一）班主任工作考核条例

附：海宁市南苑中学班主任工作考核条例（要点）

海宁市南苑中学班主任工作考核条例（要点）

为鼓励全体班主任切实做好管理育人工作，努力提高水平，根据学校特色发展要求，特制定《海宁市南苑中学班主任工作考核条例》：

（一）"文明班级"评比

（二）《班主任手册》记载情况

（三）表册上交情况

（四）班主任会议出席情况

（五）班团课情况

（六）课间操管理情况

（七）班主任工作测评情况

（八）考场清场（包括大扫除）情况

（九）"德育导师"工作情况

（十）奖励加分

1. 为学校挑重担，根据学校工作安排，乐于中途接班的，接班的第一学期学校给予奖励分，基本分奖2分，进步分奖0.5~2分（接班后班级"文明班级"考核成绩与接班前一学期比较，进步1~3名奖0.5分；进步4~6名奖1分；进步7~9名奖1.5分；进步10~12名奖2分）。

2. 接收中途转入学生时，如学校发现为后进生（品德行为方面有突出问题），每人次奖1分管理分。（接收时由学生处根据了解情况明确，如进来时未发现问题，半月内发现学生问题严重，由班主任提供材料交学生处审核认定）

3. 班主任工作有创造性，班集体建设有特色成效显著者，经行政会议讨论决定奖1~3分。

4. 特色班级创建卓有成效，有影响，有经验介绍的，经考核奖1~3分。

5. 关心学校建设，对学校管理及班级管理提出合理建议，经采纳实施成效显著者，奖1~3分。

6. 住校生工作成绩显著的（示范寝室50％以上，文明寝室50％以上，达标寝室15％以内，无不达标寝室）奖1~3分。

7. 年级组黑板报工作落实到位，指导有力的，根据德育年级组长检查情况奖分。

（十一）处罚扣分

1. 班级中如在本学期因班主任教育工作欠妥或错误造成流生的，则每人次扣3分。

2. 班级中学生正常转学不扣分，如因班主任工作失误或工作方法简单粗糙而造成学生被迫转学的，视其产生的影响而定，每人次扣1~3分。

3. 班级中本学期如有违法犯罪现象及出现重大安全事故的，视其情况扣1~3分。

4. 教育工作中有歧视差生、体罚学生现象的视情况扣2~5分。

5. 思想工作方法简单粗暴，学生家长意见强烈的，根据情况扣3~5分。

6. 接受领导分配工作态度差，扣2~5分。

7. 班级管理不力，出现乱班差班的，扣1~5分。

8. 对学校临时分配的工作完成较差的，各扣1~3分。

9. 隐瞒班级中严重违纪情况及重大事故的，扣5~20分。

10. 对学生中旷课、逃学情况不及时汇报，处理欠妥造成教育失误的，视情况扣5~20分。

（二）副班主任工作考核条例

附：海宁市南苑中学副班主任工作考核条例（摘要）

海宁市南苑中学副班主任工作考核条例（摘要）

副班主任需有强烈的责任心和荣誉感，热爱学生，关心班集体；有吃苦耐劳精神和开拓创新意识；有极强团队合作意识，能主动与正班主任协调工作并愉快合作，一起尽心尽力共同引导班级自主管理。具体工作和考核标准如下：

考核分德育类工作、智育类工作、后勤类工作，三部分构成。

（1）德育类主要工作（由学生处进行考核，总分50分）

（2）智育类主要工作（由教务处进行考核，总分10分）

（3）后勤类主要工作

A. 班级财产登记、报修及赔付工作（由总务处进行考核，总分30分）

B. 学生保险投保及理赔工作（由保健室进行考核，总分7分）

C. 学生参加合作医疗情况统计及信息录入工作（由保健室进行考核，总分3分）

（三）班级自主管理考核细则

附：海宁市南苑中学2018届九（8）班德育量化考核评价细则（班主任：张翔）

海宁市南苑中学2018届九（8）班德育量化
考核评价细则（班主任：张翔）

为了督促各位同学遵守校纪校规，营造良好的学习环境，促进同学们养成良好的纪律习惯、生活习惯、学习习惯，能够成人、成才，特制定本日常行为德育量化标准。

一、扣分项

（一）考勤出勤方面

第一条　早、中（11：40）和上课无正当理由迟到，每人次扣1分。（早间迟到者名单到副班长处查询）

第二条　旷课每节扣3分，缺席一天扣5分。（病事假不扣）

第三条　升旗、集会、跑操、集体活动（班团组织活动、家长会）迟到每人次扣1分，无故缺席每人次扣3分。

（二）课堂表现方面

第四条　上课随意换位，每人次扣1分。

第五条　上课或自习说笑、嬉闹、做小动作、离开座位、上课玩手机、看课外书籍、做其他科目作业等与课堂无关的事等扰乱课堂秩序，每人次扣2分。

第六条　上课被老师点名批评，每人次扣4分。

（三）卫生保洁方面

第七条　个人做好自己座位周围保洁工作，个人桌椅范围内有明显污渍、乱丢纸屑、粉笔头等，扣1分。

第八条　无故逃避清洁值日，值日工作不认真，敷衍了事，未能按要求做好清洁，除勒令补做外，每人每次扣1分。值日工作在学校五项全优中扣分的，每人次扣2分，并做反思。

（四）作业考试方面

第九条　小组长不向科代表反映未交作业的同学，小组长每人次扣1分。

第十条　考试不遵守纪律，每次扣1分；不诚信，作弊者扣5分。

（五）操行表现方面

第十一条　未按要求穿校服、佩戴校卡，佩戴首饰、耳环、染发、烫发、染指甲、化妆，发现1次扣2分（通知家长送来校服，带回家整理仪容仪表）。

第十二条　课间在教室或走廊内追跑打闹、大声尖叫的，在校园公共场合说脏话、骂人，每人次扣1分。

第十三条　在班级或学校吃零食，每人每次扣2分。

第十四条　有打架等严重违反校纪校规行为，受到学生处公开批评、处分，给班级荣誉造成不良影响的，每人次扣5分。

二、加分项

第一条　向班级提合理化的建议并被采纳，每条加1分。

第二条　课堂上积极回答问题者实行加分，组长记录每节课回答问题正确次数的组员，每天做统计，前5名每人次加2分。

第三条　以小组为单位，连续一周无任何人违纪扣分的，全组加5分。

第四条　值日组在学校的五项全优评比中获年级前两名的，全组每人加5分，获得第3~5名的，每人加2分。

第五条　积极参与集体活动，代表班级参加学校组织的各项活动中为班级争得荣誉加5分，为学校争得荣誉加10分。

第六条　好人好事一件（助人为乐、拾金不昧、关心班集体等），加2分。

第七条　协助班级办黑板报，主动积极，一次加3分。

第八条　积极向广播室投稿一篇加1分，被采用一篇加2分。

三、说明及处理意见

1. 每组设成员6~7人，组长一名，每组每周量化起始分为20分，一周一结，存档备案。按照相互监督、教师督查的方法，坚持公平、公正、公开的原则，做好日常记载，两周一小结，每月一大结，并张榜公示。

2. 每位同学的日常行为德育量化分数作为入团、评优的重要参考标准。

3. 每两周总结，由班委会和班主任发表扬信或班主任发短信通知家长以示表扬。最低分的小组处以适当处罚。每周后 3 名同学，由班委会与其谈话，并责令其写出检查；连续两周在后 3 名的，由班主任与其谈话；连续三周在后 3 名的，由班主任通知家长进行教育。

4. 期中、期末各进行一次总评，平均分最高的小组为最佳先进集体，予以物质和精神奖励。

5. 凡日常生活和学习中有重大的违纪行为，除按细则予以扣分外，同时按校纪校规处罚。

6. 本细则自 2014 年 9 月 1 日起执行。

第三节　自主管理的实践

最有效的管理是让学生成为管理的主人，最有效的教育是让学生自己主动地去探寻未知世界的秘密和不断进行自我角色的尝试、调整和实践。实践自主管理，调动学生个人积极性，激发学生内在动力，把学校教育管理需要变成学生自我成长需要，变学校对学生的管理为学生主动的自我成长实践，把学生从传统的被管理的角色变成学习管理活动的主动参与者，让每一个学生成为自主的人，让每一个班级成为自主的集体。

一、学校管理

从学校的日常教育管理行为来说，自主教育管理分为三个层面实施：第一个层面是学生个人的自我教育管理，第二个层面是班级的自主教育管理，第三个层面是学校、年级组和全体学生的自主教育管理。

（一）全员班主任制度

全员班主任制度，推进学校自主管理建设。班级是学校实施教育教学的基本组织。班主任工作是整个学校教育工作的基础，是学生德育工作的基本环节。班主任是学校对学生进行思想品德教育和日常行为指导管理的实施者。为进一步体现我校"自主合作"文化，进一步加强班级工作管理和班主任队伍建设，从 2016 年起，我校正式实行全员班主任制度。

1. 岗位设置

根据我校教师配备情况，设置"正班主任""副班主任""助理班主任"三个岗位。

（1）正班主任：1 名

（2）副班主任：1 名

（3）助理班主任：若干名，每班不超 2 名

2. 岗位人员产生

（1）正班主任由年级组聘任产生，聘期为一学年。

（2）副班主任由班级文化课教师自主申报产生。若无自主申报的，则班级文化课教师（不担任正、副班主任和行政工作）中年龄最小的教师自动成为副班主任，任职时间为一学年。

（3）助理班主任由班级任课教师（不担任正、副班主任和行政工作）自主申报产生，任职时间为一学年。

3. 工作职责

结合我校工作实际，将正、副班主任工作分为"德育类""智育类""后勤类"三大类工作进行分工。

（1）正班主任工作职责

A. 德育类主要工作

①学生各类思想行为教育工作，班集体建设各项常规工作

②各类班级先进创建工作（"文明班级""特色班集体""美丽教室""五项全优"等）

③学生行为规范考核及各类先进评比工作

④家校联系工作

⑤除副班主任工作职责外的其他班级管理工作及临时性工作

B. 智育类主要工作

①"综合素质评价"工作

②中考、学考、高考报名工作

③各项考试、毕业信息、学生基本信息查对工作

④除副班主任工作职责外的其他智育类工作及临时性工作

C. 后勤类主要工作

①期初学生收费工作

②学生晨午检工作

③健康教育工作

④除副班主任工作职责外的其他后勤类工作及临时性工作

（2）副班主任工作职责

A. 德育类主要工作

①班级学生值周、值岗工作安排及指导

②班级轮值年级黑板报工作安排及指导

③班级财产维护及节电节水教育及评比工作

④禁止购买摊贩食品（外卖）、食堂文明就餐教育及抽查工作

⑤各类考试清场工作

⑥贫困学生资助工作

⑦报纸杂志征订工作

⑧班主任公出或请假时，代理班主任工作

B. 智育类主要工作

①开学初指导学生领、分教材工作

②组织学生借、还书工作

③学生学籍填写上报工作

④体艺 2 + 1 报名及管理工作

C. 后勤类主要工作

①班级财产登记、报修及赔付工作

②学生保险投保及理赔工作

③学生参加合作医疗情况统计及信息录入工作

（3）助理班主任工作职责

助理班主任由除班主任、副班主任和行政人员外的全体任课老师担任，每位教师向班主任或副班主任自主申领其工作内容中的一项或几项班级管理工作，工作形式分为独立完成或协助完成。并在《助理班主任工作记录册》上记录自主申报的班主任工作内容，完成情况等，在学期末上交统计。

4. 考核与评价

（1）班级考核

以"文明班级"考核要求为评价标准，涵盖了正、副班主任各项工作内容。

（2）班主任考核

将"文明班级"考核中除去副班主任工作职责后的部分纳入正班主任考核，再结合其他相关考核要求，得出正班主任的考核结果。（详见《海宁市南苑中学班主任工作考核条例》）

（3）副班主任考核

对副班主任工作职责进行逐项考核，每学期末对副班主任工作进行单独考核评价。（详见《海宁市南苑中学副班主任工作考核条例》）

（4）助理班主任评价

助理班主任工作根据自主申报的班主任工作完成情况，结合《助理班主任工作记录册》记录情况进行评价。由助理班主任每学期的自我评价（满分20分，优18~20分，良13~17分，合格7~12分，不合格1~6分）和其申报工作项目负责的正或副班主任对其工作情况进行综合评价（满分80分，优71~80分，良51~70分，合格31~50分，不合格10~30分）构成。

评价等第分为：优（总分89~100分）、良（总分64~88分）、合格（总分38~63分）、不合格（总分11~37分）。

该评价结果将作为其在校工作态度及推优评先的一项重要参考内容。

（二）全员德育导师制度

全员德育导师制度旨在增强教师自主管理理念。《教师法》规定："教书育人是教师的职责。"每个教师在教书的同时首先得育人，即教会学生做人是第一位的。每个教师都该是德育工作者，要做到事事育人，时时育人，处处育人。每位教师应自觉树立起"人人是德育工作者"的理念，并在工作中主动承担起各项德育工作，真正发挥教师该有的作用。为增强"人人是德育工作者""人人是管理者"的理念，也为加强学校精细化管理，我校实行全员德育导师制度。凡是担任班级教学工作的老师，均同时担任德育导师。

1. 总体要求

（1）德育导师根据任教班级学生实际情况，确定教育对象，班主任负责1人，非班主任任课教师负责2人，采用科学、正确的方法耐心辅导，引导学生更好地发展。

（2）德育导师要了解指导学生的基本情况并及时建立相关档案，每次辅导要根据要求记录教育内容（不要当着学生面写，材料一定要保密且填写完整、具体）。

（3）德育导师辅导内容包括学生的思想道德、行为规范、学习生活、心理健康等方面。

（4）谈心及家校联系每月不少于1次。

（5）德育导师根据学生的情况，把握学生发展动向，适时帮助学生客观分析自己，发扬优点，改正缺点，找准新的突破口，不断进步。

（6）每学期在上半学期与下半学期分别对学生的辅导情况做一次全面分析，及时调整工作思路，以帮助学生发展的需要。

2. 考核办法

德育导师主要从三方面量分考核：

（1）材料记载情况

①班主任德育导师上交德育案例1篇，需按案例格式撰写。

②非班主任德育导师记载上交2位对象学生的辅导记载表，包括："德育导师"工作对象表、"德育导师"工作对象基本情况、谈心情况记载表、家校联系情况记载表、学生成长情况记录表、学生成长情况阶段性总结表、"德育导师"辅导对象工作总结。

德育导师根据要求认真、规范地填写好相关内容。所有记载表格保管要完整且要统一放入档案袋，期末按规定时间上交学生处，学校将对德育导师工作进行考核并统一留档。

（2）转化效果

（3）问卷调查测评情况

每学期考核分三等：优秀、合格、不合格；学校统一对"优秀德育导师"予以表彰。

（三）值周班级和文明岗

值周班级和文明岗，体现学生自主管理能力。

1. 值周班级制度

为进一步建立良好的教学秩序，树立良好的校风、班风、学风，完善学校管理体制，培养学生自立、自主和自我管理的能力，我校实行了值周班级制度。

（1）校门执勤

①时间：上午、下午各一次：上午（6：50～7：15），下午（夏令时间：17：15～17：30；冬令时间：16：50～17：05），在学生进出高峰时段每次执勤一般为15～20分钟，具体视作息时间定。

②人员：每天 4 人（4 人全部站在大门西边，统一将值勤臂章佩戴在左臂）。

③内容内容为骑车进出校门、学生胸卡佩戴情况和在校学生违纪出校门情况。

（2）课间及中午纪律、仪表检查

①检查时间：上午或下午抽查课间纪律；12：30～13：00 之间检查纪律和仪表

②检查人员：每班 12 人，共分 6 组，每组 2 人，各组 1 人任组长。

检查以年级为单位。值勤人员统一将值勤臂章佩戴在左臂。

（3）交接工作

①交接时间：每周周五放学前。接班班主任必须在规定时间及时指导好正班长接好班（前后值周班级正班长之间进行）并安排好值周工作。

②交接内容：移交有关记载表册和值周臂章。

（4）注意点

①班主任必须选派素质过硬、工作负责的同学任检查人员；检查时戴上红色臂章上岗。

②值周第一天班长应负责在教学楼底楼中走廊处"校务公开栏"内按指定位置粘贴好两张"值周检查公布表"。

③值周班级有关负责人必须在检查当天及时公布检查结果且填写有关数据时，书写要认真、字迹清楚、端正，不涂改。

④班级检查评分结果并入在"五项全优"竞赛分中。

⑤值周班级正班长在值周完毕应及时将有关检查和统计材料上交学生处。

（5）值周班级评价标准

值周班级值周期间有未到岗、表格未交现象的直接评定为不合格，有多处错误、总分未合计、表格填写不规范、缺岗、到岗但未将值勤臂章按规定统一佩戴在左臂等情况的评定为合格，无以上情况的可评定为优。

2. 文明岗制度

为倡导文明礼仪之风，形成优良的校风、校貌，维护学校的良好形象，学校制定文明岗制度，让"文明岗"成为学校文明的窗口，展示学校风采。

（1）文明岗成员条件

①思想表现好，责任心强，工作认真负责。

②住校生或住址与学校较近。

（2）文明岗人数：每天上岗4人（2名男生，2名女生）。

（3）文明岗上岗要求

①遵守作息时间：上午6：50～7：20。

②穿戴整洁，符合学生要求。

③佩戴胸卡、文明岗礼仪带，着装正统。

④站立姿势要好，不做无关动作（说话、吃东西等）。

⑤统一佩带礼仪带。

⑥上岗时4人统一站在校门西南边。

⑦面部表情亲切，笑迎师生，遇老师进门应向老师问好。

（4）文明岗组长职责

①督促组员按时上岗，不违反纪律。

②上岗前到传达室领取礼仪带、文明岗证件，分发给组员。

③上岗结束，收取礼仪带、文明岗证件，放回传达室。

（5）文明岗考勤办法

①传达室保安负责对文明岗考勤。

②对文明岗成员值岗期间如出现未佩戴礼仪带、交头接耳、嬉笑打闹或吃零食等违纪现象，将进行记录，并计入考核内容。

③学期末，学校将考勤记载与班级考核挂钩。

（6）文明岗评价办法

文明岗班级值周期间有未到岗现象的直接评定为不合格，有缺岗、迟到或违纪现象的评定为合格，无以上情况的可评定为优。

二、年级管理

基于我校班级多、规模大的特点，学校以年级组管理为平台，以点带面，推行自主管理，推动整个教育教学工作平稳、和谐地发展。各年级组通过加强德育与教学管理，围绕学校工作目标，精准发力，既发挥了年级组的自主管理活力，又强化了组内组间的合作，有效提高了团队的战斗力。

1. 年级组长自主管理

每个年级分别设立一名行政人员担任联系领导，下设两名年级组长，其中一名负责教学工作，一名负责德育工作。年级组长由教务处与学生处提名，经校务会讨论决定后聘任，选拔业务精炼、组织管理能力强、责任心强和服务意识浓的教师担任年级组长。年级组任课教师则由两位年级组长和联系领导共同讨论并择优聘用，优化组合，形成从学校到年级、班级的上下联动的管理体系。年级常规工作由年级组长全面负责管理和协调，并指导各班班主任、班干部开展具体工作，如：安排自修管理，安排年级组各类考试监考人员，组织年级组教师会、学生会、家长会，检查本年级仪表，组织年级组三项竞赛等。

年级组自主管理工作主要由德育年级组长负责推进。德育年级组长在学生处具体领导下开展工作，负责组织好年级组的班主任、任课老师对学生实施德、智、体、美、劳全面管理工作，促进良好的学风、班风建设，落实学校的教育教学计划。

2. 学生干部自主管理

为更好地创设良好的学习环境，树立明确的学习目标，经年级组全体教师和各班学生代表共同研究决定，我校高中各年级组在本年级内开展"三项竞赛"活动，由各班班长、团支书、纪律委员、团组织委员组成评分小组，进行自主管理。年级组"三项竞赛"评比结果统一纳入各学期文明班级考核加分项目。

（1）自修纪律竞赛

目标：培养良好的自习习惯，营造静心、积极的学习氛围。

要求：包括午自修纪律和晚自修纪律，要求安静、有序、高效。

评比办法：晚自修由值班领导每节课检查，午自修由学生干部检查。每周评比，对年级前两名班级授予流动红旗。

（2）早晚读状态竞赛

目标：营造每天振奋的学习状态，切实提高早晚读的实效作用。

要求：准时开始，不拖拉（领读人员提前2分钟提醒大家做好准备）；双手拿起书本，放在课桌上；坐姿端正，腰板挺直；朗读声音响亮、整齐，有感情、有精神，语速适中；遵守纪律，不做与早晚读无关的事。

评比办法：由班干部检查每天进行评分，以一周为一个竞赛结点，每周评出年级早晚读优胜班级各前2名，并授予流动红旗。

（3）学科竞赛

目标：扎实学科基础知识，切实提高学生学习质量，提升月考实效作用。

评比办法：以每次班级平均分（主要为语数外）为评比标准，评出前2名，授予流动红旗。

三、班级管理

班级自我管理是学生自我管理的重点，是学生自主管理的"细胞"。有效的班级管理方式是维护学校秩序、保证教学质量、实现教书育人目标的基本保障。

我们改变"以教师为中心"的被动管理为"以班级成员为核心"的自主管理，让学生都来参与班级管理，给予他们锻炼才干的机会，民主制定"特色班集体"建设，开展"五项全优"竞赛、"文明班级"评比、"美丽教室"创建、"跑操示范班级"评比等，让学生积极地参与到班级管理中来，成为班级的主人，让他们学会自我约束、自我感悟、自我教育、自我管理、自我评价。

（一）"五项全优"竞赛

为树立良好校风，加强班集体建设，也为学校培养人才创设一个良好的氛围，我校开展了基于学生自主管理的"五项全优"竞赛。竞赛内容包括五项：纪律、卫生、自行车停放、仪表、两操（眼保健操、跑操）。

1. 纪律管理

（1）值周班级校门值勤检查（具体见《值周班级制度》）。

（2）值周班级课间及中午纪律检查（具体见《值周班级制度》）。

（3）值周领导班风抽查。

（4）升旗仪式管理。内容为队列整齐、服装规整、精神饱满、声音响亮等四项要求。

2. 卫生管理

（1）常规组检查

①由各班卫生委员每天中午分年级对各班卫生进行检查教室内、外卫生。

②卫生区域包括门及窗台、黑板槽及讲台、课桌椅、地面、卫生角、教室走廊、栏杆窗台，走廊区域内如有壁画、垃圾桶、消防设施、开关盒、镜子等都应包括在内。

（2）抽查组检查

由学校不定期抽查评分（如各类考试清场、校园巡查过程中发现的乱丢现象等），检查结果在期末考核时统一计分。

（3）每月大扫除检查

学校布置的每月卫生大扫除，由学生处或年级组长统一检查评分，检查结果在期末考核时统一计分。

3. 自行车停放管理

（1）自行车需停在学校指定区域内，由专职管理老师每天上午或下午检查一次。

（2）自行车停放要求上锁、后轮胎端点成一条直线。

4. 仪表仪容管理

（1）年级组长检查

①由年级组长组织各班副班长 1 检查头发、首饰、化妆及其他。头发检查包括男生长发、怪发、烫发、染发、剃光头及使用摩丝、喷发胶、啫喱水等行为。

②检查记录每 2 周上交学生处统计。

（2）值周班级中午仪表检查（具体见《值周班级制度》）。

5. 两操管理

（1）眼保健操管理

①由各班学习委员分上午或下午抽查一次，每天 1 分，每周共计 5 分。

②遇到上体育课、音乐课、实验课、电脑课、美术课、劳技课等不在本班教室的，要求在原地做好操后再返回教室。如在教室上课的，务必要做操。

③眼保健操期间，南面窗帘需三扇拉开，以便检查。

④眼保健操检查时，任课老师还在讲课或考试，学生未做操的，将直接扣分。

（2）跑操管理

跑操及升旗仪式检查由学生会纪律检查部负责组织各班副班长 2 检查评分。

跑操检查内容包括出操质量、起跑、跑操精神面貌、缺操或迟到、班主任到岗情况、退操质量共六项，每天总分为 1 分。

①出操质量：要求在体育老师发出起跑指令前到达指定场地，并做好跑操准备。

②起跑：要求在起跑指令发出后，立即起跑，包括原地跑步。

③跑操精神面貌：要求态度端正、服装规整、队列整齐、速度适中。

④缺操或迟到：要求出操率高、无迟到早退现象，如确因身体原因需请假的，到室内体训馆集中慢走。

⑤班主任到岗情况：要求跑操时班主任（或副班主任、本班任课老师）随班指导。

⑥退操质量：要求在跑操结束指令发出后，才能结束跑操。

"五项全优"竞赛以年级组为单位进行评比，每天检查评分，每周公布一次。每周五项合计为50分，每项占10分。学期末以各班得分总计排名，评出优胜班级，并将成绩作为"文明班级"考核中的德育基本分。另设单项优胜班级：纪律优胜班级、卫生优胜班级、自行车停放优胜班级、仪表优胜班级。其中五项全优获奖班级不再评单项优胜，其余班级按照单项得分排名取奖。

（二）"文明班级"争创

为进一步加强学校德育建设，提高教学质量，也为完善学校班级管理，形成良好校风班风，每学期期末，由学生处负责牵头，协同教务处、总务处、各年级侧德年级组长对各班德智体三方面按规定进行考评。按年级取前40%授予"文明班级"荣誉称号，予以表彰奖励。同时，"文明班级"考核得分纳入班主任考核分，作为班主任考核内容之一。

附1：海宁市南苑中学"文明班级"评比细则

海宁市南苑中学"文明班级"评比细则

一、德、智、体成绩（100分）

（一）德育（40分）

按全学期五项竞赛得分在年级段中的排名计分，第一名得40分，第二名得39分，第三名得38分，以下每一名次递减1分。

（二）智育（40分）

按各班在期末大考成绩在年级段中的排名，分优秀率、合格率、平均分三项计分（其中高中按前15%、前70%、均量值）。第一名得40分，第二名得39分，第三名得38分，以下每一名次递减1分。以上得分优秀率占50%，合格率占25%，平均分占5%，三项得分之和为该班智育成绩。

（三）体育（20分）

各班体育得分第一学期按校运会该班团体总分在年级段中的排名计分，第二学期按各类体育活动得奖情况排名计分。第一名得20分，第二名得19分，第三名得18分，以下每一名次递减0.5分。

二、奖励

（一）德育方面

1. 各类学校组织的班级团体德育活动，如文艺汇演、拔河比赛、军训寝室内务评比、会操评比、寝室文化评比等，按比赛奖奖分。

2. 班级学生爱护公物，班级财产爱护突出的奖 1～10 分（根据总务处统计量分）。

3. 班级学生有好人好事或突出事迹，受到上级或社会表彰的酌情加分，奖 1～3 分。

4. 学校黑板报评比优胜班级奖 1～3 分。

5. 对需班级自主申报完成的学校任务（如实验楼自主申报大扫除工作）好的 1～3 分。

6. 运动会精神文明运动队奖 1 分。

7. 值周优胜班级加 1 分。

8. 文明岗工作认真负责，表现突出的奖 1 分。

（二）智育方面

1. 提优测试班级获团体奖（七、八年级校级；九年级海宁市级）的给予奖分。

2. 根据各学期实际情况，如新增需纳入的班级团体奖奖分的（由教务处决定）。

（三）体艺方面

各级组织的以班级为单位的重大体艺活动中获团体奖的，统一按比赛获奖办法处理。

三、处罚（略）

附2：海宁市南苑中学 2018 届九（8）班自主管理实例（班主任：张翔）

海宁市南苑中学 2018 届九（8）班自主管理实例（班主任：张翔）

一、做好始业教育：开学第一课，"真诚"赢得尊重

1. 致欢迎辞、新学年寄语、师资情况介绍

2. 明确班训：让班级因为我的存在更美好

3. 提出对学生的希望（打造美丽班级的几点问题说明）：

第一、老师是成年人，要担当很多角色，有许多事情要做，有许多责任要

承担，所以不可能时时刻刻关注你。希望你们学会自主管理。

第二、老师要面临四十来个孩子，有时很可能会心有余而力不足。请不要期待老师特别偏爱你，不要期待事事都给你机会。所以一定要有拼搏的劲头，好好表现。

第三、每个人都有自己合适的位置，你们一定要明白：你们是学生，学习是学生的天职。学习这件事，往往不是缺乏时间，而是缺乏努力！不求人人都考第一，但是人人必须进步！

第四、世界的和谐，在于万事万物都遵循一定的规则。一个人的成长，必须遵循纪律的约束。有许多事你想做而不能做，还有许多事你不想做但必须去做！所以，有时候外力的强制也是一种必需。

二、下发学生情况调查表，为储备学生干部做准备

家长，您好：

恭喜您的孩子进入南苑中学，据以往一些已经上了初中孩子的家长反映，原来一些小学学习不错的孩子步入初中后学习有些不适应，成绩下降很多，这对孩子的持续发展很不利。为了帮助家长及时发现孩子学习中的问题，尽快适应初中生活，帮助家长了解初中学习方法与习惯，完成"小升初"转型，进而配合学校，提升学生学习成绩及综合能力。通过本次调研活动，我们还将对问题突出的孩子给予具体的指导，感谢家长的配合。

班级：　　　　　家长姓名：　　　　　联系电话：

调　研　调　查　表（由家长填写，在选项上打√，可多选）

1. 您的孩子小学时考试成绩最突出的科目是

A. 语文　　　　　　B. 数学　　　　　　C. 英语

2. 您的孩子小学时考试成绩最差的科目是

A. 语文　　　　　　B. 数学　　　　　　C. 英语

3. 小学升入初中以后，孩子将要有很多学习习惯的改变，在这些学习习惯中，您的孩子具备？

A. 预习的习惯

B. 认真听课的习惯

C. 记笔记的习惯

D. 做作业先复习的习惯

E. 周末整理复习的习惯

F. 建立专门的错题本的习惯

G. 独立思考与独立完成作业的习惯

4. 您认为孩子现在学习存在的问题是

A. 学习主动性差　　　　　B. 听课不认真

C. 作业不能独立完成　　　D. 迷恋游戏和电视

5. 小学阶段您给孩子参加过哪种类型的辅导？

A. 音体美、舞蹈类　　　B. 英语类　　　C. 数学类　　　D. 没辅导过

6. 您认为孩子现在学习中哪些学习能力欠缺？

A. 数学计算能力

B. 解决分析问题能力

C. 阅读与写作能力

D. 英语学习能力

7. 您的孩子在小学阶段是否有参加班级管理工作（班委职务、课代表、组长)？

三、推行常委班委和值日班长制的双轨运行模式

1. 重视班干部的选拔与培养

常委班委成员要通过竞聘选举产生，他们大都是一些各方面突出的精英学生。由于班干部是通过学生选举产生的，所以能得到学生的信赖与支持，有利于他们开展班级工作，也有利于增强班集体的凝聚力。而值日班长则采用轮流担任的方式，目的是给每一个学生都提供锻炼机会，同时也让每个学生能尽快熟悉班级的一日常规。

竞聘时间在开学第一周。通过《调研调查表》的事先了解，班主任积极宣传鼓动，向学生公布竞聘岗位和竞选程序，然后让学生课后自由准备，最后利用班会课公开角逐，由优胜者担任相应职务。

为了方便后期考查以及最终班委班子的确定，班主任又规定这次竞聘产生的第一届班委会只有四周的任期，任期满，班主任会提前下发通知，再次举行隆重的班干部竞聘活动。它既是对第一届班委会工作成员的评价，又大大激发了学生参与管理班级的热情。原先仓促选出的班干部，大都为了能得到同学的认可，积极工作，认真准备；而新加入的竞选者利用从别人身上学到的经验教训，也毫不示弱。竞聘成绩由工作能力（主要看平时表现）、工作设想和具体措施（主要依据演讲内容）、人缘人气（主要看获得的支持率）和才艺展示（自

由发挥）四部分组成。

　　竞选结束后先是对男女比例问题调节权衡，其次是做好竞选欲望很强烈但是综合表现一般的学生思想工作，最后制作聘书，举行隆重的颁发仪式。

　　2. 重视班委队伍建设

　　选出班委只是工作的开始，许多班主任只知道指挥班干部去做，却从不教导他们怎么去做，因而做事效率低且常出乱子。经过探索与实践张翔老师对班干部的培养一般采用"三步走"的策略，即"扶着走，领着走，放开走"。

　　"扶着走"：班干部的培训可以通过班干部会议或者主题班会课。培训的主要任务有：让学生明确自己在班级中的地位；班干部应具备的素质；班干部工作的基本方法；班干部必须处理好的几种关系，当班干部与学习之间的关系；怎样搞好大型活动等。

　　"领着走"：班干部稍微有了一定管理经验后，班主任坚持以他（她）为主。不过，班主任要做好事前的指导、点拨和事后的分析、评述。这时，班主任需要采取各种措施，让学生尊重班干部，服从班干部的领导，使学生认识到尊重班委就是尊重集体，服从集体。同时一段时间组织班干部交流会，给大家一个相互学习，借鉴的良好机会。

　　"放开走"：给予班干部充分的信任，鼓励班干部要有自己的主见和开创精神，主动开展工作；同时要积极创设各种条件，让班干部到实际工作中去锻炼，去完善自我。如跑操、班级文化装饰灯班级组织的活动。

　　四、制定德育量化考核评价细则，提供班级日常事务管理制度依据

　　制度化管理要求依据《中小学生守则》《中小学生日常行为规范》《学校校纪校规》等，制订出符合班情的班规和班级管理运行机制，使得学生各项活动

能够从中得到指导和限制。尽管这些制度很简单，但通过学生讨论、通过，根据班级的实际情况制定出来的班级制度，才能真正被学生接受，内化为学生自身的要求。所以对于学生的日常考核我结合学校综合素质评价，进行德育量化考核制度。设置6名德育量化考核组长记录相关加分和扣分项，并且每周由值周班长进行汇总。对评分高的同学进行奖励，对违纪的同学适当进行惩戒。表彰先进，督促后进，学生参与度与热情很高。

五、在班级"后进生"管理中实施自主管理办法

有句名言说："学校应该让每一个学生都抬起头来走路"，就是要让学生充满自信和勇气，面对人生。后进生更需要建立自信。发挥学生的主体性，实施自主管理，尤其要注意面向"后进生"，因为他们笼罩着较多的被批评和被训斥的心理体验，自卑感较强。对待"后进生"要坚持不抛弃、不放弃，给予他们更多的自我发展机会，捕捉教育契机，使其自主进步。但是"后进生"的转变并不是一朝一夕的事，为了达到更好的教育效果，除班主任及时关注之外为个别学困生和行为习惯不良的同学配上班级中的优秀学生作为"师父"。同龄人之间的教育和帮助，往往能起到事半功倍的效果。

四、寝室管理

寝室是学生的重要活动场所，它既可以成为学生熏心启智、形成良好思想品质和行为习惯的场所，又可能成为不良风气盛行的地方，关键在于管理。学校常规管理头绪多且杂，尤其是我校住校生人数较多，因此仅仅依靠班主任、班团干部、寝室长等是不够的，仍会出现顾此失彼的窘境。只有学生都视自己为主人，让学生管理自己的生活，学生生活秩序、生活习惯的管理才能稳定而持久。

（一）健全制度，确立目标导向

管理，是一切工作得以开展的保证。只有形成制度化的管理，才能使自主管理运转有效、成果高效。为此，我校结合实际，制定了一系列管理制度：《寝室制度》《寝室安全制度》《寝室管理人员职责》《学生公寓家长探访制度》《寝室整洁工作细则》《达标寝室、文明寝室自主申报验收办法》《示范寝室评比办法》《住校生违纪处理办法》等，真正实现了管理制度化。

附：南苑中学《寝室管理制度》

南苑中学《寝室管理制度》

一、讲文明

1. 寝室及床位由学校排定，进入指定的寝室及床位，不得随意调动。必要的调整，须通过班主任，报学生处同意核准，方能实施。

2. 同学之间互相关心，互相帮助，发现病号及时与住管老师联系。

3. 注重文明礼貌，不打人、骂人，不讲脏话、粗话，不看黄色书刊，不搞任何形式的赌博活动。

4. 尊敬师长，服从住管老师的管理，完成临时指定的工作，老师进室要让座。

5. 爱护公共财物，损坏照价赔偿，有意破坏加倍赔偿。节约用水、用电，使用后关好水龙头及电器开关（特别注意断水、停电时）。

二、守纪律

6. 不得留宿非本寝室人员，不准带外校人员及通校生进入宿舍。

7. 按时起床，不睡懒觉；熄灯后及时上床睡觉，不再聊天、讲话及大声喧哗，不影响他人睡眠。

8. 住校生晚上均不准外出上街（除非学校组织）；晚自修下10分钟内回寝室。

9. 寝室内不准打牌、吸烟、喝酒；不搞不适宜的文体活动（如打球等）。

10. 遇特殊情况需回家或外宿，必须办理双假手续（①向班主任请假并办理相关手续；②凭班主任请假条向寝室管理老师请假）。

11. 夜自修期间遇特殊情况回寝室的，需向夜自修管理老师请假并办理相关手续。

12. 课间不准回寝室，特殊情况（因病等）凭班主任签字的请假条并经管理老师同意，登记后方可进入。

三、爱整洁

13. 寝室内保持整齐、清洁，每天按"寝室工作细则"要求，有序摆好日常用品（箱包、鞋子、脸盆、牙杯、毛巾等）。叠好衣、被，放置在规定的位置。蚊帐要挂起。

14. 不得在寝室内乱张贴，乱挂衣物。

15. 爱护卫生设施，文明用厕，谁使用谁清洗，防止厕所堵塞；做到小便即冲，大便即洗，保持便槽洁白，无异味。

16. 值日生上下午各打扫卫生间、洗脸间一次，并查改内务。要求纸篓套塑料袋，畚箕不存放垃圾，扫帚、拖把不倒地。双周二中午自觉参加寝室长组织开展的寝室大扫除，全面整理内务。

17. 养成良好的卫生习惯，地面保持24小时干净。做到零食包装物、果壳入塑料袋及垃圾箱，不乱丢杂物、纸巾等。

18. 不在寝室淘米、用膳（病号除外）。

四、保安全

19. 各寝室同学之间不得串门；有事联系应在室外走廊进行。

20. 寝室内床铺位置不得随意移动。睡上铺的同学头必须睡在有护栏一端，严禁拼铺。

21. 最后离开寝室的同学应检查电灯、电扇、水龙头是否关好，并关好门窗上好锁。（卫生间门、窗可打开通风）

22. 妥善保管好钱物，寝室内不得存放大额现金，有必要的可寄存管理处。晒出衣服、物品及时收进放好。贵重物品（如照相机等）不要带来。

23. 室内不准点蜡烛、蚊香等，不准私接电器、私装插座，防患于未然。

24. 室内同学要互相提醒，严防失窃，如有发生，及时报告。

25. 女生宿舍除住管教师及有关领导、值日教师、班主任检查工作外，任何男性不得擅自进入，有事在寝室管理室接洽。

26. 有自行车的住校生，购挂好停车证，按指定位置整齐停放自行车，并上好锁。

27. 凡逢刮风下雨天，必须关好窗门（特别是后窗）。

28. 家长看望子女必须按照探望制度先到宿舍管理室登记。

29. 严禁在寝室内追逐打闹（尤其注意开、关玻璃门窗不能用力过猛）。

30. 注意热水瓶使用安全，统一放在寝室内指定地点，谨防热水烫伤。

31. 每幢寝室楼二楼西侧楼梯口有紧急呼叫电铃，如在就寝期间有紧急情况，可按电铃呼叫寝室管理老师。无特殊情况任何人不得随意按铃，如有违反将严肃处理。

（二）全员参与，激发活力之源

1. 重视管理人员的管理

学生处定期召开寝室管理人员会议，加强对寝室管理人员的培训和教育，提高他们的管理素质和管理能力。根据寝室管理的总目标，制定了定岗、定责、定量为内容的岗位责任制，其履行职责情况由学校考核，并制定明确的奖惩制度。

2. 调动学生的积极性和主动性

每个寝室设立寝室长一名，负责督促寝室纪律和清洁卫生。每个住校生班级又设立总寝室长一名，负责对同学们的意见和建议及时反映，起好桥梁纽带作用，增强学生自我管理、自我教育、自我服务的意识。

3. 加强寝室的过程性管理

寝室管理人员每天对学生寝室进行纪律、内务卫生的检查、记录和评定，发现问题及时反馈并作出处理。学校还要求值日行政、年级组长、各班班主任，不定期对学生寝室进行检查。特别是学校建议班主任每天下寝室实地检查，或与寝室管理老师随时联系。

4. 抓好起始年级过渡教育

学生处注重新生心理调适，遵循循序渐进规律，抓好起始年级住校生的过渡教育工作。在每年新生报名时对住校生做好住校要求的宣传和指导，在新生正式入学的第一天晚上召开新生住校生会议，共同学习寝室制度和寝室内务整洁细则，然后由寝室管理老师、班主任下寝室指导住校生整理内务，主动深入到学生中去，加强对新生的生活指导。近几年，学生处还安排了高三对应班级的优秀寝室长，对高一新生进行内务整理实地指导。我校还要求寝室管理老师和班主任热心帮助学生冷静地观察、分析自己，耐心指导学生锻炼、提高自我管理水平。针对新生来自不同的学校及学生个体差异，学校采取了低起点、高要求，从宽到严、宽严相济、循序渐进的做法，确保实现平稳过渡。学校坚持在新生住校生中开展为期一个月的入学教育活动，让每一个规章制度从宣传到执行都给学生一定的时间去适应，这样就有效地消除了学生因不适应而产生的逆反心理和抵触情绪，进而将学校的严格要求化作了自觉行为。

（三）自主申报，健全动力机制

1. "达标寝室""文明寝室"的申报与评比

（1）"达标寝室"申报验收：

①寝室长申报。寝室长根据申报条件，凡基本符合的，向管理教师领取达标寝室申报表，按表内要求进行自查，据实填写后交住管组。

②住管组验收。校住管组收到申报后，一周内验收报送学生处，由学生处组织各班总寝室长验收评比。检查结果与平时检查成绩按比例计算得分，对符合条件的寝室授予"达标寝室"标志。

③达标寝室条件：无安全事故、纪律检查、卫生整洁。

（2）"文明寝室"的申报验收：

①寝室长申报。"达标寝室"稳固基础上升华为"文明寝室"。凡符合"文明寝室"条件均可由寝室长向住管教师领取"文明寝室"申报表。由寝室长组织本室同学代表进行自查整改，据实填写后交住管组。

②一周内由校学生处抽调各班总寝室长及寝室管理教师组成"文明寝室"验收组，根据条件逐室验收，按评分标准考核评定，报学生处审批后公布，并授予"文明寝室"牌子。

③"文明寝室"条件：必须是达标寝室，并且稳固时间四周以上。

（3）动态管理

①对达标寝室、文明寝室均实行动态管理，并非一劳永逸。

②动态标准（办法）：日检查中出现不符合"文明寝室"条件的，立即取消"文明寝室"资格，若尚符合"达标寝室"条件，降为"达标寝室"，并上报学生处备案。第二次申报，若降为达标寝室，需连续四周符合条件，第五周方可申报"文明寝室"，验收合格报学生处批准，可复牌。若不符合"达标寝室"条件的，则按顺序重新申报"达标寝室"。

2. "示范寝室"的评定与奖励

（1）"示范寝室"的界定

"示范寝室"是学校住校生寝室生活高质量的荣誉称号。"示范寝室"是寝室成员辛勤劳动的结晶，团结协作的成果。

（2）"示范寝室"的评比

①示范寝室每学期期末前评选一次。

②符合评选条件都可参与"示范寝室"评比。

（3）"示范寝室"评比办法

①"示范寝室"评定采用寝室自主申报形式，在学校规定申报时间内，由寝室长到寝室管理员处领取"示范寝室自主申报表格"并填写。

②必须是"文明寝室"，且"文明寝室"连续保持时间 8 周以上。

③学校组织开展"示范寝室"评定时，自评上文明寝室起 2 个月内纪律扣分累计不超过 0.5 分，整洁扣分累计不超过 1 分。

（4）"示范寝室"的奖励

①授予"示范寝室"标牌。

②"示范寝室"寝室长评定为本学期"优秀寝室长"。

3. "美丽寝室"的创建与展示

（1）寝室文化布置要求：积极、整洁、高雅、和谐。

①文化布置不得破坏、移动、变更寝室任何设施，不得造成安全隐患。

②门上、墙面上的东西不得用有损门窗墙面的胶水、糨糊、双面胶粘贴。

③除规定布置的位置外，其他区域不得自行布置。

（2）布置位置：前门、内门、卫生角墙壁、台板墙。

①每个寝室外门上有自己命名的室名。

②室名下方贴有写明班级、室长、室员的名单。

③在卫生角墙壁处张贴有寝室成员共同制定的寝室公约及安全守则（可打印、可美化）。

④在卫生角墙壁合适的位置贴有寝室卫生值日安排表、作息时间表。

⑤在指定位置进行文化建设，寝室装饰美观大方，风格统一，别出心裁。

⑥寝室卫生整齐洁净。

五、小组管理

结合我校"自主、合作"的办学理念，无论是教学上，还是班级管理上，都采用了小组合作的方式，使师生的思维方式进一步优化，促使教师和学生的主体意识和合作精神得到有效地增强和提升。

小组是学生从个体融入社会、协调自己和他人合作的第一个小单位，也是班级建设和课堂教学组织的最小团体单位。小组的自主教育、自我管理，是实现班级教育管理自主、年级教育管理自主、学校教育管理自主的基础。打造一个有利于激发学生自我教育、自主管理的小组是我们实现自主管理的第一步。

1. 让小组构成变得有趣

自主管理的小组分组和传统的班级小组分组有些不同，蕴含着学生更多的主动性。小组构成，不是老师的指派，而是学生基于某一种共同价值理念、共同生活愿望、共同爱好追求组织成的一个小团队，是学生在与同伴交往中自然组成的小团队。组建小组的时候，老师只在原则上做指导，具体如何操作，充分尊重学生的主观愿望。

2. 使组内分工凸现个性

小组组建后，要明确分工，充分调动每一个学生参与管理的积极性，让每一个学生都有事情可做。把组内任务进行细化分工是让学生明确职责，找到事情可做的好办法。小组长是组内核心人物，负责协调组内全面工作，分设各种工作岗位，细化每一个岗位的责任内容，明确每一个岗位的日常工作事务。小组成员按照自己的特长，负责筹办小组内自己擅长的事情。这样，每个人都能够在组内找到一份与众不同的工作，或者找到一件只有自己能够做而别人做不好的工作，学生的成就感和自豪感就会非常强。

3. 给小组管理注入文化

班级文化建设一直是自主管理的重点，营造润泽心灵的班级文化，可以让班级工作变得优质高效。文化不仅是我们共同的精神家园，是我们的生活状态，还要渗透到小组管理中去，成为小组管理的一个重要内容。因此，给小组管理输入文化的力量，让小组建设更加有档次、有效果、有意义。

小组合作是我国中小学普通实施的开发学生潜能、培养学生自主管理能力的活动载体。它依托学科体系，将有相同或相近爱好的学生组织在一起，进一步延伸学科知识，激发学生的学习兴趣，发展学生的特长，小组成员在一起定期交流、合作探究，客观上也起到培养学生自我管理能力的作用。

六、社团管理

在实施学生自我管理的过程中，我们要充分地信任学生、尊重学生，大胆地放手，相信有时候学生可以比老师做得更好、更有成效。因此，利用好社团等阵地，能充分培养和锻炼学生的组织能力和管理能力，使自主管理在社团活动中得到升华。

学生社团是校园时尚文化的代表，是青春历练成长的舞台，是公民意识养成的土壤。它作为校园内最具活力、最富表现力的学生组织，在拓宽学生视野、丰富学生兴趣爱好、提升学生文化素养等方面发挥着重要作用。

这些由学生自主组织的社团组织，把学生真正地置于主体地位，使学生在体验失败、挫折和成功中得到锻炼；使学生之间增进理解，培养团队合作精神；

增强学生的社交能力；增强学生的社会责任感，从而使德育工作在社团管理和活动中得到升华。

由于该内容在第五章"自主活动"之"社团活动"中有阐述，本单元不再详述。

第四节　自主管理的意义和反思

经过实践证明，自主管理可以大大提高学校管理的效率和质量，有利于激发学生的学习兴趣，调动学生参与的积极性、主动性，有利于增强学生的创新意识，提高实践能力，培育高尚的品格、健全的身心。

一、自主管理的意义

自主管理对于学生个性的全面发展，对于班集体特色的形成和巩固，对于学校优良校风地树立和我校"自主教育"特色学校的建设，都具有十分积极的意义。

（一）有利于促进学生的道德发展

个体道德发展的过程实际上是一个借助自己的智慧，努力探索，不断建构，从而达到自主、自觉的过程。学生通过参与自主管理实践，对自身固有的道德价值观、道德判断进行再认识，对道德原则进行理性思考后做出道德选择，促使自己的道德素质，即自主、自觉、自律能力的形成。通过实施自主管理，学生自治、自理、自律的能力不断提高。

2017届八（2）班龚刘英老师在班级内倡导"莫言品质"。所谓"莫言品质"，就是少说多做，脚踏实地做好每一件事，在平平凡凡中绽放自己的光芒。即使普普通通，也可以厚积薄发，这是八（2）班每位成员共同的追求目标。"勤学守纪，踏实严谨；善思求进，争创佳绩"是八（2）班的共同口号，他们用一起制定的班规鞭策着自己，传递着每位同学身上的正能量，踏实学习，遇到困难不气馁，获得成功不骄傲，善于思考，积极进取。两年来，他们努力着，成长着，也在收获着。未来，他们将继续追求并发扬"莫言品质"。

（二）有利于激发学生的内在动因

学生参与班级管理，有机会表现自己的意愿和才干，这就给予他们较大的自主权和较多的选择机会，既能唤起他们对学校、班级的责任感和荣誉感，也有利于克服传统管理教条化、公式化的弊端。

2018届九（8）班张翔老师在班级内推行常委班委和值日班长制的双轨运行模式，班级的日常事务主要就由值周班长和值日班长共同进行管理。值周班长是班委同学，经过业务培训，对班级各项事务的要求都很清楚。值日班长是非班委同学，在值日的过程中可以和值周班长相互交流，一方面熟悉了班级管理的要求与要点，另一方面也能够理解班级管理的不易，从而使得管理班级学生的面不断增广，也更好地增强了班级凝聚力。

（三）有利于推进学生个性社会化

学校和班级是社会的缩影，学生进入学校，走进班级，可以认为是他们离开家庭，走向社会的第一步。学生在学校、班级的生活，是对他们日后迈入社会生活的准备。当今社会，越来越要求这种准备要充分、全面。而学生自主管理是他们认识社会、适应社会的启蒙教育与初步训练。实践证明：学生自主管理比家庭教育要获得更多、更具体，甚至更积极的社会信息。每年，我校都会收到来自海宁市高级中学、宏达高级中学等学校的喜报，通报反馈由我校输送的优秀初中毕业生在高中阶段获得的各种荣誉，在高考中取得优异的成绩。此外，每年我校还会收到毕业班许多家长的感谢信，获得家长和社会的高度评价。

2017届李如琴老师所带的八（9）班，基于"小团队，大集体"的观念，全班37名同学组建成6个团队，每个团队设有CEO、文科主管、理科主管、仪容仪表主管、卫生主管和纪律主管，做到每个人都有职责，团队内分工明确；每个团队都设计各自的名称，有各自的口号，打造出自己的特色；每个团队建立团队记录册，保持团队的动态发展，建立比拼表，实现团队内相互监督、共同进步的良好局面；定期交流，取长补短，不让每一个团队掉队，更不让每一个成员掉队，力争实现合作双赢。他们在团队中成长，在合作中进步。

（四）有利于形成优良的班风、校风

班风和校风是学生群体共同具有的富有特色的稳定的行为倾向，它能体现出学生共有的精神风貌。学生是群体中自我管理的主体，他们在自主管理过程中，自我认识、自我组织、自我监督、自我调控、自我激励、自我评价、自我适应等能力能迅速得以提高，从而为优良的班风、校风的建立准备条件。我校不少班级以"小组合作""班干部聘任""自主管理"等为班级文化建设的主题，创建了一系列契合学校办学宗旨、体现班级文化的特色班集体。

2017届姚远老师任教的九（6）班是一个充满活力、阳光进取的大家庭。该班紧紧围绕着南苑中学"一切为了人的自主发展"的指导思想，融合了班级每一位成员的自身特点，建立了学生自我约束、自主发展、自我教育的新型特色班级管理模式。量才而定，精细分工，发挥学生自主能动性，培养了同学们的自我意识、创新意识、实践能力，使同学们真正成为班级管理的主宰，打造出一个美丽优质的班集体。自主管理是他们共同的基础；踏实努力是他们前进的动力；收获成功是他们追求的目标。他们携手三年，共同去点燃梦想，传递希望，照亮前程。

（五）有利于建立新型的师生关系

1. 自主管理给学生以尊重，采取赏识教育

自尊心是一个人要求得到别人的肯定、重视以及自我肯定的一种积极情感，是不断追求向上的内动力，也是生活的精神支柱。自尊心是学生心中最敏感的角落。尊重，首先是尊重学生，只有尊重，学生才能感到师生平等。这是建立新型师生关系的"秘诀"，是构建新型师生关系的前提。为此，我们要尊重学生人格、意愿，尊重学生对班级、学校提出的意见，尊重师生的情谊，尊重学生的创新精神，尊重学生的隐私权。同时，采用一切方式肯定、赏识学生，激励学生积极向上。

2. 自主管理让学生当主人，培养主体意识

让学生当主人是建立新型师生关系的关键。我们知道，知识最终是学生自己学会的，做人最终要学生自己去做。让学生自己积极开动脑筋，自觉参与实践，主动参与管理，教师要发挥"导"的作用，激励学生思考，鼓励学生探究，调动学生实践。

2018届方华老师的九（6）班引入了陶行知的"知者为师、能者为师"的人人可当"小先生"的教育思想，人人争当主人，不仅师生关系融洽，而且班级管理井井有条，自主发展成绩喜人。

3. 自主管理使师生交朋友，进行情感交流

教育管理中，我们往往重视的是规章制度的"刚"性管理，而忽视师生间心理沟通的"柔"性管理，师生间缺乏必要的行之有效的心理沟通，直接影响着教育管理的效果。作为教师，作为班主任，必须热爱学生，必须尊重学生、理解学生，做学生的朋友，才能同学生建立起融洽的师生关系，达到师生情感相通。教师与学生谈谈心里话，做学生的朋友，不仅能增进沟通、理解，而且

能在与学生交友中不断完善自己。

总之，自主管理充分体现了我校"一切为了人的自主发展"的办学宗旨，以及"培养具有自主发展意识与合作能力的现代公民"的办学目标。由于营造了人人平等的氛围，同学关系、师生关系更加融洽，大大提高了学校管理的效率和质量，有利于激发学生的学习情趣，调动学生参与的积极性、主动性，有利于增强学生的自觉意识和创新意识，提高自律能力和实践能力，培育高尚的品格、健全的身心。

二、自主管理的反思

任何事物都有两面性，在实施自主管理的过程中，我们需注意以下四个方面：

（一）学生发展不平衡问题

由于学校提供的展示自我的平台是有限的，而且学生个性各异，难免存在发展不平衡、参差不齐的情况。因此，在日常工作中，教师需更多地鼓励学生大胆参与，抓住一切机会积极锻炼自己。

（二）学生发展不成熟问题

学生毕竟还不够成熟，有些学生不能很好地处理学业与活动的关系。这就要求我们在培养学生自主管理能力的同时，要做好两个方面的工作：

1. 要很好地做到"因材施教"

尽可能多渠道、多途径地开发学生潜能，让每个学生都能自主地选择自我发展的有利途径。

2. 要处理好教学与活动的关系

通过课堂教学主渠道贯穿有益身心健康的指导，引导学生在学有余力的基础上通过相关活动来发展自我，做到学习、活动两不误。

（三）机构执行不到位问题

在具体管理过程中，学生会、社团等组织机构有时候可能会出现自治无序、执行力度不够的问题。要充分发挥学生会、社团等的功能，就要加强学生会、社团等的建设，优化组织机构和学生会、社团干部的配置，提升学生会、社团干部自身素质，指导学生会、社团干部自主管理，引导学生会、社团等在自主管理和发展中日趋完善。

（四）教师退位不大胆问题

实施学生自主管理教育，并非是让学生任意发展，教师的引导要与学生的自主管理和谐统一。教师要从管理主体地位退下来，把学生推到前台，由过去自己直接管理变为指导学生自主管理，成为学生管理的设计者、指导者、培训者、引领者。在不超出学生当前心理承受能力、自我调节能力的范围内，凡事教师都要敢于"放"；在学生误入迷途难以自拔的边缘，教师要及时"收"。教师只有收放得体，学生才能具备创积极性和创造力，才能闯出一片既有益于自己又造福社会的天空。

与"自主教育"一样，"自主管理"是一个永久的话题。如何使这一工作做得更具有系统性、科学性，使之与学校管理更好地融合，仍需我们进一步努力探索。

第七章

教师自主发展——特色学校建设应有之义

自主教育的办学宗旨是"一切为了人的自主发展",这里的"人"既指受教育者学生,也指教育者教师。自主教育是培养受教育者的主体意识和学习能力,促进其主动发展的终生教育;也是培养教育者自信、自立、自强的精神,促进其不断改变原有的知识、观念,吸纳新的知识、观念,提高自己的能力的教育。教师是教育行动的实施者,是学生自主发展的引领者,是先进教学理念的实践者,是学校特色创建的推动者,教师专业的自主发展是促进学生自主发展、推进学校特色创建、提高学校办学质量的重要保障,它是学校自主教育特色建设的应有之义。

第一节 教师自主发展概述

随着教育改革的不断深入,人们越来越认识到教师是影响教育改革成败的关键因素,只有教师的专业水平不断发展、提高才能成就高质量的教育。从教师专业化的整个发展历程来看,其经历了从群体专业化到个体专业化,再从个体被动专业化到个体主动专业化的过程,在这个过程中,教师专业化发展中的自主性和主体地位逐渐显现并受到重视,教师的专业化发展由此步入个体自主发展的道路。教师的自主发展充分体现了自我教育的地位和作用,反映了教师作为主体人的发展的本质特征,也符合当前教育改革在培养人上的"人本"要求,因而它对于教师的专业发展来说更具适切性,而其专业化发展过程更具实效性。

一、教师自主发展的内涵

教师自主发展是以教师发现自我、成就自我的内在动机和需求为基础，是教师实现专业成长和业务提升的一种力量源泉。在新课改背景下，教师的自主发展既需要主观努力，又需要一定的客观保障。自主发展首先意味着一种主体的自觉行为，而这种主体自觉则体现为主体意识、发展意识、问题意识和创新意识上。因此，可以认为：自主发展需要主体意识。在新课改背景下，教师既没有可资借鉴的教学经验、模式，也缺乏学习材料，因此只有具备主体意识，发挥教师的自觉性、积极性和自控性，积极探索课程与教学改革，才能实现自我超越。

（一）教师的发展意识

教师职业的特性决定了教师首先是名专业人员，教师的专业储备和专业素养是其成长发展的根基。教师的专业素养还体现在良好的知识和技能的学习、整合、建构与传授的能力。因此，教师首先是一个素质良好的学习者。需要通过不断学习和探究，把散乱堆积、缺少生命力、不能解决实际问题的"惰性知识"，转化为有益于自我成长的有序的"活性知识"；需要具备把"故事"讲好的能力，将教学案例想清楚、写正确、说明白。其次，教师还得具备教育技巧。"怎样教"比"教什么"更重要，优秀的教师应该明确每节课堂教学任务，运用"输入——建构加工——输出"的教学策略，通过有序的疏通与引导，科学打造高效课堂。通过留空留白的互动与探究，充分激发学生的潜能。就此而言，教师在教育教学的过程中要有专业发展的意识。

教师是一种特殊的职业，承担着优秀文化传承与发展的使命。教师每天都面对新的教育理念的挑战，每时都面对新知识的困扰，每刻都面对新的教学方法的冲击。时代激荡，不进则退，稍一停止进步就会"理念滞后、知识匮乏、方法陈旧"的现实，迫使教师树立不断学习的意识。这是教师职业教育的需要，也是教师职业发展的需要。

教师的教育主要是继续教育，是边工作边学习的过程，在工作中学习，在学习中工作。二者既是矛盾的，又是统一的。怎样解决教师的工学矛盾？一是利用工作之余，积极参加有关部门组织的离岗学习，把在岗位教学实践中遇到的问题，通过理论学习去认识、去升华。二是在工作中学习，教师的教育很多方面是和教学工作密不可分的，要学会带着问题去工作，在工作中去思考，在教学中去理解，在实践中去提高。

（二）教师的创新意识

经济学家熊彼特在他的德文著作《经济发展理论》中，首次提出了创新的概念。我国把"创新"一词引入了科技界"知识创新""科技创新"等各种提法，进而发展到社会生活的各个领域。在教学领域不仅仅限于教学成果的创新，一般来说包括教学思维创新、教学方法创新、教学管理模式创新等。唯有教师的创新，才会有学生质疑问难精神的培养，引导学生积极主动地在自主、合作、探究的学习过程中发现问题、提出问题、解决问题。让学生"靠自己的能力"去学习，从而达到培养学生的创新意识和实践能力的目的。面对知识的更新和教学对象的变化，作为一名教师，必须树立创新意识，在遵循教学规律的前提下，以丰富的知识作为基础，具有敢为人先的胆识和勇气，对约定俗成的教学方法和教学内容敢于持怀疑态度，敢于标新立异，不墨守成规，不迷信权威，鼓励并参与学生的想象。不断在教学实践中尝试、探索，形成与时俱进的教学模式，积极主动应对教学内容及对象，才能随机应变地进行创造性教学。

（三）教师的团队合作意识

新课程标准热切呼唤综合型教师。它极力要求教师打破自己原有的知识结构，冲破学科壁垒的禁锢，不再画地为牢，不再让知识结构单一，而应在向纵深处发展的同时广泛涉猎其他学科的知识，加强与其他课程及生活的联系，促进学科素养的整体推进和协调发展。教师之间应该随时切磋、交流，相互启发、补充，实现思维、智慧的碰撞，从而产生新的思想。作为教师，单打独斗是很难开创事业的春天的。只有打破以自我为中心的封闭式教学心态，以开放的姿态，认真聆听其他学科教师的教学理念、育人方法、教学手段等，从他们的闪光点中启悟自己教学的得失，权衡自己教育的利弊，从中撷取能为己所用的知识，才能不断充实自己。只有"站在他人的肩膀上"，加强横向交流与合作，才能不断提高自己的教学技能，提高教育教学效率。只有把合作的理念贯穿在整个教育教学过程中，形成平等、民主、合作的教师与学生之间、教师与教师之间、领导与教师之间、教师与学生家长之间、教师与社会各界人士之间的良好而健康的合作关系，才能使教师更具感召力、凝聚力，使学校产生发展的活力，形成发展的原动力，才能全面而深入地推行新课程改革，实施素质教育，大幅度地提高教师和学生的素质，从而提高教育教学的质量。

（四）教师的问题意识

问题是一切研究的起源和动力。新课程改革探索中充满了矛盾和问题，只有认识与解决了这些矛盾和问题，新课改才可能有所进展。然而，这些矛盾和问题不会自动暴露出来，它们往往隐藏在一些看似正常的活动之中。因此就需要教师做有心人，经常去发现矛盾与问题，探究解决矛盾与问题的办法。只有这样，才能不断发展，获得新生。

二、教师自主发展的意义

自主发展是教师不断改变原有的知识、观念，吸纳新的知识、观念，提高自己的能力，转变自己的角色的过程。教师自主发展是以教师发现自我、成就自我的内在动机和需求为基础，是教师实现专业成长和业务提升的一种力量源泉。教师的自主发展是教师专业成长的一个重要途径，是教师主体性的一种重要表现，是教师职业道德的一个重要内容，是一切自觉为教育事业献身的教育工作者的自觉行动。在当前进行课程改革背景下，教师的自主发展具有重要意义。

（一）新课程改革的要求

课程改革需要教师专业发展的支撑，在课程改革不断深化的今天，教师需要结合自身的教育教学实践，通过解决教育教学中的实际问题，提高自身专业素养和专业能力，提高内在的职业价值。同时，课程改革的过程也是教师专业发展的过程，可以说新课程的实施，给教师的自我发展创设了良好的空间的同时，向教师提出了新挑战，学校必须对教师专业发展的有效策略进行研究。教师的自主发展事关新课改的成败得失。有关研究告诉我们，阻碍教师参与课程改革的原因大致有 12 种之多：主权缺乏、利益缺失、负担增加、行政支持缺乏、孤立、不安全、规范不一致、厌倦、混乱、知识不同、突然性大规模变革以及其他意想不到的阻力。有些理论中将这些原因进一步归纳为习惯的惰性、知识的缺失、利益的担忧、体制的滞后和人际关系的失调五大类。不难看出，在这种归纳中，与教师有明显关系的原因至少有习惯的惰性、知识的缺失、利益的担忧等三大类。那么，在新课改背景下，教师的身上是否存在上述阻力呢？至少习惯的惰性是存在的。从课改实践可以看出，教师往往囿于习惯思维和传统做法，自觉不自觉地拿着课改新教材，走着传统教学的老路。

（二）特色学校建设的需要

我校的办学宗旨是"一切为了人的自主发展"。从 2006 年开始积极倡导自主教育，通过实践，全校教师初步具有了"自主发展"的需要和意识。近年来学校对教师培养的工作重点是：抓住教师专业成长，围绕打造一流教师队伍这一目标，以分层切入和教师自主管理为策略，开展主题校本培训，探索促进教师自主发展意识的方法和路径、评价体系等，从而实现教师个人发展和学校发展目标的最佳结合。

（三）教师评价模式优化的需要

随着课程改革的全面推进，教师评价问题也已成为人们关注的热点和焦点问题。"如何确定符合学校、教师发展的评价导向；教师如何充分参与制定与调整评价的指标；如何充分发挥评价的导向功能；如何实施具体的评价方式"等问题，这不仅仅是改革中的焦点问题，也是一直以来困扰我们的问题。改革传统的教师评价，实施发展性评价，是促进教师成长和提高的一种有效手段，是学校管理改革的内在需要。

（四）教师自我发展意识的需要

在学校发展过程中，我校教师队伍曾有过一种明显的倾向：对学生的教育教学工作严谨而踏实，凸显出很强的工作责任心，但对个人的科研、人文素养的提高却较为漠视。表现在个人评优、职称评审、业务竞赛等方面积极性不高，从而使对教师的培养成了学校单一的组织行为。要使培养取得实效，就必须唤醒教师个体的自主意识，这就需要建立教师自主发展评价机制。

（五）教师身心健康发展的需要

在新课改背景下，教师要以一种全新的理念去实践，既没有现成的经验可以借鉴，又没有典范的模式可以参考，只能靠不断地探索、实践和总结。这既意味着教师要进行超常的劳动，花更多的时间和精力去备课，也意味着在探索中必将遇到更多的问题，产生更多的矛盾。有研究者指出："参与课程开发既是权力，也是负担"，"活动多是好事，也是坏事"。有的教师甚至提出"我们的健康受到威胁""我们是人，不是神""新课程改革在为学生着想的时候能不能多为我们教师想一点呢"等质疑。与此同时，新的理念、目标和要求等也与教师原有的观念、知识、能力、角色、习惯等产生直接的矛盾冲突。新课改是全面推进素质教育，提高全民族素质的重要举措，系国家大计方针，放弃与应付是不可取的。全部出路在于外减压力、内强素质。外减压力是相对的，最根本的还是要靠教师内强素质。主动、积极、及时地调节自己的身心、更新自己的观念、更新自己的知识、调整自己的角色、提升自己的能力才是最好的选择。

三、教师自主发展的途径

教师的自主发展是以教师发现自我、成就自我的内在动机和需求为基础，是教师实现专业成长和业务提升的一种力量源泉。教师自主发展的动力来源于教师自身发展的内驱力以及以学校管理者的发掘能力和激励技巧为基本手段并依托于教师自主发展的激励机制。教师自主发展集中体现在精神风范的彰显与业务技能的淬炼过程之中，教师必须及时更新教育理念，反复进行自我省察，不断丰厚专业内功，加大后续学习力度，在诸多有利要素相融相生的过程中不断积淀、完善自我，最后释放出自身内在正能量以促进专业发展。

（一）自主学习，为自主发展聚能

学习对于教师的自主发展具有重要意义。众所周知，学习与学问（知识）是紧密相连的，学习是个体获得知识的途径。在众多学科中，对人类学习机制的认识最深刻的也许是心理学。单是对"学习"概念所给出的定义就不计其数。其中，认知心理学家和认知建构主义者对"学习"的定义显得更为精炼与深刻。认知心理学者认为"学习是知识的获得"，认知建构主义者主张"学习是知识的建构"。二者的提法不一，但都表征了学习与知识之间的关系。这就告诉我们，学习是教师增长知识的唯一渠道，是教师积极更新知识的捷径。

1. 向书本学习。一方面教师要向书本学习本学科专业知识及拓展性专业知识，学习跨学科专业知识。不少教师知识结构的宽度不够，知识体系不够健全与完整，阅读量严重不足，缺乏分析问题和解决问题的能力。还有的教师对本学科的专业知识掌握的深度不够，特别是对拓展性知识和跨学科知识更显得匮乏。解决这一问题的唯一办法，就是要求教师认真钻研本学科及相关学科专业知识，提高自己的文化知识底蕴和学科理论水平，建立起既专又广又博的完整的知识体系。另一方面，教师要认真研读各种教学期刊、研究报告、论著等文献资料，不断了解学科教学及教育的最新动态和前沿知识，丰富自己的教育信息，提高自己的综合文化素养。为了让教师更好地开展学习，我校专门改建了阅览室，为教师订阅各种当前最权威教育教学报纸杂志，组织教师定期开展学习活动；学校教科室定期收集体现当前教育教学先进教学理念的文章刊定成册，供教师自主学习。

2. 向他人学习。一是教师要积极参加教研组等协同成长团体活动，不仅参加本学科的教研活动，还应参加相关学科的教研活动，通过参加活动，在与组内其他成员的互动过程中，获得他人的知识、经验，充实自身的教学知识。二是经常参加各类专家讲座、教学研讨会，有条件的可以积极争取到学术单位进修，开阔视野、增长见识、丰富知识。三是通过参观和教学观摩等方式向他人学习，这种方式对获取那些只可意会，不可言传的教学隐性知识非常重要。四是教师可以通过与资深的教师、名师等相关人员结对，或加入名师工作室等方式，获取自己所需要的知识。

3. 向网络学习。互联网是一个巨大的学习空间，它打破了年龄、时间和空间等诸多限制，教师应该积极打造自己的网上学习策略，充分利用网络资源。如学校在校园网上以教研组为单位建立校本资源库，教研组长或备课组长定期上传教学资料，教师可自行下载学习；再如教师可登录教育资源网，开展专业学习；有条件的教师可以建立自己的个人空间，加入名师工作室群，这样可以不受时间和空间的限制，在网上实现与专家学者以及同行的交流与研讨，通过交流研讨提升自己的专业水平。

（二）教育科研，为自主发展蓄势

教育科研就是教师个人或教师群体对本校教育问题的探讨和思考。从本质上说这是一种教育行动研究，是教师围绕日常教育教学活动中碰到的问题而展开的研究活动，其目的主要在于解决现实问题。教育科研引导教师在平时的教育中去发现问题、分析问题，最终寻找行之有效的解决问题的方法和手段，不断提高自身的教育教学水平与能力，为自主发展蓄势。

教育科研的形式很多，教师们易于进行的大致有四种：

1. 撰写反思性教学日记。教学日记是课堂生活的记录，其中既有各种观察资料、经验分析，又有教师对自身实践（尤其是课堂教学中的关键事件）的反思与解释。撰写反思性教学日记实际上是教师对自己的课堂生活的推敲琢磨的过程。

2. 口头切磋商讨。这是两个或多个教师一起通过检讨教学活动中遇到的具体问题（如教学观念、教材、学生的行为表现与作业等）来研究自己的教学经验的一种方式。口头切磋不是一般意义上的教师谈话，因为它常常要求切磋者沿着一定的程序，仔细准备资料，提供能使其他教师重新翻阅和审视的分析记录。对于教师说来，口头切磋是提出问题和解决问题的大好机会。

3. 合作性课堂研究。这是教师们一起研究（观摩与讨论）某个教师的课堂教学，包括研究其课堂环境与课堂文化、教学方法与教学手段、教学语言与师生互动、教学目标及实现程度诸方面的活动。这种合作性课堂研究基本上由授课教师进行说课、上课、自评与他评（即别的教师评课）等环节构成。它至少具有诱发反思、分享经验以及取长补短的作用。

4. 合作性课题研究。当下的课题研究很多，包括校本课程开发、课件制作、新课程实施策略研究、学生研究性学习指导策略开发等。合作性研究不仅指一校之内的，也指校际的合作性研究。它能够集中教师们的智慧，充分利用各校资源，较好地解决新课改过程中遇到的多种难题。

这四种形式的校本教研其主体是不同的，第一种形式的主体是教师个人，其他三种形式的主体则是教师群体，由口头切磋到合作性课堂研究到合作性课题研究，其规范程度不断提高。通过这些形式的校本教研，教师不仅能及时解决新课改的问题，更能通过知识互补、经验共享、智慧碰撞、能力锻炼、境界提升，实现自主发展。

（三）教学改革，为自主发展扬帆

教师自主发展归根结底是在教学改革的过程完成的。教学改革是打破教学上的旧观念、旧制度、旧做法，形成新观念、新制度、新做法。在新课程改革背景下，教师唯有在教学改革中及时更新教育理念、掌握先进的教学手段、探索新的教学方式，才能实现自我的发展与更新。

1. 备课内容的改革。备课是指教师在课前熟悉教材、了解学生、选择教法、准备教具、最终形成教案的过程。其中有助于教师发展的主要活动包括准备教材、研究学生、研究师生互动、进行教学设计等四个方面。研究教材就是激活、改组和拓展教材。而这实际上正是作为新课改一个部分的校本课程开发。研究学生包括研究学生的学习需求、学习能力、学习方式和学习资源，帮助教师以学定教，提高教学效果。研究师生互动是研究教学过程中师生积极交往、共同发展的过程。进行教学设计是教师根据教学目标，把教学观、课程观、学生观等综合起来，设计出课堂教学的大致环节、重点与难点的解决办法、教学材料的运用方式等的活动。

2. 教学设计的改革。教学设计是分析教学需求与问题的基础上，进一步确定解决教学问题的步骤和方案，通过评价和反馈来检验方案实施的效果，并修订完善方案，以优化教学的一种规划过程操作。教学设计是教师提高教学水平的重要途径之一。新课程改革倡导"学生为主体"的教学理念，教师的教学设计应实现"为了学生的学而教"的教学理想，我校在上海愉快教育研究《推进学习设计，提高学习效能》的总课题的引领下，改变教学设计方式，变教学设计为学习设计，以学习任务单为载体，以分析学生的学习基础及完成学习任务所需的各种条件为依据，设计学习任务、达成学习目标的学习顺序、学习资源、学习方式、学习组织形式、学习规则等教学方案。

3. 课堂教学的改革。课堂教学的改革是真正体现素质教育、落实新课改精神的主战场。教师在课堂改革中要综合运用新知识、新能力、扮演新角色体现新观念。能够体现教师自主发展的课堂教学改革活动主要有：（1）使课堂教学组织灵活化。组织教学敢于打破传统模式，善于根据课堂上学生的问题、兴趣等及时调节教学进程，做到以学定教；（2）使教育场所非固定化。教师场所非固定化首先是能在教室外的场所开展教育与研究活动，其次是能根据教学活动的目标改变教室里的课桌安排，能尝试圆桌式、集块式等促进小组合作活动的现场安排；（3）使教学材料多元化。教材不再限于黑板、粉笔与教科书"老三样"，能够把现代信息技术、社会事件以及学生日常生活故事拿来作为教学材料；（4）使学生的课堂角色主体化。教师的主导作用体现在使学生真正成为课堂活动的主体，教师的主导性活动在于启发、点拨、引导。

第二节　师德建设，奠基教师自主发展

崇尚师德，铸就师魂，是推进我校教师自主发展的基石。教师职业的"教育性"决定了教师自主发展永远无法脱离师德的规范，师德在教师自主发展专业素养中居于核心地位，如果缺失教师的道德精神与境界、道德能力与素养、道德规范与习惯，就不可能有教师自觉执行教育方针政策、依法履行自己神圣的职责、主动参与教育改革实践、开发和利用校内外有益的教育教学资源、不断发展自身的专业素养与能力。师德建设是教师自主发展的动力。在师德教育的过程中，使得教师站在了受教育者的视角上，多方位地审视自我，进一步完善自我，能够激励奋进，增强工作责任心，用更多的精力投入教学，不断更新观念，改进教学方法，提高教学效果，从而有力促进教师自主发展。

一、师德建设的意义

党的十九大报告就新时代如何优先发展教育事业、加快教育现代化、办好人民满意的教育、建设教育强国提出了明确要求，也为新时代师德师风建设指明了方向。《关于全面深化新时代教师队伍建设改革的意见》对师德师风建设做出了总体部署，要求"着力提升思想政治素质，全面加强师德师风建设"，这体现了深入贯彻落实党的十九大精神，立足于立德树人根本任务的必然要求。教师是实施素质教育的主力军，是教育教学改革的实践者。办好学校，提高质量，不仅需要教师转变教育思想，更新教育观念，优化知识、技能结构，提高教育教学水平，更需要教师具有良好的职业道德素质。为了树教育形象、创文明教育，唱响一切为了学生的主旋律，规范教师言行、打造诚信教育、办人民满意的职业教育，促进全校教师以德治教、以德修身、以德育人。

（一）学生求知成长的需要

为人师表，师，即"表率"。老师是学生心中的标杆，是其成长的指导者和引路人。高山仰止，师德师风是构建和谐师生关系的重要纽带，对学生的影响是深远的。教师的职业道德是决定学生能否成才的关键。在学生心中，教师是求知途中的指路明灯。学生从老师的身上不仅学到知识和能力，更重要的是学习老师为人处事的方式。教师的一言一行会对学生的人生观和价值观产生潜移默化的影响。品德高尚的教师，不仅传授学生知识，而且能够帮助学生树立积极的学习态度和正确的价值取向，使学生善于学习、乐于学习，并懂得为什么而学习，从而成为品学兼优、对己有利、对国有用的人才。若一个教师自身品行差、作风不好，就会对学生产生消极影响。比如对学生发表错误言论，差别对待学生，甚至辱骂、体罚学生等不当行为，就会对学生内心造成伤害，使学生产生厌学，甚至厌世的心理，对学生的人生之路造成无法弥补的严重后果。`

（二）教师爱岗敬业的需要

俗话说"干一行、爱一行"。既然选择了教师这个职业，就要立足岗位，爱岗敬业。爱岗敬业是教师最基本的职业道德，是师德师风建设的核心。"十年树木，百年树人"，一个老师只有具备了高尚的师德，才能更好地关心学生的健康成长，才会爱学生。才能爱岗敬业，乐于奉献。才能以良好的师德师风去影响学生，做学生的良师益友，做到为人师表。教师要以认真的态度对待教学工作，把自己的全部心血和精力投入教育工作，才能不辱自己所承担的神圣教育使命。

既然选择了教育事业，就要对自己的选择无怨无悔，不计名利，积极进取，努力创新。只有具备优良师德师风的老师，才能坚守并热爱这份清苦的教师职业，并满怀喜悦的感受因学生成功而体现的成就。

（三）学校持续发展的需要

教师是学校的主体力量，教师积极工作才能推动学校持续发展。教师的言行举止，体现了学校的办学风貌。学校引进和培养老师，不仅要注重对老师知识能力的考核，还要注重对老师品德和作风的考核。师德师风考核，不能流于形式，需要在老师工作过程中实施全程考核。只有树立了良好的师德师风，才能在学生中产生良好的学风，才能在学校营造良好的校风，从而推动学校持续向前发展。师风、学风、校风三者相辅相成，互相制约也互相促进。师德师风建设不好，将对学校学风和校风造成消极影响。老师不好好教、学生不好好学，学校的教学秩序就会陷入混乱，长此以往，学校声誉受损、发展受限，整体陷入不利局面。

二、师德建设目标

（一）工作目标

围绕学校"自主教育"特色中心工作，以"敬业爱生、教书育人"为核心，以"德为人先、学为人师、行为世范"为准则，以提高教师思想政治素质、职业理想和职业道德水平为重点，强化师德教育，履行师德规范，不断提高师德水平，努力铸就一支"讲正气、显大气、有朝气"的高素质专业化教师队伍，办好社会满意的学校。

（二）具体措施

1. 加强师德师风建设的宣传。组织开展师德师风主题活动月，利用教师节、暑期师德培训大力宣传学校师德师风主题教育，大力宣传优秀教师、优秀班主任和德育先进工作者等师德先进典型的模范事迹，展现学校教师的精神风貌，倡导尊师重教的良好风尚。

2. 开展多层次、多形式的师德师风教育。健全师德师风常规教育和学习制度，把师德师风作为学校教师专业化发展的内在核心，将师德教育纳入教师全员培训、骨干教师培训、班主任培训等各类教师培训工作的重要内容。开展"师德师风主题教育月"活动。

3. 实施"四个结合"教育。"四个结合"：坚持把师德师风建设与学校特色发展相结合，引导教师积极投身于学校特色创建与教学改革工作中；坚持把师德师风建设与校园文化建设相结合，以良好的师德品质影响和引领学生；坚持把师德师风建设与党风廉政建设相结合，增强教师法律意识，依法治教，自觉遵守党纪、国法和校纪校规，坚决杜绝私收学费、赌博、办假文凭等违法乱纪行为；坚持把师德师风建设与岗位奉献相结合，热爱学生，言传身教，为人师表，乐于奉献，以高尚的情操引导学生全面发展。

4. 开展专题研讨活动。以师德师风建设为主题，在教师中开展师德师风建设的专题研讨与讲座。邀请专家开展师德师风建设的专题讲座，在校园网上开辟师德师风建设专栏，刊载教师关于师德师风建设的文章。通过专题研讨，引导教师自觉提升自身的师德修养，规范教风和工作作风。

5. 开展各项评比活动。教师和学生评选一批师德师风的先进典型，通过学生测评、同行推荐、家长投票等途径，每学年评选学校"最美教师"，每三年评出"十大校园感动人物"，并在教师节前后、校园文化艺术节分别召开表彰大会进行表彰，营造崇尚高尚师德的浓郁氛围。

三、师德教育实践

（一）重视师德宣传，营造良好氛围

为让教师意识到高尚师德对教师从事教育工作的重要性，学校除利用校园网络、校讯通、"周工作表"宣传外，还充分利用校园电子屏幕、宣传长廊等阵地，向教师宣传师德内容，营造良好的氛围，让教师时时受到"正能量"的影响。

1. 电子屏幕"唱主角"——师德宣传标语日日有。为让师德扎根教师头脑，学校精心筛选师德教育宣传语，成立"教师师德宣传语电子资源库"，每天在学校电子屏幕滚动播出，并做到日日更新。如"学高为师身正为范""教师的威信首先是建立在自己的责任心之上的""用心观察学生，耐心倾听学生，热心帮助学生"等。

2. 宣传长廊"占首位"——教师职业道德规范天天学。为让教师严守师德，有章可循，学校将《中小学教师职业道德规范》《海宁市南苑中学教师师德师风规范》等内容做成宣传专版，放在学校宣传长廊首要位置，让教师路过能时时学习。

3. 教师展板"亮校园"——先进教师图文宣传处处见。为了更广泛地宣传教师中涌现的先进典型、先进事迹，学校定期将其做成展板，在教学楼宣传长廊展出，供全校师生、家长观摩。如"名优教师风采""我们的班主任""最美教师""感动校园教师"等，成为校园最亮的风景。

4.《海宁日报》"助宣传"——最"美"教师风采定期展。学校依托《海宁日报》对在师德上有一定影响力的教师就其特色方面加以宣传，扩大"正能量"的影响力。如"爱上农村初中的这些孩子们"——陈洁老师的支教事迹、"我们的麻辣班主任"——赵新华老师的育人事迹、"有爱的数学老师"——沈红琴老师的教学事迹等。

（二）抓好专项学习，加强自我教育

学校搭建多种平台，通过文件宣传，真实案例剖析等形式，教育教师要对自己这份来之不易的职业心存"敬畏"之心，不断加强自我教育。

1. 经常举办师德报告会。学校组织开展各种形式的师德专项学习活动。举办《整风肃纪，加强队伍建设》《认清形势，抓好作风效能建设》等师德专题报告。

2. 外聘专家作师德报告。通过走出去请进来的方式，学校不定期地聘请专家名师为教师作师德专题讲座，提升教师的职业精神和职业素养。

3. 定期撰写师德论文。每年利用暑期组织教师开展师德论文的撰写和评比活动，督促教师利用暑期自觉主动地开展师德教育学习活动，不断反思形成看法，从而加强教师对师德的认识。

4. 树立校内先进典型。积极挖掘本校教师典型，发挥榜样作用，运用身边案例，带领教师不断向他人看齐，重视自身素质提高。

（三）开展各类活动，强化自律意识

学校除定期开展师德师风专题学习外，还适时开展多样性教育活动，让全体教职工在参与中感悟，在参与中反思，不断强化师德自律意识。

1. "我眼中的好老师形象"大讨论。学校组织全体学生、家长开展了"我眼中的好老师形象"大讨论活动，通过征集大家对好老师的形象要求，筛选出认可度最高的"好老师形象十条"在教师中宣传、学习。

2. 举办"师德师风主题教育月"。每年九月份组织开展"最美教师""师德征文""师德演讲比赛""师德主题报告会"等活动，发掘身边的先进典型，展示教师无私奉献、甘为人梯的风采。

3. 评选表彰"感动校园人物"。学校开展"感动校园人物"评选活动，通过校报宣传候选人感人事迹，组织全校师生、家长进行投票，每三年一届，每届评出10名"感动校园人物"。通过"校园文化艺术节文艺汇演"进行隆重表彰。将"感动校园人物"做成展板在学校文化长廊上展出，既激励了受表彰者，为全体教师提供了学习平台，也弘扬了正能量，为学校赢得了口碑和认同。

附：《感动校园人物颁奖词》一则

《感动校园人物颁奖词》一则

她从教 12 年，如一朵静静绽放的花朵，散发出智慧的馨香。身为班主任，她时而是严厉的师长，时而是慈爱的母亲，时而是知心的姐姐，在众多的角色转变之间，浸润着她对学生的挚爱和责任；身为语文老师，她锐意进取，活跃在课改的舞台上，嘉兴市地方课程一等奖、嘉兴市优质课二等奖等等，一张张奖状背后积淀着她深厚的专业素养。她在教育的天地里默默守望，期待那分破茧化蝶的美丽。——她就是淡定从容、优雅细腻的范峥峥老师。

4. 学习"感动潮乡"先进事迹。结合海宁市教育局组织开展的"感动潮乡"优秀教师评选活动，组织全校教职工积极参与推送和投票，同时也认真学习先进教师事迹。

附：《感动潮乡人物先进事迹》一则

谋事尽其职　做事尽其能
——南苑中学钟瑞良同志事迹材料

钟瑞良同志是在 1999 年 8 月南苑中学创办时进校，任教务处主任，并兼任校工会主席至今。1977 年 6 月开始任教，已有 35 年教龄，在农村工作 18 年，先后任校团委书记、教导主任、校长、校党支部书记等职。1999 年 8 月主动放弃校级领导职务，来到新创办的南苑中学工作。他把教育教学工作当作自己的事业，几十年如一日，兢兢业业，不计较个人的名利和得失，只要教育工作需要，他在不同的岗位上潜心工作，为学校的可持续发展献计献策，为海宁教育默默奉献。

一、强化制度管理，做好校长"参谋"

俗话说"打铁还须自身硬，做人还须自身正"，高尚的人格，自身的素质，科学的方法，严于律己的作风，是一名学校管理者的必备条件，更是他服务于教学的信条。他能认真学习领会教育教学管理法规，并应用在学校实际工作中。南苑中学 2000 年 8 月进入新校区，在教学管理上可以说是一张"白纸"，而教师又来自多所学校，凭他二十多年的工作经验和现代学校管理法规，开始制订南苑中学学校教学管理制度，他以学校实际为需求，以管用为原则，先后制订了《南苑中学教育教学工作管理办法（试行)》等教学方面二十多项制度，为学校开始正常运行和科学管理及制度管理打下了坚实的基础。随着学校和社会的不断发展，学校规模的不断扩大，以及教学管理中出现的问题，他又善于不断完善学校管理制度。如：2009 年实施绩效工资分配方案后，随着每年奖励标准的提高，原分配方案已经不适应，2012 年，他向校长建议修改绩效工资分配方案，得到了校长的采纳。他通过测算制订了新的绩效工资分配方案，提交给校长，校长于 2012 年 5 月提交教代会通过后施行，对提高教职工的工作积极性发挥了较好的作用。又如从 2006 年 8 月起，他积极协助校长推行教职工分组聘用制，他认真制订了定编设岗方案，通过几年的实施，积累了较丰富经验，他撰写的论文《自主择岗分级聘用优化组合的实践与思考》在海宁教育上发表。他在学校教务管理上不断学习新理论，创新工作方式，积极实施精细化管理，向管理要质量。凡是要求教师做到的他自己首先做到，为教师树立榜样。他办事公道，高效果断，团结同志，善于协调，群众满意，社会公认，先后多次在市中青年干部培训班和教务主任会议上介绍其管理经验和体会。

二、潜心教学服务，提高教学质量

学校教学质量始终牵挂着他的心。学校创办时，他积极协助校长做好初一新生招生工作，先后跑遍市区全部小学和部分农村小学，向学生家长宣传学校创新教育的办学理念和管理措施。由于是新办学校，大多家长还是不大相信学校教学管理方面的承诺，其中有一个学生家长为儿子读书来学校四、五次，他做了大量工作，这位家长相信了学校，把儿子送进了南苑中学，三年后升入了海高，这位家长十分满意。十多年的招生工作，面对许许多多家长们的重托，面对真诚、幼稚、求知若渴的学生目光，他每时每刻都有一种紧迫感和责任感。为了不辜负家长的重托，办群众满意教育，他潜心教学管理。

他千方百计想办法优化教学过程，在备课、上课、批改、辅导、考查、评价上都有一套可行的管理指导办法，如：《南苑中学备课制度》《南苑中学各科作业布置与批改基本要求》等。在校长的指导下，他率先主持了自编初中各科自主民导练（学生作业）和实行周练习教学改革，一方面迅速促进教师业务水平的提高，使教师注重学生作业和考试的研究；另一方面减轻学生作业量，以达到精练目的。通过三年多的实践证明，这项改革有利于促进教师专业发展和教学质量的提高。

教学质量是学校的生命线，只有树立全面的质量意识，才能促进学生健康的可持续发展。教学检测是检查教师教的情况，及时发现问题总结经验。他十分重视建立客观、公正、公平的考试环境，教务处统一编排考场，安排监考，组织阅卷，统计成绩。制订南苑中学考生守则，违规处罚办法，监考职责。每一次检测后，召开好四个会议：年级组教师会，备课组教师会，年级学生会议，家长会，从不同的侧面，不同的层次分析取得的经验和存在的不足，制订下一步教学工作措施。另外他还认真分析每一位教师的平均分、合格率、优秀率、前后20%的进退情况。他热心为教学为教师服务，认真做好繁重的教学日常管理，各类教研外出活动、学校的各类教学活动都安排得有条不紊；他经常利用中午休息时间召开学校各种会议，指导教学管理，提高管理效能。

通过他的努力，促进了学校教学质量全面提高，各年级各类考试指标均在市前列，学校已经出了四个中考状元。他在每年暑假认真组织学生开展"阅读伴我成长"读书活动，征文活动，连续四年被评为海宁市和嘉兴市优秀组织奖，促进学生健康成长。学校安排他联系初中数学教研组工作，数学教学质量不断上升，各类测试成绩名列市前茅，每年全国数学"希望杯"竞赛各年级均获得市级团体优胜奖。

三、工作创佳绩，做好传帮带

他在教务主任岗位工作已经有十五年了，十五年来他工作一丝不苟。在初中教学管理上有丰富的经验，善于苦干加巧干，主抓教务处工作。2002年6月第一届初中毕业，考取海高49人，占14%，计同学为市中考状元，打响了南苑中学"第一炮"，为学校日后发展奠定了基础。在抓好初中教学的同时，2002年学校创办高中，他认真学习高中的课程设置和各科教学要求，从日常教学、会考、高考一边学一边抓，熟悉高中的教务管理。2005年第一届高中毕业，参加高考458人，重点率：文科6.17%，理科3.19%；本科率：文科56.17%，理科45.04%；上线率：文科92.15%，理科93.81%，打响了南苑中学"第二炮"。他的教务工作和考务工作在海宁市范围内的影响不断扩大，他的会考工作经验在市高教务主任会议上介绍，他本人也被评为"嘉兴市会考工作先进个人"。他的组织能力得到了上级有关部门的认可，近几年来市里各种重要考试和培训都安排到南苑中学，不断扩大学校的影响力。如：海宁市35周岁以下教师专业考试，嘉兴市语文阅读竞赛，全国"希望杯"数学竞赛，全国英语等级考试，全国成人高考，公务员录用考试和人事招工考试等。

在教务处他积极培养新人。他的工作经验和工作方法毫不保留，精心指导新人的工作，已经有两名同志走上校级领导岗位。他主抓市初中二片教研工作，帮助指导兄弟学校教导主任工作，为提高各校的教学质量，他宁可工作忙一点，辛苦一点，也要积极开展一些有益的教学活动。对青年教师大胆使用，热心指导，压担子，促使其快速成长。凡是教师教学上有困难，他主动热心帮助，对新教师更是不厌其烦，指导怎样备课、上课，怎样做好班主任工作，传授自己的教学经验和体会；对老年教师工作上信任，身体上关心。

四、健全民主管理，促进和谐发展

他是工会主席积极推行学校民主管理。重视加强学校民主政治建设，他先后制订和完善了教代会各项制度，确保了教代会质量，保证教职工代表依法行使民主政治权利，更好地强化民主管理和民主监督，更好地落实教职工对学校事务的知情权、参与权、表达权、监督权，更好地维护教职工的政治权利、经济利益和精神文化权利。凝心聚力，他积极开展教职工之家创建活动，抓教师师德建设，开展以"师德创优""三育人""三满意""感恩"教育等为主要内容的职业道德教育活动。开展送温暖和各种寓教于乐的文艺体育活动。他善于对工会工作进行思考与研究，先后多篇论文在省、嘉兴市获奖，《论校务公开向教代会报告制度的实践与思考》在海宁教育上发表。近几年来他三次在嘉兴市介绍工作经验和体会，2012年先后接待省教育工会主席、嘉兴市本级高中学校工会主席、南湖区学校工会主席、海盐县学校工会主席来校学习教职工之家建设经验。学校工会被评为嘉兴市党建带工建、"三级联创"先进单位，2012年又被市总工会评为海宁市"十佳品牌工会"，促进了学校的和谐发展。

第三节　校本教研助推教师自主发展

我校充分认识到，校本教研是推动教师自主发展的重要手段。它以校为本，开发培训空间，充分体现学校和教师个性化发展的需要，激发教师的学习动机，培养教师专业自主发展的自觉意识，营造教师自我教育、自我提高、自我完善的学习气氛，从而有效帮助实现教师自主发展的目标。

一、校本教研的理解

（一）校本教研的含义

我们认为，校本教研是"以校为本"的教研，是为了适应新课程改革的需要，以教师个体的成长为载体，为提高教师素质而采取的一种新型的师能培训的方式。它一方面致力于解决学校层面所面临的共性问题，另一方面它需要借助团体的力量，通过教师与专家团体协作的方式来从事研究活动。它是在学校有计划地组织下，通过本校教师与教育专家和研究人员合作，形成的一种新的学校教育科研模式，具备理论与实践最佳结合的科研功能。校本教研是"以教师为研究的主体，强调教师即研究者，要求教师形成研究意识，以研究者的心态置身于教学情境中，以研究者的眼光审视、分析和解决教学实践中的问题，鼓励教师从课程改革的问题和需要出发选择课题，强调研究的实效性和可持续性，把教学研究和教师的日常教学实践以及在职学习培训融为一体，使之成为教师的一种职业生活方式，促进教师的专业化发展。"

（二）校本教研特点

1. 突出教师研究主体。校本教研以教师为研究的主体，强调教师即研究者，将教师的日常教学、教学研究、在职培训有机地结合起来，使教学研究成为教师的一种职业生活方式；教师在教学过程中是以研究者的身份置身于教学情景之中，以研究者的眼光审视和分析教学理论和实践中的各种问题，对出现的问题进行探究，对积累的经验进行总结，使其形成规律性的认识。

2. 贯穿三个基本要素。教师个人的自我反思、教师集体的同伴互助、专业研究人员的专业引领是开展校本教研和促进教师专业成长的三种基本力量，也是校本教研的三个基本要素。而教学实践则是开展校本教研的基础和前提，校本教研只有立足于课堂教学活动中，才能得到真正的实施。

3. 强化校长第一责任。校本教研强调校长是学校教研、科研活动的第一责任人，校长要确立起"科研兴校"的办学理念，致力于教学研究的制度化建设和激励机制的形成，真正成为校本教研的引领者、组织者和领导者。

4. 重视教研机构作用。重视教研机构在校本教研活动中的支持和指导作用。教研机构是教研活动的重要的、不可缺少的支持力量。在教师开展校本教研过程中的起到指导、引领和提升的作用，可以有效避免学校内部研究的低水平重复。

（三）校本教研目标

围绕特色学校建设目标，我校积极构建以"学"为中心，以学生"自主学习"为重点的育人模式。以云课堂、电子书包、学科教室、创新实验室等的研究和开发为契机，进一步更新教师的教育理念，转变教师的教育行为和教学方式，促进教师专业成长。

1. 加强学习，牢固树立"自主教育"理念。积极引导教师学习先进教育理念、新课程改革精神，组织教师外出学习，邀请专家来校讲座。依托校本教研，把先进的教育理念与学校特色发展理念有机结合，自觉把"教师自主性"培养落实到教育实践中。

2. 抓好常规，落实各项教科研管理措施。抓好对教研组、备课组工作的常规管理，指导各组有计划地开展教研活动。不断完善听课评课制度和教研（备课）组考核评比制度。抓好论文评选和课题申报的管理，不断完善学校论文及课题研究绩效考核管理办法。

3. 强化"校研"，着力提升课堂教学效率。以教研组研训为校本研训主阵地，高中部课堂教学全面推行"30＋10"模式，给学生以自主学习的时间与空间。初中部课堂教学要激活学生的自主学习力，为电子书包的广泛应用提供意识与能力准备。开展高效课堂教学研究，立足自主学习，实现以"学"为中心的课堂教学模式创新。

4. 研训结合，助推教师专业成长。学校将引导以教师专业发展为目标的教研组建设积极开展特色教研组争创活动。搭建各类教育教学竞赛平台，开展说课比赛、评课比赛、原创题评比、教学设计评比、教学案例评比、读书（专业书）分享会等活动，让教师在竞赛与校本教研中探索教法，切实提高教师的业务水平和教学能力，优化新教师专业成长管理办法，加速新教师的专业成长。

5. 加强研究，不断提升教师科研素养。认真做好嘉兴市、海宁市级课题立项申报和过程管理工作，实行课题组组长负责制，保证课题研究工作的有序进行。鼓励教师积极参与教改研究，一学期能上好一节研究课，精心设计一个教案，写好一则教学反思，一学年能撰写一篇论文，切实提高教师教育教学的科研素养。

6. 重视转化，提高教师科研成果效益。重视对教科研成果的归纳和总结，使之形成有价值的研究成果。通过经验交流、校园网站、宣传橱窗、校发学习资料、编辑学校优秀成果集、教师优秀教育教学论文集等手段进行推广和应用，达到资源共享，成果互益的作用，强化教科研成果的效益最大化。

二、校本教研的实践

（一）制定计划

凡事预则立，不预则废。我校由教科室具体负责开展校本教研活动，认真制定校本培训工作计划，围绕学校中心工作，创新开展培训活动。依据工作计划有条不紊地指导教师及教研组开展理论学习、主题研讨、课例研究、课后反思、案例论文撰写等各项工作。组织教师外出学习课改先进学校经验，充分利用初高中联谊学校的合作交流，提高教师专业水平。近年来，分别以"南苑中学创新课堂教学模式""学习任务单的设计与使用""小组合作学习""自编作业""云课堂教学实践""电子书包运用于教学实践"等主题开展一系列活动，促进教师专业成长。

（二）组织学习

组织教师开展各类学习活动，首先从理论上提高认识。随着新课程改革实验工作的更深入发展，我们需要及时总结和交流在教学教育中的成功经验和做法，讨论课改实验中出现的新问题，研究新对策，提高实施水平，这就要求我们不断学习，提高理论水平，提高实施水平。继续加强学习，充实内涵，以课程改革为切入口，以发展和创新为动力，努力构建学习型组织，通过各种形式与渠道，建立学习常规，倡导教师阅读教育专著，常进阅览室，提供课改前沿的教学类刊物与学习资料；倡导教师撰写教育反思、叙事研究、案例等，从而使我校广大教师在新课程理念的引领下，进一步增强了教科研意识，不断更新了教育观念，切实掌握新教育实验的管理方法，有效转变教与学的方式，深入探索基于互联网的自主学习课堂教学模式及评价机制。充分发挥教科室职能作用，借助各类教学杂志的订购、校报及校园网平台及时推荐学习书刊及相关文章，刊印学习资料，让教师及时了解教育科研动态，向老师推荐关于教育教学管理等学习材料，供老师们学习和借鉴。以教研组、备课组为单位，加强科研交流与学习，围绕学校中心工作，制定教科室、教研组、备课组三级联动的工作计划，扎实有效地开展科研工作，以课堂教学为切入点，深入开展课堂教学模式的构建，定期开展以教改为重点的各种形式的理论学习研讨活动。

（三）集体备课

课堂是教师专业成长的平台，是实施新课程理念的主阵地，突出研究课堂教学有助于教师专业成长。备好课是上好课的先决条件，而教师的个体之间存在着很大的差异性，为了实现优势互补，资源共享，我们积极探索备课制度改革，实行集体备课制度。总体思路是"分块备课、集体评议、个人修改、注重反思"16个字。备课组每周定期开展集体备课活动，对每周将要讲授的教材共同分析研究，共同确定目标，共同选准方案，共同完善教学设计，形成统一的集体备课的成果，在此基础上每个教师根据自己的教学实际需要稍做微调，加以使用。在备课方式上，每次由一位教师重点准备、中心发言。每位教师把自己在教学中碰到的实际问题，带到集体备课中来，借大家的智慧共同探讨，寻找解决的办法；把自己的成功心得、课后反思等介绍给大家，展现自己的智慧。不管是新授课还是复习课，是习题精选、资料汇编还是测验试卷，都采用了备课组集体备课方式，从而取长补短，共同提高，也把大家的备课推向更高的研究平台。

（四）听课评课

"开课、听课、说课、评课活动"是扎实开展课堂教学科研工作和提升教师课堂教学水平的有效方式"。做到本组全员参与，共同研究，整体提高。教师每学期开出一节公开课，要求公开课要充分体现"课程标准——教材——学生"之间的纵向关系。每次公开课都作为一个典型的教学案例，供教师研究探讨。说课、开课时要求全组教师共同参与，反思献策，经验分享，实行对话式研讨。根据执教者的设计意图、教学目标，分析研究教学过程，客观地评出问题、评出改进措施、评出努力方向。每位参与评课教师至少指出一条不足之处，给出一条有实用价值的建议，使评课真正取得效果，使每个教师从中受益。教师的教学水平也在对话式的互动中不断提高。

（五）课题研究

课题研究就是要让教师从自己实实在在的教学过程中去发现问题、提炼问题，并持续追踪问题、设计解决问题，针对问题加强自学、努力探索、不断实践，在同伴的互助下，逐步解决自己教学中的每一个问题。只有这样的研究，才能使教师真正获得进步，专业技术水平不断提高，才会使教师积极、主动地进行课题研究。近年来，学校围绕"自主教育"特色创建，继续深化自主学习课堂教学改革的课题研究工作，建立了以《中学生自主教育行动研究》为核心的课题群，有嘉兴市立项课题《以学定教，提高初中课堂教学效率的行动研究》《自主教育，促进教师主动发展的行动研究》《基于云课堂，构建自主学习课堂教学的行动研究》等，另有关于自主学习课堂教学研究的海宁市立项课题十余个，有力地提升教师素质，实现可持续发展，不断更新及内化新的教学理念，促进教师的教学水平、科研能力、专业素养的提高。

（六）师徒结对

新教师刚参加工作，对教学常规不熟悉，专业知识及业务能力都有待培养和提高，对此，我校组织好骨干教师带一般教师、年轻教师的师徒结对活动。学期初签订师徒结对帮带协议（包括帮带双方的责权利，如互听互评应达到的节次、指导备课的节次、教案审批制度、学生期末成绩提高的程度等），平时对帮带的双方进行跟踪管理，期末考评帮带的效果，并进行一定的奖励。通过师徒结对，徒弟在师傅的诊断、指导中，不断取得新的提高和成长。同时，师傅本身在带徒弟的过程中自身也获得发展，喜收教学相长之功。

（七）阵地建设

积极抓好教研组阵地建设。教研组是教师学习、研讨、成长的摇篮，学校采取多种途径进行两组建设，着力抓好团队合作学习。重视抓好教研组展示课活动，强调"集体研讨，课前个人备课、课后反思"三个环节；促进组内成员集思广益，加强交流，合作共进；同时又大力提倡教师进行反思型教学，让教师在反思中合作学习，并充分发挥每个教师的教学个性和优势，努力展现自身的教学风格；重视对教研组的考核评价，以学年为单位，对教研组工作的开展情况进行考核评估，以确保教研组工作高效、有序开展，促进教师专业成长。

附：南苑中学教研组考核细则

南苑中学教研组考核细则

1. 教研组能紧紧围绕学校创新课堂教学模式改革开展工作，并确立工作主题，深入开展研究，形成教研组工作特色，并取得一定成效，有一定的影响。

2. 教研组成员团结，教研气氛浓，活动多、效率高，组内成员能积极参加校级及以上各类教学竞赛，积极撰写教学案例、教学论文，并认真开展课题研究，成绩显著。

3. 重视校级及以上名优教师的培养工作，有计划、有措施，效果显著，青年教师的培养工作有创新。

4. 能立足课堂开展教学研究，在提高班级优秀率、平均分和减少后20%上取得较好成效，教学成绩显著。

5. 善于总结和提炼教研组或个人教学经验并在市内有一定影响。

（八）"名优教师"管理

在做好各学科课堂教学评价、优质课展示、教师论坛、先进经验介绍的同时，要求名优骨干教师撰写教学反思，开展"课堂教学反思评比"活动，让大家在备课组中进行交流，实现名优资源共享。抓好典型，树立榜样，以点带面，带动全校教师队伍素质的提升。同时我校结合市名优教师考核要求，制订《南苑中学名优教师管理办法》，加强名优教师考核，促进名优教师不断成长。

附：南苑中学名优教师考核细则

南苑中学名优教师考核细则

1. 师德垂范：忠诚人民的教育事业，全面贯彻党的教育方针，认真实施素质教育，模范履行教师职责，具有良好的师德和高度的事业心、责任感；做好学生成长路上的导师，热心真诚帮助学生，指导学生在思想上、心理上、生活上、学习上全面发展。

2. 主动学习：自觉学习进修，拓宽专业知识，注重专业发展，不断更新教育观念，掌握先进的教育教学理论和方法。积极探索、研究、实践教学创新，积极尝试现代化教学工具的运用，逐步形成自己的教育教学特色和风格，努力成为研究型、专家型的优秀教师。

3. 业务领先：坚持工作在教育教学第一线，在教育教学工作中发挥骨干、示范作用，教学成绩列海宁市前列；重视学优生培养，重视学生各类竞赛辅导，并能取得优异成绩。

4. 科研积极：（1）嘉兴市名师、学科带头人每学年至少撰写1篇具有较高水平的专业论文或科研报告；任期内至少有1篇在省级及以上公开出版、统一编号的学术刊物（含学报）上发表，或在省级及以上教育行政业务主管部门组织的专业论文评选中获奖或交流。任期内至少主持海宁市级及以上立项规划课题1项。（2）海宁市名师、学科带头人每学年至少撰写物上发表，或在嘉兴市级及以上教育行政业务主管部门组织的专业论文评选中获奖或交流。任期内主持海宁市级及以上立项微型或规划课题1项。（3）海宁市骨干教师第学年至少撰写1篇专业论文、经验总结（讲座材料）或科研报告；任期内至少有1篇在海宁市级及以上刊物上发表，或在海宁市级及以上教育行政业务主管部门组织的专业论文评选中获奖或交流。任期内主持校级及以上立项微型或规划课题1项。

5. 引领辐射：积极承担培养青年教师的任务，充分发挥传、帮、带作用。名优教师要在对校内同学科教师定点定人进行传、帮、带，制定帮带计划。任期指导帮带教师开校级及以上公开0课1节，完成海宁市级及以上获奖论文1篇，参与校级及以上立项课题1项，为本校教师队伍建设做贡献。

6. 开放课堂：将课堂作为教改科研的主阵地和展示教育思想及教学艺术的舞台。积极承担各级示范课、观摩课等教学任务，每学年至少在校级及以上范围内展示1次较高水平的示范课（观摩课或专题学术讲座），任期内至少在市级及以上范围内展示1次较高水平的示范课（观摩课或专题学术讲座）。

7. 积极参赛：积极参加市教研室组织的各类业务竞赛，如原创题、教学设计、教学案例等比赛活动，每学年不少于1次获奖。

（九）新教师成长机制

学校针对年轻教师的特点，制定了《南苑中学新教师管理办法》，设立新教师成长档案册，建立师徒结对制度，详细制定帮带计划，建立跟踪考核机制。同时，还开展新教师每月一次汇报课、说课比赛、教学比武等活动，给新教师教学教育成长搭建好平台，通过一段时期的学习和一系列教学竞赛，使新教师的业务水平有较快的提高，能很好地适应学校的教学教育工作。

附：南苑中学新教师工作要求

南苑中学新教师工作要求

（1）读书：每月坚持阅读教育教学书籍或刊物1本，写好阅读心得；

（2）听课：新调入教师每周听课不少于1节，工作三年以内的新分配教师每周听课不少于2节，其中听指导老师课不少于1节；新调入教师每学期听课不少于16节，新分配教师每学期听课不少于30节。

（3）备课：坚持"二备"（先自备、再指导老师指点后备）制度，一年内新调入教师、三年以内的新分配教师必须手写详案。

（4）上课：第一年新教师每学期必须完成一次汇报课，第二年新教师积极承担组内公开课、参加学校组织的课堂教学评比，第三年新教师承担片级及以上课堂教学评比，参加片级及以上各类教学竞赛。

（5）新调入教师及工作三年内新分配教师参加1次校级及以上说课比赛。

（6）科研：每位新教师每学年完成一篇教学论文，积极参加课题研究，三年内能承担校级及以上课题1个。

（7）学校为每位新教师安排一到两名师德高尚、业务精湛的名优骨干教师作为指导教师，负责指导新教师备课、上课、批改作业、辅导及班主任工作等，帮助新教师尽快成长。指导教师要经常与新教师谈心，协助解决新教师的实际困难。

第四节　教师自主发展评价

教师自主发展评价，我们的界定是，教师将社会要求转化为自我实现目标，且又不断进取——反思——进取的动态发展过程，是主体——教师自我或在他人指导、支持下，设计自我发展目标、能动实践、主动接纳外部信息及自我调控发展的过程，是以促进发展为目的，依据目标，重视过程，及时调整的形成性评价。

一、教师自主发展评价方案解读

（一）提出背景

教师自主发展评价是基于现代教师特点而提出的，现代教师是受过较高层次的教育的人，对他们来说，内部动机比外部压力具有更大的激励作用，外部的压力可以迫使他们达到最低的标准，但很难使他们达到优良的水平。教师都有强烈的事业心，希望自己的工作能做得更好，因此大多数情况下，帮助他们发展比给他们压力或判定他们工作的等第更有意义。尤其是随着教育改革和发展的深入，需要学校建立新型的现代教师评价制度，发展性教师评价就是促进教师专业发展为目的一种制度。

学校发展的基础动力在于教师的成长，影响教师个体成长的要素有很多，关键是教师的主动发展。纵观每一所名校，无不为教师的主动发展提供了良好的平台。我校从 2006 年开始积极倡导自主教育，几年来全校教师基本树立了"自主发展"的意识。学校对教师培养的工作重点是：抓住教师专业成长，围绕着打造一流教师队伍这一目标，以分层切入和教师自主发展为管理策略，开展主题校本培训，探索促进教师自主发展意识的方法和路径、评价体系等，从而实现教师个人发展和学校发展目标的最佳结合。《南苑中学教师自主发展性评价》的出台，既是学校促进教师发展的一项制度性建设举措，更是基于对教师自我价值实现的一种期待。教师评价应该承认教师的辛勤劳动，相信大部分教师具有改进工作和提高教学水平的愿望，相信教师个人的发展潜力，确定和支持教师个人的专业发展方向，这是实施教师评价的基础。教师评价过程应该是积极和诚实的，有助于教师专业发展的，不应该对教师的人格个性构成威胁。教师评价应该鼓励教师的个性化发展，不应该抑制教师的创造性和积极性。

基于以上思路，我校将教师自主发展性评价做出上述界定。学校在出台教师专业成长方案及实施方案过程中，坚持的指导思想是："目标引领、自主发展、评价激励、促进成功"。

（二）评价方案

建立健全教师评价机制是一种管理手段，具有规章制度的严肃性。学校的每一位成员都应知晓，每一位成员都应该参与，每一位成员都应该遵守。为此，学校成立了教师发展性评价工作领导小组，成员具有一定的代表性和广泛性。由校长室牵头，教科室和人力资源室协作制定草案交工作小组讨论修改定稿，相关科室制定评价细则。学校召开全体教职工大会进行方案解读，说明方案出台的目的和基础，由全体教职工共同参与讨论完善，教代会表决通过后施行，在施行的过程中再不断修改，再交教会讨论表决通过，形成最终制度。方案的出台过程规范、民主、集思广益、契合工作实际，得到了广大教师的认可，这就保证了它的顺利实行。

附：海宁市南苑中学"星级教师"自主发展评价方案

海宁市南苑中学"星级教师"自主发展评价方案

为进一步提升办学品牌，激发教师自我完善、自我发展的内驱力，引领教师在德育、教学、教科研三方面同步提升能力，培养一支"名、优"教师队伍，推动学校教育"自主、合作、优质、和谐"发展，努力办好社会满意学校，特制定《海宁市南苑中学"星级教师"自主发展评价方案》。

一、指导思想

目标引领、搭建平台、自主发展、评价激励、促进成长。

二、评价原则

坚持客观、公平、公正原则，采用过程性评价与终结性评价相结合方式，综合评价教师德育、教学、教科研三项基本工作。引导教师在原有基础上取得实绩和进步，自觉把考核评价作为自身发展的需要和动力，促进教师专业发展。

三、评价对象

全校任课教师。

四、评价指标

（一）评价以德育、教学、教科研三个方面工作情况为依据。以学年度为单位，每学年第二学期期末，各负责部门结合 1 学年内（注：统一为考核上年 8 月至考核当年 7 月，下同）教师过程性评价资料，对其发展情况进行一次终结性评价。

（二）德育系列：教师 1 学年内师德情况（即学生评教满意度）、承担班主任工作情况、承担德育导师工作情况。

（三）教学系列：教师 1 学年内教学质量情况、指导学生竞赛情况、承担教学工作量情况。

（四）教科研系列（包括德育、教学科研）：教师 1 学年内参加学习培训情况、撰写论文情况、课题研究情况、承担公开课情况、备课与听课情况、参加教研组与备课组活动情况。

五、评价分值（等第）及星级

（一）三项评价指标总分为共 100 分，其中德育、教学分值各为 25 分，教科研分值为 50 分。

（二）每项大评价指标下的分项指标分值由各部门根据工作的实际情况，分配分值。分值的权重可有所差异。但每个具体评价指标可分成五个等级：分别是优、良、合格、不合格、无，等第具体对应的分值需标明。

（三）教师发展性评价等第分六个等级：根据评价分值累加结果分成：无等级（40分以下）；一星级（15%）；二星级（25%）；三星级（30%）；四星级（20%）；五星级（10%）。

六、评价分工

（一）学生处（德育年级组长）：负责德育系列（学生评教原始分数到校务办领取）；

（二）教务处（教学年级组长）：负责教学系列（班主任对技能课老师评价满意度原始分数到校务办领取）

（三）教科室（教研组长）：负责教科研系列（包括德育、教学科研）；

（四）校务办：负责每学期教师的学生评教工作；负责第二学期末下发各部门考核通知（一般在学生期末考前）及评价需用的汇总表，行政人员暑假前收齐并汇总各部门评价成绩，确定出教师学年自主发展"星级情况"并在新学年教职工大会上公布教师上一学年自主发展"星级"情况（各"星级"对应人数情况及高星级人员情况。同时，以个人成绩纸条装信封形式或短信等形式向教师反馈个人"星级"考核结果）。

七、评价要求

（一）三大系列具体考核细则由各部门负责人根据工作实际情况制定，各指标需遵循指导教师发展的原则，根据教师工作实绩，需量化给分。各部门需要各年级组长、教研组长参与考核的，必须由各部门负责人牵头指导落实各项评价工作。

（二）各指标评价工作需做到认真仔细、全面公正，能客观反映教师各方面发展情况。

（三）各部门需准确掌握考核教师所用的数据材料，有的材料部门掌握不全，需教师自主提供的，务必告知慎重对待，以防敷衍了事上报，以至于评价失去价值。

（四）各部门评价工作需在第二学期末，行政人员暑期前完成（如有的考核数据需涉及一线教师提供的，具体工作请提前准备或进行）并及时上交有关评价结果（按校务办提供的电子稿，按学科人员对号入座，填好考核最终得分）。

（五）涉及部门评价的具体资料请自行妥善保管，以便必要时查阅之需。

八、评价过程

（一）教师制定自主发展目标

1. 自我分析

教师需对自身发展现状进行客观分析，结合学校提出的教师发展目标，制定学年自主发展个人愿景（即职场规划），在新学年第一学期开学初（第一次教职工大会后）上交校务办（学校统一下发自主申报表格）。

2. 发展目标：

系列 1（"星级类"）：一星级教师、二星级教师、三星级教师、四星级教师、五星级教师；

系列 2（职称类）：初级教师——中级教师——高级教师——正高级教师，即见习教师——二级教师（本科及以上毕业的工作满一年后（见习期一年）即可直接确定，但专业不对口的，则应再延长一年进评委会评审）——一级教师（本科毕业的在二级职务上任职满四年后评审；硕士研究生及以上学历的则工作满三年后可直接确定，但专业不对口的，则应再延长一年进评委会评审）——高级教师（在一级职务上任职满五年）——正高级教师（在高级职务上任职满五年）。

系列 3（名优教师类）：校级骨干教师——海宁市级名优教师（骨干教师——学科带头人——名师）——更高级别（嘉兴市、浙江省）名优教师

（二）学校提供教师自主发展平台

学校行政根据教师的个人愿景，组织搭建教师发展平台，提供相应的岗位、培训学习机会；专家指导（师徒结对）机会；个人展示机会（各类公开课、示范课）；交流表达机会（各种论坛、专题讲座、外出交流等）。

（三）考核评价工作小组组织考核

学校行政每个学年度组织考核评价小组对教师进行考核评价，确认考核等第。

（四）校务办对考核评价进行反馈

校务办将考核评价结果及时反馈给教师，对教师的评价结果与个人愿景差异较大的帮助其分析原因，并进行调整；由于个人努力不足的须进行诚勉性谈话；必要时由校长谈话。

九、评价激励

（一）海宁市及以上名优教师按照上级文件精神执行奖励。

（二）教师发展情况采取精神与物质相结合的方式进行表彰。荣誉称号按条线表彰，即"优秀班主任""优秀德育导师""教学质量优胜奖""教科研先进个人"，因各条线考核奖常规已计发，对应"星级教师"不再重复计奖（具体参照学校相关文件执行）。

（三）海宁市级名优教师推荐及教师职称评审人员推荐以此评价等第做重要参考依据。

（四）根据学年评价等第情况，教师连续几个学年获最高"星级"的，经行政会讨论决定，根据次数多少情况确定表彰名额，给予"高星级教师"荣誉称号并在校艺术节文艺汇演中表彰，并颁发奖金。

（五）每学年"五星级教师"结合年度考核各条线打的综合态度分综合考虑，以此为依据，经行政会讨论决定，评出"最美教师"并颁发奖状表彰。

（三）组成内容

教师自主发展性评价分四个系列，德育系列（德育工作）、教学系列（工作量与教学成绩）、教育科研（教科研成绩）、教研活动（教学业务能力）。每个系列有三个主要指标，评价结果分六个等级。四大系列的考核由相关的科室（教研组）组织考核。

南苑中学教师自主发展评价考核表

考核系列	德育系列	教学系列	教育科研	教研活动
考核单位	学生处	教务处	教科室	教研组
评价指标	1. 评教满意度	1. 教学质量	1. 学习与交流	1. 公开课获奖等级
	2. 全员班主任	2. 竞赛辅导及获奖	2. 论文	2. 公开课、示范课
	3. 德育导师帮教等	3. 工作量	3. 课题研究	3. 备课与听课等

备注：

（1）每一个评价指标分成五个等级：分别是优、良、合格、不合格、无。

（2）评价等级分：优＝5分、良＝4分、合格＝3分、不合格＝1分、无＝0分。

（3）教师发展性评价等第分六个等级：根据评价分值累加结果分成：无等级（30分以下）、一星级（30—35分）、二星级（35—40分）、三星级、（40—45分）、四星级（45—55分）、五星级（55分以上）。

学校对教师开展评价以德育、教学、教科研三个方面工作情况为依据。以学年度为单位，每学年第二学期期末，各负责部门结合1学年内（注：统一为考核上年8月至考核当年7月，下同）教师过程性评价资料，对其发展情况进行一次终结性评价。考核按等级赋分的形式进行，即按细则先考核出优秀、良好、合格与不合格，然后分别赋分，再得出考核分。

1. 德育系列考核细则

（1）师德满意度情况（满分5分）：学生评教数据由校务办提供。

（2）承担全员班主任工作情况（满分12分）：承担班主任、副班主任与助理班主任情况。

（3）承担"德育导师"工作情况（8分）：根据帮教对象测评及工作材料记载情况考核。

2. 教学系列考核细则

（1）教学质量（满分12分）：数据由教务处及校务办提供。

①文化课：

七八年级文化课教师：以每学期期末考试的前20%优秀率和合格率为考核依据。

九年级文化课教师以九年级上的期末考试的前20%优秀率和合格率为考核依据。

高一高二年级采取每学期期末考试的海宁市数据与校数据相结合的考核方式。

高三年级第一学期采用期末考试数据，第二学期采用海宁市统一模拟的数据。两学期分别评价，再综合。

②非文化课：

初高中的非文化课任课教师，以第二学期的班主任和学生评教评价分数为评价依据。

九年级体育教师，以海宁市中考体育满分率为评价依据。

（2）指导学生竞赛情况（满分5分）：以教务处统计的获奖纪录为评价依据。

（3）承担教学工作量情况（满分8分）：以校务办工作量统计为评价依据

3. 教育科研系列考核细则

（1）学习培训情况（10分）：考核各级各类学习、培训活动，总结与体会的完成情况。

（2）论文情况（10分）：考核一学年教育教学论文获奖、发表，及在嘉兴市级及以上交流情况。

（3）课题研究情况（5分）：考核一学年主持市级及以上科研课题或科研成果评审中获奖情况。

4. 教研活动系列考核细则

（1）承担公开课、讲座及教师各类竞赛获奖情况（10分）。

得分	国家级	浙江省级	嘉兴市级	海宁市级	片级	校级
5	任何奖	等级奖	一、二等奖	一等奖		
4				二等奖	一等奖	
3				三等奖	二等奖	一等奖
2				优秀奖	三等奖	二等奖
1					优秀奖	三等奖
0						

注：有重复得奖时计得分最高的等级分。

（2）备课与听课情况（10）：考核学校对教育教学常规中关于备课与听课要求完成情况。

（3）参加教研组、备课组活动情况（5分）：考核教研组活动和备课组活动的参加率，承担教研组、备课组任务及完成质量情况。

（4）提倡各组创造性地开展活动。只要是全体参与的与教学有关的活动，并提前向教科室申报的，均可以按照相应条款对应加分。

二、教师自主发展评价特点

（一）注重教师专业发展

评价目的上，注重教师专业发展，强调评价的形成性功能发挥。教师自主发展评价不仅关注教师当前的表现，更为重要的是注重教师长期的发展，通过实施教师评价，了解教师现有的工作状态与工作表现，根据现有基础和教师个人发展目标，对教师进行指导或提供进修条件，从而提高教师履行工作职责的能力，完善教师的专业发展。发展性教师评价制度强调评价的形成性功能的发挥，通过以提高质量为目的的、覆盖教师教育教学全过程的评价，最终促使教师专业发展。

（二）注重主体作用发挥

评价组织上，注重教师主体作用发挥，强调评价信息的广泛沟通。自主发展性评价注重发挥评价对象——教师的作用，通过教师的积极参与共同确定评价的内容要求，由评价双方共同承担实现评价目标的职责。评价中非常重视教师主人翁精神的发挥，强调教师自我评价的作用，强调评价中各种信息的交流与反馈，注重领导与教师、教师与教师、教师与学生、教师与家长之间的沟通，鼓励全体教师、学生、家长参与到教师评价工作中来，使教师评价更具体、更客观。

（三）注重全面评价教师

评价内容上，注重全面性，强调教师过去的表现与未来发展相结合。教师自主发展性评价强调内容的全面性，从德育系列（德育工作）、教学系列（工作量与教学成绩）、教育科研（教科研成绩）、教研活动（教学业务能力）四大维度对教师工作的各个方面做出整体、客观的判断。这样的评价不仅仅是对教师素质或工作的某一侧面进行单项评价，也包括对教师整体素质与表现所进行的综合评价；不仅仅涉及教师教学任务的完成和教师的履职情况，也涉及教师的进步状况和未来规划，不仅注重教师个人过去的工作表现，更注重教师的未来发展及学校的未来发展。

（四）注重发展目标引领

评价实施上，注重发展目标引领，强调发展的自主性。每位教师对自身现状进行分析，结合我校提出的教师发展目标，制定三年自主发展个人愿景（即职场规划），提出自主发展目标和有效的行动策略。我校教师发展目标设定：第一系列：初级教师——中级教师——高级教师；第二系列：校级骨干教师——海宁市级名优教师（骨干教师——学科带头人——名师）——更高级别名优教师。

学校行政根据教师的个人愿景，组织搭建教师发展平台，提供相应的培训学习机会、专家指导（师徒结对）机会、个人展示机会（各类公开课、示范课）、交流表达机会（各种论坛、外出交流）。学校评价工作小组对教师的个人职业发展规划进行评价，并对教师的目标推进进行重点跟踪和过程信息反馈，促进教师自主发展意识的提高。

学校考核评价小组对教师进行考核评价，确认考核等第。人力资源室（校务办）将考核评价结果及时反馈给教师，对教师的评价结果与个人愿景差异较大的帮助其分析原因，并进行调整。由于个人努力不足的须进行诚勉性谈话。

（五）注重内部正确导向

评价效果上，注重内部导向，着眼于调动全体教师的积极性。教师自主发展性评价主要是内部导向，其得出的结论主要是为教师的未来发展服务，对教师的奖惩不作为教师评价的主要目的，其主要着眼于提高全体教师的参与意识，改善全体教师的工作表现，调动全体教师的工作积极性。

三、教师自主发展评价实施意义

（一）体验着自主发展的快乐

教师的发展性评价是为教师专业发展提供有效指导，以促进教师专业发展为最终目的的评价，其目标是指向未来的，因而评价是动态的，评价的方法是以自我为主的改进。每位教师都可以对照评价指标做出自评，与同伴进行对照，发现个人专业发展的成就与不足，适时调整，做出努力。在此过程中教师自觉承担专业发展的主要责任，通过不断学习、实践、反思、探索，不断提高自身的教育教学能力，不断向更高层次的方向发展。自从《南苑中学教师自主发展性评价》方案出台，引起了全体教师的广泛关注和参与，起始阶段教师有诸多疑虑，随着不断地讨论和推进，大家对其意义有了较为深刻的认识，对方案的认同及主动参与度大大增强。

（二）激发出自主发展的潜力

通过教师发展自主发展性评价，教师对自身专业发展的认识有了很大的提高。很多教师以前对专业发展的认识比较模糊，总认为只要完成学科教学任务，学生成绩过得去就算自身发展得好，教了几十年书个人专业发展上始终裹足不前。现在通过方案教师能够很快完成对自身专业发展的自评，明晰了自身的优势和不足，对如何实施自身专业发展有了清晰的目标。激发了教师自主发展的潜力，改变了过去的"要我发展"为现在的"我要发展"，营造了良好的竞争氛围。

（三）提高了专业培训的针对性

外出学习、校本培训，如何分层次进行，这种培训与学习是否是教师所需，以前比较茫然。现在根据教师个人发展愿景克服了培训的盲目性，增强了针对性，对培训的效能有了很大的提升。学校行政对教师的"好"与"差"有了更加全面的认识。方案的推行，对教师的评价更加全面，过去的成绩不代表今天的发展，评价始终是动态的，这样评价更加客观公正，也更容易赢得教师的"心"，对促进教师的专业成长起到了护航的作用。

附：许一鸣老师自主发展个案

许一鸣老师自主发展个案

一、个人愿景：

姓名	许一鸣	任教学科	通用技术	职称	高级教师	学历	本科
所获最高学科荣誉、批次、时间	嘉兴市第十一批学科带头人　201409						
三年内发展目标及发展方向	浙江省特级教师　通用技术课程开发与运用						
年度目标及措施	（1）通过自学、集中学、反思、交流、名师工作室等多种形式，不断学习新的教学方法和理念，形成自己的教学特色； （2）完成嘉兴市级立项课题结题工作并进一步申报省级课题； （3）以课改为契机，积极参加课程改革，并尝试通用技术课程开发与设计； （4）力争撰写的论文在省级以上获奖； （5）与组内新教师开展结对活动，在互帮互助中共同进步						
发展中存在问题及所需帮助	需要高一级名师的引领； 高层次的培训学习； 学校经费、设备的保障						

二、五年内发展简历：

1. 主要荣誉

序号	获奖日期	授奖单位	奖励内容
1	2016.03	浙江省基教课改工作领导小组办公室	浙江省基础教育改革专业指导委员会中小学通用技术委员
2	2016.09	嘉兴市教育局	第五批嘉兴市中小学名教师

2. 学习（进修）和工作简历

序号	学习起讫日期	单位	备注
1	2015.11 – 2015.11	复旦大学嘉兴市高中学科带头人综合能力研修班脱产培训	
2	2016.07 – 2016.07	西安文理学院嘉兴市学科带头人培训班学习	
3	2017.06 – 2017.06	华东师范大学教研员研修中心学习	
4	2017.11 – 2017.11	嘉兴市普通高中骨干教师赴芬兰培训	

3. 近五年教学情况

（二）承担公开课

序号	时间	讲授课程名称或其他教学任务	授课对象	人数
1	2015.1	海宁市专题培训班教学任务	海宁市通用技术教师	21
2	2015.11	嘉兴市专题培训教学任务	嘉兴市通用技术教师	72
3	2016.04	嘉兴市专题培训观摩课	嘉善中学高二（4）	48
4	2017.1	嘉兴市专题培训教学任务	嘉兴市通用技术教师	72
5	2018.03	海宁市名优教师观摩课	紫薇高中高三（6）	41

4. 获奖情况

（一）教学奖励

序号	获奖日期	授奖单位	奖励内容（荣誉称号）
1	2015.04	嘉兴市教育学院	《三人表决器》获嘉兴市自制教具展评一等奖
2	2015.04	嘉兴市教育学院	《多谐振荡器演示电路》获嘉兴市自制教具展评二等奖

序号	获奖日期	授奖单位	奖励内容（荣誉称号）
3	2015.12	浙江省教育厅教研室	合作承建的《金属材料加工工艺》微课程作品面向全省推荐
4	2016.03	浙江省基教课改工作领导小组办公室	浙江省基础教育改革专业指导委员会中小学通用技术委员
5	2016.09	嘉兴市教育学院	嘉兴市高中通用技术命题比赛一等奖
6	2016.09	嘉兴市教育局	第五批嘉兴市中小学名教师

5. 科研方面的主要成绩

（一）论文或课题

序号	名称	完成时间	本人排名	获奖层次
1	《以微课为抓手，着力提升〈电控〉教学效果》	2016.03	独立	海宁市一等奖
2	《从选考压轴题看〈电子控制技术〉教学实施》	2016.08	独立	嘉兴市二等奖
3	《取长补短：整合 CAD 化解设计草图教学困境》	2016.11	独立	中国教育学会二等奖
4	《基于通用技术核心素养的项目教学设计策略》	2017.09	独立	教育部基础课程南师大研究中心一等奖

（二）参编教材

序号	教材名称	本人职责	本人撰写部分	出版时间、出版社名称
1	《普通高中学科教学设计．通用技术．必修 1》	编委	第二章，约 12000 字	2013.08 浙江教育出版社
2	《通用技术学习指南：必修．第一册》	第一编委	第二单元，约 10000 字	2017.08 北京：现代教育出版社
3	《通用技术教学指南：必修．第一册》	第一编委	第二单元，约 20000 字	2017.08 北京：现代教育出版社

　　近几年来，我校通过教师的自主发展评价，有力推动了教师的专业发展。我校拥有高级职称的教师比例由实施前的 10% 左右提高到现在的 33.5%；市级名优教师比例也大幅提升，由实施前的 28 人提高到目前的 76 人；我校还涌现出一大批"感动潮乡十佳教师""海宁市最美教师""嘉兴最美教师""嘉兴市优秀教师""嘉兴市优秀班主任"等先进典型。

第八章

课程建设，促进了"自主教育"的特色优化

政治学理论告诉我们，经济政治决定文化。经济体制与政治体制改革的不断深化，必然要求课程改革持续推进。《国家中长期教育改革和发展规划纲要（2010—2020年）》指出，普通高中要深入推进课程改革，全面落实课程方案，保证学生全面完成国家规定的文理等各门课程的学习。创造条件开设丰富多彩的选修课，为学生提供更多选择，促进学生全面而有个性的发展。浙江率先在2014年进入普通高中全面新课改，两年后，义务教育阶段学校也相继展开。新课程改革实行国家、地方、学校三级课程管理，不仅体现各个学校的办学宗旨、资源优势及满足学生的特殊需求，而且紧密结合国家课程、地方课程，呈现出选择性和多样性。

课程建设是学校教育思想、教学理念的集中体现，也是实现教育目标、支撑办学行为、促进学生全面发展的重要载体，更是创建学校特色、提高教师专业化水平、提升学校管理的主要平台。我校始终将课程建设作为学校特色发展的工作重点，以课程建设促进"自主教育"的特色优化。

第一节　立足办学特色　设计课改方案

我校的办学宗旨是"一切为了人的自主发展"。为培养师生自主发展能力，我校十分重视课程建设，课程是落实立德树人的关键，是育人的载体和依据，是特色办学的核心要素。我校从创办至今，课程建设一直在路上。从2012年起，学校坚持国家教育方针，努力打造自主教育品牌，开启以"自主教育"为特色的新一轮课程改革征程。

一、课程改革的历程

我校从 2005 年开始提出了培育校园自主合作文化和"自主教育"特色学校创建的观点,根据"以情优教""以学定教"理念促进学生自主学习,多方进行课程改革实践。

1. 起始阶段:2012 年 3 月—2012 年 8 月

以深化第二轮课程改革为契机,成立学校深化课程改革领导小组、校本课程开发领导小组、选课指导和课程实施委员会等组织机构,总结回顾第一轮课改的得失,逐步明确了学校的办学定位、办学理念和办学目标,初步完成学校深化课改的顶层设计,积极开展深化课改培训,组织教师外出考察学习,为课改的稳步推进奠定良好的基础。

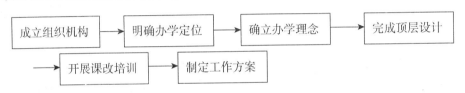

2. 发展阶段:2012 年 9 月—2014 年 9 月

进一步加强课程改革相关理论和制度的学习,逐步完善课程改革制度建设,切实转变教师的教育理念和教学行为。着力构建"自主教育"选修课程体系,精心打造学校特色精品课程。开足开好必修与选修课程,积极推进选修课走班教学。切实加强教师备课组集体备课、课堂教学研讨、课后作业等教学常规的精细化管理,提升课堂教学效率。全面开展学生良好学习习惯自主管理培养工作,改变学生的学习行为,有效提升学生的自主学习能力。大力加强校园文化建设,积极营造可持续发展的文化环境和育人氛围,提升师生的人文素养和学校品味。

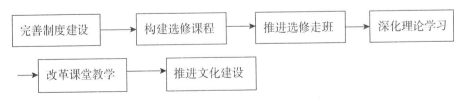

3. 渐趋成熟阶段:2014 年 9 月至今

组织教师全员学习浙江省新高考方案,及时召开"课程改革和新高考"研讨会，进一步完善学校课程建设方案，逐步将整个课程建设的重点从追求课程数量的扩张转到追求课程品质的提升，开始着力推进必修课程校本化建设，统筹规划必修与选修课程，有效提升教学质量。扎实推进必修课分类分层走班，坚持全开放选课，充分尊重学生的选择权。不断完善教学管理制度，保障分类分层走班教学的秩序和质量。积极构建多元开放的课堂和多元纬度的生涯规划教育，为学生的终身发展奠定坚实的基础。大力提升教师的学习力，有效推动教师专业发展。

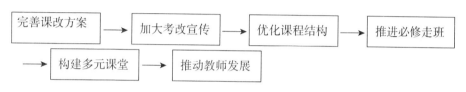

二、课程设计策略

（一）指导思想

以科学发展观为指导，以"一切为了人的自主发展"为办学宗旨，按照"育人为本、特色发展"工作思路，通过课程改革与教师的专业发展来促进学校的可持续发展，积极培育"自主、合作"文化，不断深化以"自主教育"为主题的学校特色课程建设，成为浙北有影响力的品牌学校。

以主体性教育理论，遵循"为了人的自主发展"为办学宗旨，充分整合利用我校的各种教育资源，开发有利于学生自主发展的校本课程，提高学生的"自主性"思维能力和思维品质，培养学生团队协作精神和社会实践的能力，促进学生全面和谐可持续发展。

（二）基本原则

1. 独特性原则

根据国家课程标准，结合我校学生发展的实际状况、教师的课程开发能力、兴趣、爱好及我校的课程资源等要素，本着尽可能满足每个学生"自主发展"的需要，贯穿"自主教育"办学特色和"自主合作"文化，从而形成校本特色课程体系。

2. 实用性原则

校本课程除知识拓展与社会实践类课程外，还增设了与社会生活密切联系的兴趣特长类和职业技能类课程，包括体艺、健康、休闲及生活技能、职业技能与地方经济技术教育等内容，以培养学生多方面的素质、潜能与专业倾向，提高学生的综合素质并为其后续发展打好基础。

3. 整合性原则

校本课程通过对综合课程、活动课程和技能课程的整合，从而使学科与学科、科学与人文、知识与社会等相关内容实现整合，解决现存的学科间分隔、科学与人文精神联系欠紧密、知识与社会脱节的状况。

4. 可操作性原则

校本课程体现我校的特点，切合我校的实际，把理论形态的东西转化为教师可执行、学生可参与的课程计划，编制出切实可行的课时计划，并形成明确的评价体系。

（三）设计思路

对于"自主教育"的界定，是为了促进学生自主发展的教育。而就办学宗旨而言，"为了人的自主发展"不仅是学生的发展，还应包括教师的发展。所以，自主教育课程体系是以促进学生自主发展为主，教师自主发展为辅的课程体系。

相对于高等教育，基础教育课程本身就是为学生的专业成长奠基的。但这并不否定自主教育课程体系的特色性，因为它不仅仅只是为学生的后续发展提供知识、道德、心理与体质的准备，而强化的是学生个体的独立性，以及在承认独立的个体前提下的自主意识与自主能力的培养。

课程是文化的重要载体，课程建设要凸显我校"自主合作"文化。

三、课程结构

（一）课程设计总体要求

适量减少必修课，增加选修课，开发适合我校学生实际的校本选修课程，满足学生不同发展的需求，促进学生个性发展，建成具有学校特色的、适合学生自主发展的校本课程体系。

（二）课程体系框架结构

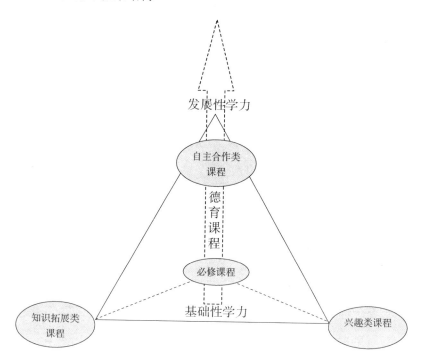

（三）"四大板块"逻辑关系

1. 基础性学力课程

必修课程、知识拓展类课程和兴趣类课程构成以基础性学力培育为目标的课程集群，夯实学生既有宽厚的基础，又有个性特长的知识能力功底，为学生的自主发展奠定基础。

2. 发展性学力课程

必修课程、知识拓展类课程和自主合作类课程构成培育学生自主发展性学力的课程集群，让学生以学科知识、社会生活实践和职业技术为背景，形成潜在的自主发展意识和自主发展能力。

3. 创造性学力课程

必修课程、兴趣类课程和自主合作类课程则是以培育学生创造性学力为目标的课程集群，使学生以扎实的基础为起点，以职业发展为指向，以兴趣特长为情感激发，在课程的学习过程中培养学生的自主发展能力。

4. 德育课程

德育课程贯穿于整个教育的始终，学校以学生的"人生规划教育"为重点，以正确的人生价值观培育为核心，渗透于所有学校课程之中，把"我要"意识贯穿到学校所有实践活动中，突出"自主发展"的课程思想，真正把学生培育成既有较高学业水平又充满自信、敢于负责、富有进取精神，适应未来社会发展需要的新型人才。

四、课程设置

（一）基础性课程设置和课时安排

根据《浙江省教育厅关于深化义务教育课程改革的指导意见》，每周课堂教学时间不得超过 34 课时，每课时 45 分钟，每学期拓展性课程课时不少于总课时的 20%。结合我校每课时 40 分钟的实际，基础性课程课堂教学时间平均每周30 节课，拓展性课程课堂教学时间平均每周 8 节。

1. 初中基础性课程和课时

（1）必修课程示意图

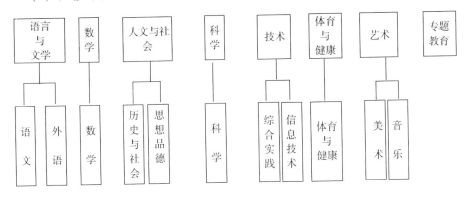

（2）基础性课程每周课时共 30 节，七至九年级安排如下：

思品	社政	体育	音乐	美术	语文	数学	英语	科学	信技
2	3	3	1	1	5	5	4	4	2

2. 高中基础性课程与课时

根据《浙江省深化普通高中课程改革方案》，每周课堂教学时间不得超过34 课时，每课时 45 分钟，每学期拓展性课程课时不少于总课时的 20%。结合学校每课时 40 分钟的实际，基础性课程课堂教学时间平均每周 30 课时，拓展性课程课堂教学时间平均每周 8 课时。

（1）必修课程示意图

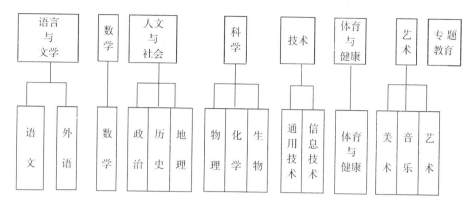

（2）必修课程学时安排

年段	高一		高二				高三			
学科	第一学期	第二学期	第一学期		第二学期		第一学期		第二学期	
			文	理	文	理	文	理	文	理
语文	4	4	4	4						
数学	4	4	4	4	4	4				
英语	4	4	4	4						
政治	3	3	3	3						
历史	3	3								
地理	3	3								
物理	3	3								
化学	3	3								
生物			3	3	3	3				
信息			2	2	2	2				
通用			2	2	2	2				
音乐	1	1								
美术			1	1	1	1				
体育	2	2	2	2	2	2	2	2	2	2
专题教育	1	1	1	1	1	1	1	1	1	1
合计学分	31	31	26	26	15	15	3	3	3	3

（二）拓展性课程设置和课时安排

1. 初中拓展性课程和课时

类别	七年级周课时数	八年级周课时数	九年级周课时数
知识拓展类	2	2	2
体艺特长类	3	3	3
实践活动类	2	2	2

2. 高中拓展性课程和课时

（1）选修课程结构

课程类别	校内选修课程						校外选修课程
	国家选修课	校本选修课					校外选修课
课程形态	知识拓展类	知识拓展类	兴趣特长类	自主发展类			社会实践类
				职业技能类	社会实践类	研究性学习	
课程目标	必修基础上的加深	凸显办学特色，追求自主发展					与社会接轨

（2）校本选修课程安排与学分设置

年级　学分 类别	高一		高二		高三	
	上	下	上	下	上	下
知识拓展类	7	7	6	6	6	
兴趣特长类	6	6	6	6	4	
职业技能类	3	2	3	3	3	
社会实践类	3 年内完成军训、文明、社区服务、校内值勤、志愿服务，学分各 1 分					

（三）特色课程

中学生人生规划教育，民族器乐，校园合唱团，钢笔书法，定向运动，射击射箭运动，足球运动等一张张特色鲜明的学校名片，构成学校素质教育的一道道亮丽风景。

五、课程体系的架构

（一）学校课程体系

学校课程体系的架构是从 2013 年开始的，根据省教育厅要求，全省统一对各普通高中校长进行了三轮培训，各校根据学校实际，提出了颇具特色的学校新课改方案，架构起了学校新课程体系。两年后，为与高中的新课改相适应，初中阶段也进行了新一轮课程改革，由于有了高中课改的先行，我校的初中新课改进行得较为顺畅，其课改方案及课程体系的架构，成为全市的示范。由于篇幅原因，本单元只罗列学校初中的课程体系。

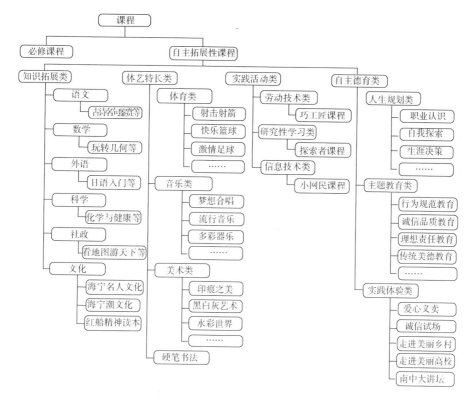

（二）学校新课程体系的特点

1. 课程体系架构的成因

（1）依据省深化课改精神要求。课程体系是同一专业不同课程门类按照门类顺序排列，是教学内容和进程的总和，课程门类排列顺序决定了学生通过学习将获得怎样的知识结构。浙江省关于"深化义务教育课程改革"精神要求，义务教育课程分为"基础性课程和拓展性课程"。基础性课程指国家和地方课程标准规定的统一学习内容；拓展性课程指学校提供给学生自主选择的学习内容，可分为知识拓展、体艺特长、实践活动。

由于省厅对义务教育阶段学校深化课改工作强化了特色课程建设的规范性，所以，除了自主德育类课程外，其他三类是按照上级指示精神进行架构的，但具体内容与形式则根据我校的办学特色需要设计的。

（2）依据学校课程体系框架设计。我校的课程体系框架设计中，由"四大板块"构成（见本节上单元内容），由于是整个学校的课程体系框架，通用于高中与初中，所以与初中的课程体系表述略有差异，但精神与内涵是同一的。

我校初中段的课程分为必修课程与自主拓展性课程两大类。必修课程即基础性课程，自主拓展性课程包含知识拓展类、体艺特长类、活动实践类和自主德育类四类课程。这是与学校课程框架中的知识拓展类、兴趣特长类、自主合作类和德育课程相一致的。

2. 课程体系的内容和目标要求

（1）知识拓展类课程。包括学科研究性学习、学科专题教育、地方历史和文化教育等课程，旨在拓展学生的知识面，激发学生的学习兴趣。

我校除了根据学科特点开设了二十多门课程，供学生选课学习外，还根据海宁人文和自然特色，开发了《海宁名人文化》和《海宁潮》校本教材，提供给学生选读。在海宁历史上，出现了国学大师王国维、新月派诗人徐志摩、武侠小说大师金庸等四十多位国家级名人，乡土名人文化的熏陶，对于学生的人生规划，自主发展有着十分重要的作用。而海宁潮作为地方自然景观，涉及地理、历史和文学等多学科知识，当赋予"敬业奉献、猛进如潮"的海宁精神后，对于学生的成长动力与"自主性"的激发，有着积极的感召作用。

（2）体艺特长类课程。包括体育、艺术、健康教育、生活技艺等课程，旨在帮助学生培养兴趣爱好，养成良好的生活习惯和高雅的生活情趣。

我校体育、音乐、美术专任教师共有19人，师资力量充足，完全中学在初中校本教材开发的优势得到较为完美的体现。在学校文化的引领下，每一位教师几乎都有自己的课程项目，在同伴的互助中，使校本课程得以顺利实施。通过校体（学校与少体校）合作、校部（学校与杂志编辑部）合作、校校（普通教育与职业教育）合作，学校有三个项目成为省级基地，对学生的兴趣培养、特长展示及高水平人才的选拔发挥着积极的作用，也由此产生了重大的社会影响。

（3）实践活动类课程。包括信息技术、劳动技术、科技活动、调查探究、社会实践等课程，旨在引导学生探究自然、体验生活、了解社会，着重培养学生动手实践、科学探究、团结协作、服务社会的能力。

实践活动类课程的实施，不仅需要学校教师的传授与指导，还需要家长与社会的合作。在技术类课程开发与开设中，凭借我校 12 位专任教师的优势，学校成为浙江省初中劳动技术学科网络基地，科技类与社会实践类活动与竞赛获奖无数。良好的家校合作、社区合作，使学校的实践活动类课程实施得如鱼得水，生机勃勃。

在综合实践活动校本化实施途径的探索上，建立学生参加社会实践活动的有效机制，确保课程计划（初中）每学年不少于 10 天的社会实践活动时间。把各学科课程的社会实践要求与综合实践活动有机整合，以主题模块的形式，组织多种多样的科普活动、拓展训练和公益性劳动，努力提高学生的动手实践能力，培养学生的创新意识。

（4）自主德育类课程。这是我校的一大特色课程，包括人生规划类、主题教育类和实践体验类等课程，以培育和践行社会主义核心价值观为主线，加强中华优秀传统文化教育和法治教育，突出强调个人修养、社会关爱、家国情怀，着重培养学生良好的品行和学习、生活习惯。

学校以人生规划为重点，积极探索并践行自主德育的运行模式。把团课、各类专题教育与德育课通过课程有机结合起来，采用灵活多样的形式进行思想品德和行为规范教育。把德育目标渗透于各门学科教学，实现全科育人、全程育人、全员育人。于是，全员班主任制度、全员德育导师制度、诚信试场、特色班集体建设等运行机制应运而生。

3. 课程体系的特色体现

（1）学校办学宗旨的体现。"一切为了人的自主发展"是学校的办学宗旨，富有特色的学校课程体系必然地要体现这一宗旨。在我校的课程体系中，知识拓展类、体艺特长类、实践综合类课程的开发与开设，应该说与大多数兄弟学校是相近的，而自主德育类课程则是学校的个性课程，较好地体现学校的办学宗旨。

在"人生规划教育"课程建设中，我校起步于 2012 年初，当时校长在新学期第一次升旗仪式上做动员讲话："中学阶段是人生中的一个重要时期，同学们对自己进行人生规划是遵循我们的成长规律、实现个人持续发展的内在要求，也是我校推进自主教育，追求学生主动发展的办学宗旨所在。学生人生规划与设计、职业选择等方面的教育目前在我国还是一项空白。开展人生规划与职业指导教育，可以为我们适应未来社会奠定坚实的基础。"从课程设想到课程设计再到课程实施，都是紧紧围绕"人的自主发展"展开的。

在主体教育类与实践体验类课程建设中，我校都注入了"自主"的元素，如诚信试场的开设，是以学生的自主申报为前提的；主题班会的开设也是以学生的自主管理为要旨的。可以说，没有"自主"要素的课程，在我校是难以生存的。

（2）培养目标的体现。课程体系是育人活动的指导思想，是培养目标的具体化和依托，它规定了培养目标实施的规划方案。课程体系主要由特定的课程观、课程目标、课程内容、课程结构和课程活动方式所组成，其中课程观起着主宰作用。我们认为，课程观是对课程的各种认识和看法的总称，包括对课程的概念、课程的编制、课程的实施、课程的评价等各个方面的认识。课程不仅仅是学生将要学习的教材知识内容，学生从特定的教学活动方式中实际获得的学习经验也是课程的有机要素。课程也不仅仅是先于教学过程预先已经编制好的、现成的知识体系，还应该包括在过程中逐渐生成、建构起来的课程，对于生成性课程来说，教师和学生都是参与课程开发的主体，他们既是课程的传递者与吸收者，同时又是课程的建构者与创造者。

很显然，在这样的课程观视野下，我校的课程体系中必然地包含了更多的"自主生成"的知识体系，而这种知识体系要构成课程，无论是开发还是实施，都自觉或不自觉地呼唤着主体合作意识的形成或焕发。同样，校本课程的开设，总是符合一定的社会和时代要求的，其主旨实现总是与时代对培养对象的要求相一致的，而"现代公民"是一个永恒的目标要求。所以说，我校的课程体系体现了"培养具有自主发展意识和合作能力的现代公民"这一培养目标。

（3）特色文化的体现。学校特色课程是在学校文化的指引下，基于本区域、本学校和教师团队在教育实践和教育研究中建立起来的，一般是具有独特的教育价值、优质的实施效果和一定社会影响力的课程或课程体系。

课程的特色，总是体现在学校课程的某一要素、方面或范围上的。就我校而言，办学宗旨、学校特色和培养目标等办学理念，其精神内涵与学校文化是统一的，所以课程特色必然也是与学校文化相统一的。从课程的框架结构看，学校基础性课程、知识拓展类课程和兴趣类课程构成了学生的基础性学历课程，而发展性学历是建筑在基础性学历根基上的，是由自主合作类类课程的目标与要求，它是由社会实践类与自主德育类课程架构起来的，而从基础性到发展性的跃进，是通过德育课程引发的，归根到底是由学生的"自主性"所引发的。

由此我们可知，从学校的课程框架，到课程体系，是在学校文化的引领下，通过课程建设，实现特色发展。

第二节 坚持文化引领 实施课程改革

学校课程只有体现学校的文化特色，承载学校的文化使命，才是真正带有校本特质的课程。只有通过课程并融入课程的学校文化，才能涵化学校的一个个行走的文化符号。我们学校的自主教育课程建设再造，彰显了学校的文化特色，始终围绕"一切为了人的自主发展"的办学宗旨展开。

一、课程开发

拓展性选修课程开发以发展学生个性为目标指向，满足学生的发展需求。课程开发的主体是本校教师，同时，适当引进部分成熟的、适合学生发展需求的课程。

（一）学校发布开发指南

学校根据育人目标，评估学生需要，确定课程目标及课程结构，发布开发指南。

（二）教师自主申报

教师申报，填写课程开发申报表，并附上课程纲要、课时安排及教学内容与进度计划。

（三）学校组织审核

学校组织课程评审委员会评审，对课程的设计是否符合学校课程发展方向和课程可行性做出分析与判定，形成评估结论。

（四）教师自主开发

教师自主开发，编制课程讲义，经学校课程评审委员会审查通过后，即可安排开课。

（五）校本教材印制

课程实施一轮及以上，证明课程适应学生发展需要，受到学生欢迎并效果显著的课程讲义，经修改、审查后由学校作为选修课程校本教材印制。

附：海宁市南苑中学高中校本选修课程开发申报和评审制度

海宁市南苑中学高中校本选修课程开发申报和评审制度

课程是学校实现教育目标的主要载体，同时也是学生获取知识和技能的重要平台。为推进校本特色化选修课程体系建设，确保选修课程开发与实施的质量，依据上级相关指示精神，坚持"以学生为本"的育人理念，遵循"调结构、减总量、优方法、改评价、创条件"的总体思路，立足"科学规划、稳步推进、培养兴趣、注重实效"，更好地满足学生学习的多样化需要，特制定本选修课程申报和评审制度。

一、校本课程开发目标

1. 与国家课程、地方课程相互整合与补充，以加强课程结构的综合性与多样性。

2. 通过校本课程的开发，凸现学校办学特色。

3. 培养一批专家型、研究型的教师。

4. 全面实施素质教育，倡导学生主动参与、交流、合作、探究等多种学习活动，改进学习方式，拓展学生的知识领域，培养创新精神和实践能力，使学生真正成为学习的主人。

5. 培养学生的团结合作意识，提高学生的思想品德修养和审美能力，陶冶情操，增进学生身心健康，使学生热爱学校生活，适应社会环境。

二、开发原则

1. 实效性原则。严格执行国家的课程政策，遵循课程开发的规律。

2. 互补性原则。要充分体现出对国家课程的补充作用，发挥其自身优势，使国家课程和校本课程能相互协调地发挥整体育人功能。

3. 针对性原则。校本课程的开发要从学校的实际和学生的需要出发，强调有利于形成学校的特色，发展学生的个性特长。

三、开发的内容类别

以学生发展为本，把发现和发展学生的潜能作为选修课程开发的根本目标。通过调查摸底了解学生的需要和兴趣，有的放矢地选择开发课程，在课程内容设计与活动安排上，有利于学生的自主学习和个性化发展。

开发的选修课程科学合理、指向明确，有利于促进学生在知识与技能、过程与方法、情感态度价值观等方面的发展，有利于提高学生的科学素养和人文素养；课程内容与要求真实可靠，有利于培养学生的专业兴趣，拓宽学科视野；课程组织与实施具有较强的可操作性，有利于提高学生创新能力和实践能力。

1. 知识拓展类选修课程：包括必修内容的拓展课程、大学初级课程、介绍学科最新成果的课程和学科应用性课程等，旨在让学生形成更为扎实的知识基础。

2. 职业技能类选修课程：是通过学校具有一技之长的教师或借助一定的社会资源及职业高中开设，旨在让学生掌握一定的职业技能，培养创新精神和动手能力。

3. 兴趣特长类选修课程：有助于培养学生兴趣、发展个性特长的各类课程。

4. 社会实践类选修课程：调查探究活动、社会实践活动、校园文化活动、学生社团活动等课程。

四、申报和评审条件

1. 申报的选修课程适切性强，与学校目前办学条件、教育资源相匹配，与自身的兴趣特长、本地社会经济资源、本校学生发展潜能相适应，重点支持体现学校及地方特色的选修课程。

2. 坚持以人为本的教育哲学，能着眼于学生未来的发展，充分考虑学生兴趣和个性化学习的需要。

3. 课程基本架构完整，课程目标指向明确，内容真实可靠，实施方法得当、可操作性强，评价方法科学合理。

五、申报和评审程序

1. 教师申报。由学校全体高中教师及自愿参与课程开发的初中教师及职工参与选修课程开发工作，申报拟开发的课程。填写《南苑中学高中选修课程开发选题登记表》。

2. 评委初审。由学校课程评审委员会对教师提交的选题进行初审。初审主要是看教师选题是否科学、合理，是否符合校情、学情，教师间选题是否冲突，课程类别比例是否合理。

初审通过后，相关教师可开始撰写课程纲要和教材。

3. 学校审核。教师上交课程纲要和教材，由学校课程评审委员会进行审核，审核通过的课程列入《海宁市南苑中学选修课程目录》，并向全校公布。学校审核内容主要注重以下4个方面：

（1）课程目标明确，理念先进，特色鲜明，具有一定创意，符合新课程理念，符合素质教育要求。

（2）课程有完整的课程纲要，有教材或活动方案，目标设计科学，内容编排合理，实施规范有序，保障体系完备，课程管理到位。

（3）课程符合本校实际，能满足学生发展的实际需要，能受到学生欢迎。

（4）课程具有较高的推广价值。

审核通过后，将该课程移交学生选课指导中心，正式作为学生选修课程。

南苑中学高中选修课程开发选题登记表

课程名称							
主编（最多两人）							
编者（知识拓展类）							
开发性质（打√）	自编		改编			借用	
所属类别（可多选，打√）	知识拓展		兴趣特长		社会实践		职业技能

二、课程开设

根据《浙江省教育厅关于深化义务教育课程改革的指导意见》的要求，从2016级七年级开始，学校全面实施拓展性选修课程，每周选修课时为6~7课时。每一学年中，每类选修课程可供选修的课程数不少于6个。

拓展性选修课程开设的流程是：

（一）自主申报。学期末教师申报下学期拟开设选修课程名称，教研组长协调后填写本组所有课程汇总表，上报教务处及教科室。

（二）初审汇总。教务处、教科室初审课程申报资料，汇总制作下学期拟开设选修课程目录，并确定各门课的课时、学分、人数限定、上课地点、任课教师等。

（三）审核公布。深化课程改革领导小组研究确定下学期拟开设选修课程目录，教务处在开学初，向学生公布选修课程目录及课程的详细介绍信息，供学生预选。

（四）指导选课。开学后一周内，由教务处牵头，年级组、班主任和任课教师安排专门时间指导学生选课。

（五）确认开课。汇总选课单，符合开课条件的，确认开课，并做出相关安排，编制课程选修学生名册，通知任课教师，一般应从每学期第 2 周起开出各类选修课程。

三、指导选课

浙江省是国家确定的新高考首批试点地区之一。新高考采取 3 + 3 的模式进行考试和录取。高中"走班制教学"符合"因材施教"的理念，是新高考改革下的新形势，也是时代发展的必然趋势。普通高中学校是探路先锋，在 2013 年就开始尝试选课走班制，通过搭建多层次的课程体系，促进学生全面而有个性发展。

（一）选课

我校的"选课走班制"教学让每个学生在学习中找到自己的兴趣点，在选择适合自己的选考科目之后，提高了学生学习的兴趣和成绩，使其得到综合发展。

首先，在知识类选课方面，学生需要在任课教师指导下选择适合的课程。选课需要专业的指导教师，必须对每一位学生都有了解。选课指导教师需要向学生介绍清楚课程，让学生有计划的为将来更好地发展而选择适合的课程。学生在其他类别选课方面则应根据学生自身兴趣爱好、生活技能、职业倾向等因素来选择课程。

其次，在班级管理方面，每个教师都是不可替代的，高中教师课堂管理水平的高低将直接决定着课堂教学的成败。高中教师负责自己所教的教学班。教师应该创设良好的学习环境和条件，促进学生有效学习。教学班的任课教师尽快熟悉教学班的所有学生，促进师生交流，提高教学效率。

最后，在教学方面，学校根据需求来配置师资。在"走班制教学"中充分体现"学生是课堂的中心"的课堂教学思想，一定程度上给予学生课程的自主选择权。同时对高中教师的综合素质评价提出了更高的要求，高中教师需要不断地学习和钻研，才能在教学中进步与发展，才能满足学生对学习的需求。

（二）走班

我校高中采取的是"分层、分类、分项"走班教学；初中参照"分层、分项"进行走班教学。

1. "分层"

分层是指必修课程采取分层走班教学。就是根据学生学习能力层级对必修课程内容进行处理，形成不同的教学路径和方式，学生根据自己的学习能力选择适合的层级，最终都要达成课程标准的要求。"必修分层"主要涉及语文、数学、英语、政治、历史、地理、物理、化学、生物、技术等10科必修课程。学生自主选择组成教学班。我校通过确定各层次教学班数量、宣传发动、摸底测试、自主选择、公布名单的方式组成教学班。

2. "分类"

分类是指涉及高考的10门课程，根据学生意愿分类选课走班教学。保留行政班，将同一年级分为学科组合进行平行走班，在同一学科组合内实行行政班教学，其他选考科目走班教学。

3. "分项"

分项是指兴趣特长类、职业技能、社会实践类课程根据各个模块的项目，由学生自主选择，走班上课。学校实施"网上选课、一生一表、走班上课"的个性化教学，使得学校的教育教学更适合本校学生实际，更多考虑每个学生的需求，将"一切为了学生的自主发展"落到了实处。

附：海宁市南苑中学校本选修课程学生选课指南

海宁市南苑中学校本选修课程学生选课指南

一、指导思想

建立选课制度是为了适应社会对多样化人才的需求和满足学生全面而有个性发展的需要。选课制度要有利于实现普通高中教育的培养目标。在保证学生达到共同基础的前提下，开设多样的选修课程，要有利于学生的个性发展，帮助学生根据自己的人生规划、兴趣和需要，形成符合个人特点的、合理的课程修习计划；要有利于学校办出自己的特色，鼓励学校根据学生的需要和办学思想，逐步增设选修课程、开发校本课程，形成富有特色的课程设置。

二、学生选课指导小组

南苑中学选修课课程评审组长：分管副校长

副组长：教务处（分管）主任

成　员：高中年级组长　高中各班主任

三、学生选课须知及选课程序

1. 选课须知

（1）学校成立课程委员会，负责课程的实施与管理；

（2）选课是一件严肃的事情，涉及学校的学籍管理，因为你不当的选课还可能影响你的正常上课，甚至你的人生方向。因此，在选课之前每一位同学务必仔细阅读本手册的全部内容，在选课过程中，一定要认真负责；

（3）学生必须于本学年开出的模块中选择学习内容；

（4）学生必须亲自选课，可以跟同学、家长、教师商量，但不得请其他人代选；

（5）一般必修课程都在教务处安排的行政班上上课，选修课为学生走班上课；

（6）三年所选课程的总学分应达到学生学籍管理规定和教学计划规定学分要求，选课才有效；

（7）你所选择的全部课程须经学校课程委员会认可后才有效；

（8）由于受学校资源条件的限制，当学生（包括重修课学生）在选课过程中如出现过冷过热的情况时，学校课程委员会将以你的中考成绩、初中综合素质评定为依据，在征得你个人的意见后，重新做出调整。请不要过于集中在某个时段或某个教师，以保证较高的选课成功率。

2. 选课程序

（1）明确选课要求。同学们认真阅读《海宁市南苑中学高＊年级校本选修课程学生选课指南》以及聆听每学期的开学选课指导讲座，明确新学期的选课要求（课程类别："1＊＊"表示知识拓展类，"2＊＊"表示兴趣特长类，"3＊＊"表示职业技能类，"4＊＊"表示社会实践类）；

（2）根据学校提供的选修课目录，组织所有学生进行初选，根据初选结果确定本学期要开设的选修课程；

（3）由学校设定好必修课程的课程表，设置好选修科目、任课教师、教室、招生人数，完成网上选课的基本设置；

（4）学生在规定时间登录网址进行选课，登录账户为身份证号码（以学籍管理系统登记身份证号为准）。

3. 学校组织选课审核小组人员，对选课结果进行审核，对不符合选课要求的同学进行补选。教师选课登录账户及密码与《浙江省教师培训平台》中的相同。

4. 选课结束后，制作班级课表、教师课表、学生课表和学校总课表。

流程图如下：

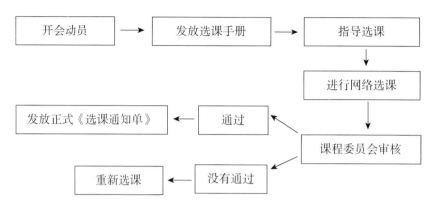

四、高中课程与学分结构

必 修（96学分）			选 修（48学分）		
学习领域	科 目	学分	类别	内 容	学分
语言与文学	语 文	10	知识拓展类	包括必修拓展课程、大学初级课程、学科发展前沿课程、学科研究性学习等	至少48
语言与文学	外 语	10	知识拓展类	包括必修拓展课程、大学初级课程、学科发展前沿课程、学科研究性学习等	至少48
数 学	数 学	10	知识拓展类	包括必修拓展课程、大学初级课程、学科发展前沿课程、学科研究性学习等	至少48
人文与社会	思想政治	8	职业技能类	包括生活技能、职业技术、地方经济技术等课程（≥6学分）	至少48
人文与社会	历史	6	职业技能类	包括生活技能、职业技术、地方经济技术等课程（≥6学分）	至少48
科学	地理	6	职业技能类	包括生活技能、职业技术、地方经济技术等课程（≥6学分）	至少48
科学	物理	6	兴趣特长类	包括体育、艺术、健康教育、休闲生活、知识应用等课程	至少48
科学	化学	6	兴趣特长类	包括体育、艺术、健康教育、休闲生活、知识应用等课程	至少48
科学	生物	6	兴趣特长类	包括体育、艺术、健康教育、休闲生活、知识应用等课程	至少48
技术	信息技术	4	兴趣特长类	包括体育、艺术、健康教育、休闲生活、知识应用等课程	至少48
技术	通用技术	4	兴趣特长类	包括体育、艺术、健康教育、休闲生活、知识应用等课程	至少48
艺术	艺术或音乐、美术	6	社会实践类	包括调查探究活动、社会实践活动、校园文化活动等课程（≤8学分）	至少48
体育与健康	体育与健康	12	社会实践类	包括调查探究活动、社会实践活动、校园文化活动等课程（≤8学分）	至少48

专题教育	2	主要包括国家有关部门和教育部规定普通高中必须组织开展的各类教育内容

五、校本选修课程选课目录（略）

四、走班管理

由课程评价、协调、保障领导小组建立起有效的课程实施的管理体系。

（一）教师管理

1. 学校鼓励教师积极参与选修课程的开发工作，制定一定的奖励制度，激励教师努力开发学生需要的选修课程。

2. 开课老师应按要求到指定教室上课，做好学生出勤记录。

3. 教师应在开学后第二周内向教务处上交该课程教学进度表，并按照教学进度表进行教学。在教学过程中，教师应认真听取学生意见，可根据实际情况调整教学计划，经同意后执行。

4. 教师应根据学校要求做好所开设课程的学生修习情况的考核与学业成绩的评定工作，在课程结束后及时完成成绩录入工作。

5. 教师选修课程开发、开设的情况将列入教师业绩考核内容。同时，也将列为教师职称晋升、职级晋升、推荐评审高层次教师荣誉称号的必备条件。

6. 学校将组织教师参加选修课程建设能力提升的学习与培训。

（二）学生管理

1. 学生应根据自身发展需要自主选择选修课程，在指定时间参加选课。

2. 学生在收到选修课程上课通知后，到指定教室上课。

3. 学生应认真参加选修课程的学习，遵守课堂纪律，不得随意缺课。学生应及时认真完成选修课程作业。

（三）教务管理

1. 教务处在学生选课前，做好选课指导。学生选课后，做好调剂工作，选课情况应及时向学生公布。认真编排拓展性课程课表，确定上课教室，编制学生名单和成绩记录卡。

2. 做好日常教学检查，组织选修课程教学研究。主要通过组织选修课程教学研究课、任课教师讨论会等形式，进行教学交流和探讨。通过听课、召开学生座谈会、问卷调查、进行考查等形式进行教学质量评估。在教研和检查的基础上，进一步改进教学内容和开课安排。

3. 及时做好选修课程资料收集、归档等工作。

五、课程评价

课程评价即学分的认定和管理。课程评价体系充分发挥评价的激励、诊断、导向功能，通过评价来达到帮助学生认识自我、建立自信，激励和发展学生潜能，促进学生全面发展的目的，为学生的终身学习和发展打下扎实的基础。

（一）评价原则

1. 执行政策，明确要求。严格按照上级文件的要求，同时结合我校实际实施学生评价。

2. 加强领导，有序操作。学校成立校长任组长，分管校长任副组长的"学生评价实施领导小组"。

3. 注重监督，公开透明。学校成立学生评价实施监督小组，监督学校评价工作的组织与实施情况，处理相关投诉等。监督小组由家委会成员、教师代表、学校行政领导等组成。

4. 过程管理，全面记录。注重学生在校学习和成长的过程管理，对学生的学习进行全面记录，客观评价。

5. 量化评分，公平公正。对学生评价的各项指标进行量化考核。

（二）评价方式

学期考核。根据成绩确定评价等第，分成 A、B、C、E 四档，再折算成相应学分。

1. 学生评价

学生评价以定性评价为主，发挥对学生的激励功能，同时要帮助学生进行自我评价与自我调整。主要从以下几个指标进行评价：①学生考勤记录；②学生在学习过程中的表现，如态度积极性、参与状况等；③学生互评；④学生学习成果，学生成果可以通过实践操作、作品鉴定、竞赛、评比、汇报演出等形式展示；⑤学校组织考试或考查。

2. 教师评价

从有利于教师自身专业发展的需要出发，设立以下评价指标：①教学材料和选修课总结（教材、总体内容、附教案或课件、教学体会）；②学生选课人数；③学生实际接受的效果；④教学成果展示；⑤学生问卷调查；⑥领导与教师听课后的评价。

3. 建立激励机制

建立激励机制，培育优秀课程。以学年为单位，对本学年开设的校本课程进行等级评定，按照合格课程、重点课程、精品课程三级评定。每学年召开一次校本课程研讨会，对优秀校本课程进行展示并对相关教师进行奖励。

第三节　深化课程建设　促进特色发展

在课程建设过程中，学校注重以文化特色为引领打造特色课程。校本课程的实施对学校的文化发展与特色形成又起到积极的推进作用，同时也促进学生、教师和学校的发展。

一、课程建设促进学生良好品格养成

（一）促进学生良好品格养成

学校教育的最终目的是如何让学生成为一个人格健全又能对社会发展有用的人。学校除了开足了国家规定的课程外，也开设了众多的自主德育校本课程，包括人生规划类，实践体验类、主题教育类等以满足学生自主学习、自主发展的需求。自主德育课程的开设，既有利于培养学生的自主观察能力、自主操作能力、自主表达能力，又有利于培养学生自主探究、合作交流的能力。

1. 人生规划课。我校已开发人生规划类的校本课程，让学生认识到在中学阶段进行生涯规划的重要性，认识到确立自己的职业理想和努力方向是人生中重要的一步，有了理想才有激情，有了激情才能发挥自己的潜能，才能走向成功和卓越。培养"具有自主发展意识和团队合作能力的现代公民"是南中教育模式下的育人目标，对学生开展人生规划教育成为南中德育工作的优势和特色。通过人生规划学习，学生自我探索，更好地了解了自己的气质、能力、个性风格等内在的素质，能更全面地认识自我、评估自我，提升了自我发展意识，有助于学生去把握生涯决策，把握未来。

2. 实践体验类。包括"爱心义卖""南中大讲坛""走进美丽高校""走进美丽乡村"等系列社会公益课程，学生和同学之间进行充分的互动，对社会有进一步的深入了解，增强了学生的社会公益意识，开拓了学生的视野，丰富了同学的思想。也是我校开展生态德育建设的重要内容。

3. 主题教育类。学校开设了多样主题班会，如"行为规范教育""诚信品质教育""理想责任教育""传统美德教育"等。主题教育增强了班级凝聚力，形成了良好学风、班风。主题教育实现了对学生集体价值观念的培养。它通过创设轻松、平等的课堂或户外活动氛围，及时、有效地批评和纠正学生中的错误想法或行为偏差，逐步构建刻苦学习、努力锻炼、互相关心、求实向上的班集体，从而形成强大的班级凝聚力。

4. 德育分层类。各年级根据学生身心特点，结合各年级实际，有针对性开展德育活动，使各年级德育内容专题化、规范化。

每学期开学的第一个月为"始业教育月"。根据年级德育主题，把中学生行为规范和守则以及学校的规章制度系统化为《南苑中学中学生行为规范手册》，新生入学即人手一册，各年级按照手册开展德育主题活动，力求使本年级德育内容具体、细致，具有可操作性而不流于空泛和说教，使学生易于接受，为学生的自主发展奠定了基础。

5. 心理健康类。心理健康教育方面，我校的心理咨询热线、心理咨询站都卓有成效，可及时化解师生的心理问题。为培养学生健康心理，形成健全人格，启发自我意识，促进自主发展起到了积极作用。我校特别加强了毕业班的心理健康辅导，开设了心理健康讲台、励志讲坛等，引发了学生自主管理、自主发展的内动力。

（二）促进学生学习"自主性"培养

在课改实施中促进学生学习"自主性"的培养。学生自主性的缺失，不仅会导致学习效率的低下，影响学校教学质量的提高，还会使学生的后续发展缺乏动力。在第二轮新课程改革全面铺开的大背景下，学校把培养学生良好的自主学习习惯作为教学生"学会学习"的一个突破口，全力推行"培养学生良好学习习惯，提高学生学习力"教学实践活动，先后制定了《学生良好学习习惯自主培养实施方案》《学生良好学习习惯自主培养实施细则》《学习习惯自主培养教师指导工作细化操作指南》《学生良好学习习惯自主培养教师教学操作指南》，通过学校学生处、年级组、任课教师、全体学生的"四位一体"联动，大力培养学生的良好学习习惯，改变学生学习行为，实现了教与学的良好发展，学生的自主学习能力逐渐增强。

1. 推行"一三四"创新课堂。"一三四"即：一个目标：培养具有自主发展意识和团队合作能力的现代公民；三大结构：自学、精讲、练习；四个环节：问题导入、目标引领、合作探究、精讲精练。

学校对授课流程进行了修改，转变为四个环节：目标引领、问题导入、合作探究、精讲精练。如何保证四个环节的落实，学校在实践探索中，对四个环节都规定了具体的要求：

（1）目标引领（三要）：要简明准确，要解读目标，学生要把目标明了在心。

（2）问题导入（三要）：题目（问题设计）要精当，时间要足够，巡回指导要了解学生学习难点。

（3）合作探究（四要）：要有精准的探究问题，要人人参与到小组探究之中，要有兵教兵的策略，要有合作探究的成果呈现。

（4）精讲精练（八要）：要定准精讲的内容，要确定精讲的切入点，要使用概括化结构化的方法，要扣标精选检测题，要有足够检测的时间，要有补标措施，要用好电子白板，要照应后进生。

通过设计符合学生认知规律的"一三四"创新课堂环节，课堂以教师的导为主线，学生的学为主体，以指导学生自学为主题，使学生在能动地获得知识的同时，又能够认识获得知识的过程和方法，最大限度地培养学生的自学能力，开发其创新思维。

2. 教与学双维驱动。只有从"怎么教""怎么学"两个维度进行双向的研究和建构，教学模式才能更好引导教师在教学中真正做到关注学生、研究学生。在"激智砺行"理念的指引下，教师的教学智慧得到了激发。在"一三四"课堂教学中，教师关注学情，研究教学方法，寻求好的教学策略。在实践中，应用以下教学方法：单元知识过关法，中等生提升法，转后进生激励法，学习习惯锤炼法，目标引导法，错题资源纠正法，课堂笔记助学法等。

3. 引导学生自主学习。"创新"课堂激发学生自主学习兴趣，充分发挥学生主体地位。"一三四"创新课堂有 10 分钟时间专门留给学生自主学习。这种课堂教学结构的安排不是按照通常的教—学—练的流程来安排，而是以学生的认知的心理流程为依据进行的。体现了"先学后教"的教学思想。"先学后教"不是简单的对传统教学过程的顺序颠倒，而是对教学观的重构。学生自主学习，学生学会了如何自主学习、如何自我监控、如何自我评价如何提高学习效益等。在自主学习的安排上，教师考虑不同层次学生的特点，让每一个学生都有事可做，有事能做，提高了学生主动、有效的学习能力。

4. 引入电子书包平台。以电子书包平台促进学生自主学习能力的养成。2017年5月，学校引入电子书包教学，由于前期自主合作课堂教学模式的构建、微课教学的运用、云课堂教学的实践为我校电子书包教学的开展做了很好的铺垫。借助于电子书包，教师教学以及选题更加精准，也有利于为学生搭建自主学习的平台，为培养学生自主学习的兴趣和能力创造了有利条件。

学校的课程改革促进学生学习方式的转变，使得学生积极主动地参与教学过程，勇于提出问题，学习分析问题和解决问题的方法，改变了学生死记硬背和被动接受知识的学习方式。新课程改革，体现了"以学生发展为本"的基本思想，尊重学生的主体地位，培学养学生的能动性、自主性和创造性。这种主体性改变了学生自主学习的意识和自主学习方式，即由传统的死记硬背机械的学习改变为自主学习、合作学习和探究学习。

二、课程建设促进教师专业发展

（一）抓教学常规

1. 集体备课精细化。加强了集体备课组织形式和备课实效性研究，力避集体备课形式主义。实施"每周半日备课组活动"，优化备课制度，教师在集体备课过程中不仅要备知识的教，更要备学生的学，教师在每节课前将准备好的导学案发给学生，布置学生开展预习工作，同时学校还给每一位学生配备了整理本和纠错本，每位学生一课一得，有错必纠。

2. 课堂教学精细化。突出抓好课堂教学的"高质轻负"。关注课前预习，关注学习习惯，关注教学过程，关注当堂达标。把学生学习习惯和学习力的培养，作为课堂精细化管理的重点，学生认认真真读书，认认真真上课，认认真真做题。降低重心，在学困生上挖潜；细化知识点，在细微之处挖潜；注重情感，在非智力因素方面挖潜；达到会学，在学习方法上挖潜。严格贯彻落实课堂教学反馈制度，提高课堂教学的有效性。教师研究考纲，研究教材，研究学生，课堂教学要求精讲精练，教师细化教学目标，关注学生的接受程度，注重夯实学生的知识基础。复习时，教师多回头，注重前后知识的衔接，帮助学生融会贯通，全面把握本学科的知识体系，并能熟练运用知识。

3. 课后作业精细化。教师布置作业必须做到：布置有针对性作业，不布置目的性不明确的作业；布置揭示规律和方法的作业，不布置简单重复性作业；布置有利于开拓学生思维、巩固提高的作业，不布置无效作业；布置养成性、研究性作业等提高学生作业兴趣的作业，不布置机械随意性作业。严格控制作业量，最大限度地减轻学生课业负担，文科杜绝死抄类作业，注重积累性、应用性作业的布置；理科杜绝机械、重复性作业，注重实践性、应用性作业。自编校本作业，规范作业批改，强化作业反馈，增强作业实效性。

（二）抓校本研训

1. 课程引领。坚持教研科研一体化，科研培训一体化（科研型教研组和研究型备课组建设），教学课程一体化原则，以课程建设为依托积极探索教师专业化发展的有效途径。特别是在省特色示范普通高中的创建过程中，以省级课题《双力驱动促进国家课程校本化实施研究》为载体，组织青年骨干教师提炼学校文化，构建特色课程，激发教师致力教育创新，最终实现课程引领教学的华丽转身。在课程开发的过程中，教师的理论学习不断加强，知识结构不断完善，科研能力不断提升，团队合作日趋深入，学科整体实力得到有效的发展与提升。6 年来，海宁市以上获奖选修课程有 30 多门，其中《红船精神读本》获嘉兴市中小学"红船精神"校本课程评比一等奖。

目录

2. 教师培养。新教师培养：制定《新教师管理培训办法》和《新教师成长手册》。通过理论学习、技能比赛、教学实践、导师引领等多种途径帮助青年教师顺利实现角色转换，尽快站稳讲台，并逐步形成自己的专业发展规划。

名优教师培养：制定《名优教师培养方案》，紧紧围绕地市两级名师的评比，扎实开展"名优教师培养工程"，通过课堂展示、教学研究、外出培训、带徒帮扶等多种途径，着力助推优秀教师的专业成长。到目前为止，学校已有海宁市级以上名优教师近 80 名。

（三）抓课堂改革

根据新课程改革理念，学校提出了"目标引领、问题导入、合作探究、精讲精练"的课堂教学方式，教师转变了"教师为主、先教后学、集体教学、目标单维"的传统教学，提出了具有创新意义的、面向未来的课堂教学策略。

构建学生为主、先学后教的课堂。所谓学生为主，是指课堂上要充分发挥学生的主体性，让课堂成为学生自主学习、合作学习、质疑释疑、个体表现、体验成功、自信、快乐的地方。为此，我们提出了导学导练，先学后教的教学模式。即学生在导学案的引导下自学课文，完成预习题，并将预习时产生的问题记录下，在课堂上通过学习同伴及老师的帮助解决问题的课堂学习方式。我校生物组、历史组编写的导学案均已正式出版，物理组编写的导学案也已汇编成册。初中全校语文、数学、科学和英语四门学科，均采用备课组自己编写的"自主导练"。

三、课程建设促进学校可持续发展

在深化课程改革的过程中，如果只是改变教学内容，而教师的教学方式和学生的学习方法不改变，学校的育人模式不改变，课程改革就会流于形式。学校通过系列措施积极推进课改，自主、合作文化得到全方位体现，真正落到实处，在新课改实施过程中，学校办学水平得到大力提升，成绩斐然，进一步彰显了"自主教育"特色。

（一）学生素养全面提升

学校新课改改变的首先是育人的理念，即育怎样的人。我校在新课改中，始终围绕教育"一切为了人的自主发展"的终极目标，完善学新课程建设的顶层设计，对培养什么样的学生以及怎样培养学生进行了一个线条清晰的历史梳理、逻辑严密的运作设计和有效资源的合理整合，进而形成学校师生的共同愿景，通过课程实施，激发学生的"自主性"，让学生主动参与、乐于探究、勤于动手、学会合作，变"要我学"为"我要学"，学生的素养得到全面提升。

镜头一：每逢毕业季，学校给同学们一个温馨提示：在离开母校前，你最想和谁道一个别？你最想和谁留一个影？结果是：学生们会派出代表与寝室管理老师去合影，会去食堂与工作人员道别，也会跟学校的保洁员道谢。

镜头二：新课改实施中，我们把原有的《学生素质报告册》改成《学生成长记录册》（初中）与《学生自主发展记录册》（高中），内容除了人生规划、生涯规划和自主评价外，还有一栏，每学期必须记载一至二件值得自豪的事。于是，生活帮扶小组、学业帮学小组、校园志愿者等遍及校园，《海宁日报》做过多次报道。

镜头三：海宁市的省一级特色示范高中是海宁市高级中学，其学生会主席有4人，其中3人是我校的初中毕业生，学生会组成人员占比近年均超50%，究其原因，学生会成员的组成是要自主申报竞选产生的。说明我校在课改中自主德育课程在学生素养上留下了痕迹。

（二）体艺特色日益彰显

学校一直注重校园文化建设，每年以文化艺术节、科技节、田径运动会和体艺"2+1"等为载体，培养广大学生艺术、体育、科普活动等方面的兴趣和能力，并在各级各类比赛中取得优异成绩。学校以先进的理念、务实的管理、优良的校风、卓越的成绩，打造出一张张特色名片，赢得了社会各界的普遍赞誉。

1. 名片一，校定向运动队

浙江省第十三届中学生定向比赛团队赛第一名
浙江省第十三届中学生定向比赛百米定向第一名
浙江省第十三届中学生定向比赛积分赛第二名
2016年海宁市中小学定向运动比赛第一名
2016年海宁市中小学定向运动比赛团队赛第一名
2016年海宁市中小学定向运动比赛百米赛第一名
2017年海宁市中小学定向运动比赛高中组第三名
2017年海宁市中小学定向运动比赛初中组第四名

2. 名片二，校合唱队

2011 海宁市中小学生合唱比赛金奖
2012 海宁市中小学生合唱比赛金奖
2013 海宁市中小学生合唱比赛金奖
2013 嘉兴市中小学生合唱比赛银奖
2014 海宁市中小学生合唱比赛金奖
2015 海宁市中小学生合唱比赛金奖
2016 海宁市中小学生合唱比赛金奖
2017 海宁市中小学生合唱比赛金奖
2018 年参加浙江省中小学生合唱比赛

3. 名片三，校器乐队

课程内容
一、吹管乐器：
认识葫芦丝：认识普通葫芦丝乐器，了解葫芦丝乐器发展的历史，欣赏葫芦丝演奏曲目。
学习吹奏：掌握正确的吹奏方法与技巧，练习部分合奏曲和独奏曲。参与表演：传统和创新表演。
二胡等其它乐器：了解所学乐器的历史发展、构造及发音原理、音色特点等。学习正确的演奏方法及技巧。学习与乐队合作，演奏有代表性的民乐合奏曲和独奏曲目。
参加各类比赛和演出并屡获金奖。

4. 名片四，校射击射箭队

2015 全国第一届青运会1 人获第二名
2015 浙江省青少年射击锦标赛6人获第一名8人获第二名110人次获奖
2015 浙江省射箭锦标赛6人获第二名56人次获奖
2016 浙江省夏季射击锦标赛多名学生获得优秀运动员106人次省级获奖
2017 全国青少年射击锦标赛 人获得第一名
2017 全国青少年未来之星体育大会浙江第四届阳光体育射击比赛第三名
2017 浙江省青少年射击锦标赛 人第一名56人次获奖

5. 名片五，硬笔书法基地

"加强协作教学，培养良好的写字习惯是所有老师的共同任务。"字是人的"第二面容"，学生都渴望写一手漂亮的字。写字已走进课堂，走进学生心中，"让学生写好规范字"是老师和家长的共同愿望，更是素质教育的基本要求。2014 年学校成为中国钢笔书法杂志的教育实验基地，并开设钢笔书法课程。

图为杂志社主编姚建杭（左）向校长许逢春（右）授牌

（三）文化凝练得到深化

从 2006 年开始，学校开展了以"自主教育"为主题的特色学校创建工作，在实践中凝练"自主合作"学校文化，全校师生遵循"谋先度远，闻道笃行"这一校训，咬定目标，稳步前行，抓住学生自主成长的主旨要求，以教师引导和学生自主管理为策略，构建促进学生团队自主合作发展意识的目标、策略和评价体系，初步探索出了自主教育的路径与策略，凝练出特色鲜明的学校文化。

新课改让学校自主教育迈上了一个新的台阶，给学校自身发展带来了新的生机。课改的成功首先为学校和教师注入了文化自信，自信和自豪又凝聚成学校和教师自身的内驱力。这种自发的力量使学校管理进入到一个崭新的阶段——不待扬鞭自奋蹄，显现出典型的"动车效应"。

在学校课程建设过程中，教师们不断以主人翁精神，诠释"自主合作"的南中核心价值观，学校文化在师生的行动中得以进一步深化。以体艺特色项目的争创为例，我校的校体结合特色——射击射箭项目，原来是兄弟学校的一个很成熟的特色项目。我校体育组的蒋克明老师基于自我兴趣，主动申请要求开设校本课程，并将项目争取为校特色项目。通过努力，学校先后成为海宁市射击射箭项目人才基地，嘉兴市高水平学校体育后备人才训练基地，浙江省阳光体育后备人才基地。立项以来，取得了一系列高层次的竞赛成绩，也培养出了一大批高水平运动员。

在新课改的催生下，学校体育、艺术、技术组的教师几乎人人都有自己的项目课程，这些项目又都是个人争取来的，在项目课程的开设中，同伴的合作互助，又成为学校课程建设中的一大法宝。初中信息技术教师郭驹，自己开发了《秀丽河山》电子板报校本课程，通过与高中的通用技术、信息技术和学校美术教师的合作，又拓展到邮票设计、明信片设计、书画装裱等课程，深受学生喜欢，他也一年内两度登上《海宁日报》。

动车有两大显著的功能：一是每一节车厢都有动力，二是每一节车厢都是连接在一起朝着一个方向飞驰的，前者是自主，后者就是合作。"南中号动车"正在自主合作的高速路上飞驰。

第九章

学校管理机制，保障特色学校建设持续推进

学校管理是管理者通过一定的机构和制度采用不定期的手段和措施，带领和引导师生员工，充分利用校内外的资源和条件，整体优化学校教育工作，有效实现学校工作目标的组织活动。学校管理包括各项不同事务，都需要在一个既定的内部管理机制中运行和实施。学校管理机制是指学校管理系统的结构及其运行机理，包括运行机制、动力机制和约束机制。建构学校内部管理机制既是学校管理的重要内容，又是学校管理能够落实的组织基础。

具有鲜明个性的特色学校，在其长期的建设和形成过程中，都需要依托管理机制作强有力的保障。我校自创办以来，以"自主合作"为特色的学校文化，已融入学校生活的各项管理制度中，形成了一整套植根于学校文化的管理机制，保证了特色学校建设的持续推进。

第一节 人本化管理，自主教育特色管理的应有之策

学校管理指导思想指学校管理者用来指导自己从事学校管理工作，实现学校管理目标的基本观念和基本准则。学校管理的指导思想是一所学校进行整体规划与管理的灵魂，科学合理的学校管理指导思想是实现学校管理目标的根本。以自主教育为特色的学校管理，必然把人的自主发展作为价值取向，以人的发展为根本，这也必然地要以"以人为本"的管理思想为指导，实行人本化管理。

一、"人的自主发展"依赖于人本化管理

（一）学校管理的类型

学校管理有各种类型，大致有人治管理、法治管理、"无为"管理、德治管

理、人本管理等。

人治管理依赖个人权威施行管理，其优点是效率高，但容易形成个人专断；法治管理的特点是一切以法规为依据，简易公正，但缺少人情味；"无为"管理利于营造自由、宽松的环境，却易于出现放任自流的状况；德治管理强调以德治校，领导的道德品格和群众的道德素养是管理的支柱，其缺点是见效慢。

人本管理是一种"德治"与"法治"相结合的管理，是以人为本的管理。提到人本化管理，经常会有人曲解为"非制度"化管理，即学校的一切以满足教职工的个体需要为根本，把对个体要求的满足凌驾于集体利益至上，认为刚性的制度规范是束缚人的，是有违于"以人为本"管理思想的。事实上，一旦失去了制度的引领与规范，学校管理必然会走向"无为"化，人本终将失去根基。

人本管理也讲个人权威，但这种权威是建立在校长个人人格魅力基础上的权威。人本管理也讲法规，但强调法规是为人服务的。人本管理尤其讲管理文化，强调人的观念和情感在管理中的作用。人本管理既重视人在管理过程中的能动性，又重视人在管理过程中自身的完善，人既是管理的出点，又是管理的归宿。

（二）人本化管理是必然选择

"人本化"管理是自主教育特色管理的必然选择。所谓"人本化"管理，就是一种"以人为本"的管理模式。其特征是，以尊重他人人格为基点，以人与人之间的情感为纽带，造就相互了解、理解、团结、合作的工作环境，达到高效率、高质量的目标。

在自主教育特色学校建设中，要实现"人的自主发展"，从管理的类型上看，单靠人治管理或法治管理或"无为"或德治管理是不行的，因为各种单一的管理机制无法协调"规则"和"人文"的矛盾，人的自主发展更关注的是人的本体，但并不意味着可以脱离群体或社会而存在发展。那么，有没有一种以规则遵守为基础，以自我激发为动能的实现人的发展的管理呢？有，就是人本管理。它重视具体的人的因素，把"人"放在一种"根本"的重要地位上，把人及其人的积极性和创造性作为管理活动的核心和动力。在管理活动中，通过对人的正确评估，激励个体，调动人才的积极性和创造性，从而发挥管理的整体效能，促进管理活动持续有序有效地进行，这是人本化管理的核心思想。

学校实施"人本化管理"，是以充分认识教师的工作形象与特点为前提的。

教师不仅是教学的实施者，而且是教学的组织者。在学生心目中，教师是他们最受尊敬的"领导"，是最可亲、可信的朋友。从这个意义上说，教师与从事其他职业相比，更富有自尊心。同时，教师是最富有个性和特长的群体，他们都有较强的事业心和责任感。

学校实施人本化管理，以创造"有序而自由，紧张又宽松的工作氛围"为必要条件。实施人本化管理，是在适度的前提下，"少一点不准，多一些自由"。在保证完成课堂教学任务的前提下，多给教师一些自由支配的时间和足够活动的空间。对教师可考虑不下死任务、硬指标，而是抓好"明确你的目标，往前走不回头"；"抓住合适的时间、合适位置，显示你的最大才能"。

学校人本化管理强调的是学校管理中要"目中有人"。管理中以因人制宜为原则，适合每个教师的发展，使教师自由地创造发挥。

在崇尚"自主合作"文化，以人的自主发展为价值追求的学校管理中，人本化管理是必然的选择。

二、基于"自主教育"的人本化管理策略

人本化管理的终极目标是把组织意志变为人们自觉的行动，实现人的自主发展，这必然地要把管理对象视为"人"而非"机器"，这也就决定了管理的职能不仅仅是计划、组织、指挥、协调和控制，更需要教育、协调、激励和互助。

（一）强化自身管理

要加强领导者的自身管理，不断提升人格，赢得教师信任。人本化管理是法治与德治的统一，更是在规范的学校管理和教师自觉的执行基础上的德治。校长既是教师又是领导，要对具有较高素质的教职工施以德治，必须要有令人信服的思想品德修养，要严于律己，以身作则，凡是要求教师做到的，自己首先做到，以实际行动给教师树立榜样，提升人格魅力，以有效地发挥领导者的非权力影响力。

首先，校长要努力学习，勤于学习，不断增强自身的学习力，成为学习的模范。要善于反思，勇于"自找麻烦"，不迷恋于已有的的成绩，要有"谋先度远"的战略眼光，不断寻找学校发展新的增长点，朝着既定的目标勇于创新，开拓进取，养成良好的意志品质。

其次，校长要率先垂范，勇于实践。实践是人格魅力生长的源泉和重要途

径，凡是要求教师做到的，校长必须首先做到。凡是成为学校决策的事项，要制定规划，分解落实。在教育改革实践中，要发挥团队的合作力量，攻坚克难，砥砺前行。要用好组织赋予的权力，不滥用职权，不以权谋私，做"品性讲正气，为人显大气，做事有朝气"的践行者。

最后，校长要有宽阔的胸襟。校长要能容纳下属同行的缺点和失误，要相信每一位教师都有追求成功的欲望，宽以待人，把握规章制度底线，积极做好激励工作，激发教师的工作热情。严格要求自己，经常进行自我批评与反思，虚心接受他人的批评，营造相互尊重、团结和谐的良好氛围。

（二）坚持情理交融

学校人本化管理，注重的是"情"，通过情感投入和培养来激发师生的学习与工作的主动性和积极性，但它绝不是"无为"管理，不能以情替代"理"，即制度。"理"是管理的核心。因为在学校这个管理体系中涉及领导、教职工、学生三个方面，它是一个由"人"构成的管理体系，学校管理中必然地要重视用制度来规范人们的行为。这是"情"能够产生作用的基础和条件，一是失去"理"，人们的行为便会失去规范，"情"只会变成一种迁就与放纵，那也就丧失了其应有的感召与激励作用，使学校的管理工作软弱无力，一片混乱。但只强化"理"而忽视"情"，就会忽视人的主观能动性，导致学校管理失去活力，使规章制度成为束缚教职工手脚的枷锁，进而压抑他们的积极性，是与人本化管理相背离的。为此，人本化管理要求学校管理要合情合理，情理交融。

学校管理中制度与情感是矛盾的统一体，制度是强制性的，具有刚性；而情感则带有浓厚的人情味，具有柔性。但两者在本质上是统一的，刚柔相济，"情""理"交融。

首先，在健全和完善学校规章制度过程中，要体现民主，使"理"符合民意，具有"情"的基础。

其次，要善于利用一定的规章制度依法治校，规范大家的行为，以此作为情感的底线，刚性的制度要进行柔性化操作，如对违规者的处理是必须的，但在处理过程中要做好耐心的思想工作，使之心悦诚服。

再次，要充分重视用情感来感化人，实现"以心交心""以心换心"，缩短干群之间、师生之间的心理距离。领导要多与教师接触，注意倾听师生的意见和建议，实行"心理位置互换"，想教师所想，急教师所急，真诚地关心和尊重每一位教职工。在教职工的学习、生活和工作中，校长要在不违反原则的前提下，设法利用各种有利条件和社会关系，帮助他们解决后顾之忧，使每一位教职工都感受到组织的温暖。

只有这样，才能使人们在合情合理的氛围中自觉主动地维护规章制度，并在此基础上，以主人翁的积极性搞好学校的各项工作。

（三）激励自主发展

教师工作和学习积极性的发挥，是以需要为基础的，因而学校管理要重视教职工的"需要"，并引导"需要"，从工作环境需要向事业理想需要的层面发展。管理心理学激励理论认为，对不同成熟度的人，应采取不同的管理办法和不同的激励方式。对成熟的人应多用工作本身，满足社会性需要和成就、理想来激励，调动他们的积极性。

首先，要了解其需要。教师作为"人类灵魂的工程师"，具有较高的使命感和社会责任感，是高成熟度群体，需要层次也相对较高。但涉及每位教师的需要也是有差别的，复杂的，多方面的。作为管理者，应从调查研究入手，了解每位教师的需要，如谈心，征求意见，民意测验，为学校发展献良策等。事实上，了解需求的过程，就是校长对教师的感情投入的过程。让教师意识到校长对自己的关注和尊重，其本身就在一定程度上激发了大家的主人翁责任感。

其次，要合理满足需要。这里的"合理"有两层含义，一是合理的需要；二是满足得要合理，要立足于教师的发展。学校领导者要在调查研究的基础上，要进行综合分析，找出合理的需要与不合理的需要，再把合理的需要进行解剖，对当前就能解决的教师需要，采取必要措施予以满足，对一时解决不了的需要，则创造条件，逐步解决，并认真做好解释工作。这样，教师的合理需要得到满足，就会产生再高层次的需要，从而激励教师不断发展。

再次，要重视激励。合理地满足需要是人的特性之一，所以应当重视激励的功能。人的需要既有物质方面的，也有精神方面的，因此激励也应有物质激励和精神激励。对于知识分子来说，在物质待遇得到基本保障之后，更看重的是精神激励。精神激励有目标激励、信任激励、肯定激励等。目标激励，包括群体目标和个人目标。群体目标是一个群体所有成员在某个时期统一的价值取向，是凝聚人心的基础。个人目标则是个人不断完善的需求，是个体发展的强大内驱力。信任激励，要明白信任是相互的，领导对群众信任才能得到群众的信任。肯定激励，要肯定教师的劳动，特别要肯定教师的工作成绩，使做出成绩的教师得到受人尊敬、受人爱戴的肯定。

（四）实行民主领导

实行民主式领导，可以发挥情感的亲和力与凝聚力作用。以人为本的本质就是要把人当作人，因而就必须要尊重人。在一所学校中，校长以学校为本，学校以人为本，学校管理应体现人文关怀。人是有情感的，情感在人的工作和生活中有特殊的作用，有了情感才能有同情、有理解，有爱心、有热情，它在学校这样的组织中能起一种亲和与凝聚的作用。所以校长要牢固树立全心全意依靠教师办学思想，要尊重教师，信任教师，发挥教师的积极性，创造性，吸收教师参与学校管理，依靠教师办学。要实行民主式管理，重视情感在管理中的作用。

首先是尊重。肯定人是人格的主体，也就是肯定人的尊严。一个人在肯定和尊重自己作为人格主体尊严的时候，必须推己及人，同时也肯定和尊重他人作为人格主体的尊严。尊重教师的人格，校长与教师在人格上是平等的，校长同教师之间既是领导与被领导的关系，更是同事的关系、朋友的关系，尊重教师在学校中的地位，强调发扬教师在学校教育和管理工作中的主人翁精神，尊重教师的创新精神，鼓励和支持教师的教育创新，还要尊重教师完善人格、提升专业素养等自我完善的要求。

其次是宽容。对人要宽容，"严于律己、宽以待人"。只有宽以待人才能够有包容，大家才有"安全感"，才能营造比较宽松的环境，才有民主的气氛，学校才有生气、有活力。这里说的"宽"，一是指对人不能求全责备；二是指对曾经错误对待过自己的人要宽宏大量、有气度、容得下，要不计前嫌，同善待其他人一样善待他。我们所说的包容，就是要能包容各种各样的人，包括意见不同的人、有缺点的人、犯错误的人。"海纳百川，有容乃大"，有了包容才能最大限度地团结人，队伍才能兴旺，事业才能发达。

人本化管理必须注重管理文化建设，民主式领导需要良好的文化氛围。因此，学校要倡导"爱"的思想，重视营造高品位的文化氛围。"爱满校园"就是在校园中要爱人、爱群、爱物、爱一切美好的东西。有"爱"才会激发"自主性"；有"爱"才能达成"合作"。

"爱人"，既是一种传统精神也是一种现代精神。孔子曰："仁者爱人。""仁"，是儒家思想的核心，是我们民族的传统精神，是管理人本化的集中体现。"爱人"就是教师要爱学生，学生爱教师，教职工之间互帮互爱，学生之间互学互助，关爱身边所有的人。"爱人"，还要爱惜人的才能，爱惜每个人的才能，用人之长，避人之短，充分发挥人才的作用。

"爱群"，就是爱自己所归属的大群体、小群体。在学校，就要爱自己的学校，在家里就要爱自己的家，在教研组，就要爱自己的组。爱群，还需要为之做出贡献。每个人要以主人翁的责任感，把自己的群体建设成为有正确目标、有强凝聚力的集体。

"爱物"，就是要爱惜人类的劳动成果，爱护环境，热爱自然。一切美好的东西都具有真善美的属性，所以爱一切美好的东西就是爱真善美。

"爱满校园"是一种思想，更是一种人本化管理的结果。他的积极作用在于学校领导在学校管理中，变程式化、事务化管理为人性化管理，使领导和教师、教师和教师、教师和学生相互关爱，目标一致，大家能在宽松和谐的环境中学习和工作，有利于提高学习和工作的效能，激发其自主发展的潜能。

（五）关注学生成长

学校因学生而存在，学校的人本化管理归根到底是以学生为本，以学生的自主发展为本。无论学校采取何种管理模式，应用多少管理策略，从根本上说，都是着眼于学生的发展，既要立足当前的发展，更要放眼学生的未来发展。教育以人为本，就必须实现生本教育，生本教育体系就是以学生为教育教学过程的中心体系。在生本教育中，科学人文的时代精神，自由、平等、公正和法治的社会风貌，爱国、敬业、诚信和友善的人性风范充分发挥，作为人的生命发展形态的人格建树和智慧生成的这个教育的最重要目的，由理想变为现实。

在教学上，要让学生从传统的师生关系中解放出来，还学生主体地位，在平等中对话与交流中学习；把学生从过重的负担和机械重复练习中解放出来，让学生在动手、动口、动脑中自主地创造性学习；把学生从"我教你学"的学习模式中解放出来，让学生在"自主"中探索学习。

在德育上，一要确立学生为本的主体观，在管理中始终把学生作为学习和发展的主体。要遵循学生的身心发展规律，确立各年段的德育主题。使德育活动具有针对性，要注意调动学生的主体积极性，动之以情、晓之以理，变空洞之说教为可接受和愿意接受的修养需要并使德育活动具有实效性；要导之以行，注重德学的内化，使德育具有长效性。二要确立师生合作观，形成融洽的师生关系，师生之间互相尊重、互相学习、共同研讨；要开展心理咨询活动，化解学生心理矛盾；要开展民主评议工作，对学生的品德测评要做到尊重自评，尊重小组评议，让学生在自主评价中升华自己。

"对学生的今天负责"，是我们的责任，"为学生的明天着想"，是我们的良知。要履行责任，践行良知，学校就应该实施"自主性"培养。而在管理上，人本化管理是自主教育的应选之策。

第二节　管理运行机制，为特色学校建设提供载体与内容保证

学校管理的运行机制是学校组织基本职能的活动方式、系统功能和运行原理，通过学校组织机构系统、学校规划系统、学校决策系统来实现。三者分别从组织载体、整体规划和实践方案三个角度来明确和规范学校内部管理机制的常规运行和整体活动。简单地说，运行机制包括的是学校中人和事的发展。自主合作文化引领下的学校管理运行机制，是学校管理机制的主体和核心，在载体和内容上保证了学校的特色发展。

一、组织机构系统

组织机构系统，为学校特色发展提供组织保证。任何一所学校要想正常、有效地开展教育教学活动，实现学校发展目标，就必须把学校各类人员有效地组合起来，通过设立一些职能部门和确立各个职能部门之间的权力和责任关系，构成一个有机的职责系统，这个有机的职责系统就是学校组织机构系统。我校组织机构系统，在"自主合作"文化引领下，以充分授权与沟通协调为价值取向，形成了集体决策与纵横互通的系统特色。

（一）学校组织机构设置特色价值取向

1. 基于"自主"的充分授权

《孙子兵法·谋政篇》云："将能而君不御者胜。"意思是说，将领如果是有才能的，国君不要干预他们的行动，保证其才能得到充分的发挥，这样，才能随时准确把握战争的先机并夺取胜利。在现代学校制度建设中，如果学校的任何事情都要领导者亲力亲为，而不授权于管理能者，纵使有三头六臂也是难以胜任的。在日常的学校管理中，有些领导喜欢大包大揽，事必躬亲，希望每件事情经过自己的手都才感觉完成圆满，并会得到上级领导和学校教职工的认可。但是，这种事事求全的愿望出发点虽好，而其实际上是对下属的不放心，

漠视了管理层和教职工的自主性，常常会导致事倍功半的结果。

我校一直致力于自主教育特色学校建设，在学校机构设置与建设中，必然地把各职能部门（包括行政管理机构、民主监督与参与机构和业务组织机构）的自主性发挥作为重要原则，这就要求做好有效授权。

有效授权就是通过学校组织机构系统，根据工作任务在不同职能部门的划分和在不同工作岗位的分配中，相应地逐层把上一级拥有的部分权利授予下一级，使下一级在一定职责范围内自主地开展工作，以保证相应工作任务的完成。如在教职工聘用工作中，我们建立了专任教师的年级组长聘用机制，教师课务安排、班级团队组合、办公室安排均由教务处授权给年级组长，这不仅使校长室与教务处从繁杂的教师任用中解放出来，更重要的是，年级组长的工作积极性与主动性得到极大发挥，他们往往在正式聘用工作前，就已经预约了相关的班主任与任课教师，在加之年级组长长期在教师中间，对每一位教师的优势与弱点了解得非常清楚，由他们组织的班级教学团队更加合理。也因为年级组长有了聘用权，对年级组教师的管理与协调更为顺畅。从我们的实践看，这样的授权是非常有效的。

2. 基于"合作"的沟通协调

学校组织机构系统的实质是明确学校管理的任务结构、权力结构和人员结构，体现学校组织的目的性、整体性和协同性。良好的学校组织机构能有效地分配任务，而沟通协调机制则能有效地完成任务。在学校管理中，有专家提出"沟通是管理的最佳起点"，"管理就是沟通、沟通再沟通"。通过学校组织机构系统的实际运行，能够促进不同部门之间、个人和部门之间、个人和个人之间的沟通与交流，在相互了解、达成共识的基础上协调思想和行为，推进学校的和谐发展。

学校沟通协调机制包含管理层的沟通协调，年级组的沟通协调，教研组和备课组的沟通协调，新老教师的沟通协调，管理层与教职工的沟通协调，学校与家长的沟通协调。我校的特色文化建设，引领着组织机构系统的沟通协调机制的构建，进而又促进了学校各项工作的顺利开展。

（二）学校组织机构的基本结构

我校的组织机构，根据《南苑中学办学章程》，基本结构做如下设置。

附：南苑中学办学章程

南苑中学办学章程

第二章 学校组织机构

第一节 校长

第一条 学校实行校长负责制,校长是学校法人代表,全面负责学校各项工作。副校长协助校长工作,并分管相关条线的工作。学校校长由上级教育主管部门根据人事管理权限任免。

第二条 校长行使下列职责(略)

第二节 领导与决策机构

第一条 学校建立党(总)支部委员会,党(总)支部书记由上级党组织任命。学校充分发挥党组织的政治核心作用。通过加强领导班子建设和后备干部的考察、培养,加强教工队伍的建设,保证、监督学校行政工作的健康运行。

第二条 学校建立教育工会,作为教职工代表大会(简称教代会)的工作机构,参与学校重大问题的决策,实施民主管理、民主监督,维护教职工的合法权益;凡是校内重大的与教职工切身利益密切相关的改革方案、规章制度等,特别重大事务须经教职工大会审议并通过,保障教职工通过教代会参与学校民主管理和监督的权利。

第三条 学校校务会议是学校的决策机构,会议由校长主持,成员有校长、中国共产党党总支部委员、工会主席。学校重大问题经党政工主要负责人协商,充分讨论后形成初步方案,由学校行政会决策并实施。

第三节 管理与评价机构

第一条 学校建立行政会议制度:校长主持由学校党政工团各部门负责人参加的会议,讨论落实学校具体工作,可以对行政工作做出决定。

第二条 学校实行行政联系年级组制度。年级组设德育与教学组长,分别在学生处与教务处领导下开展德育与教学管理,联系领导负责年级组建设的指导工作。

第三条 教师职务考评委员会是学校的考核和评价机构,决定教师的职务晋升、评优评奖等重大问题。校长任教师职务聘任委员会的主任,学校党总支正副书记、副校长、工会主席、各职能部门的主任、教师代表为教师职务聘任委员会的成员。

第四条 学生考评工作领导小组负责审核确定学生荣誉类及素养类各等第推荐人选。校长任组长，学校党总支正副书记、德育副校长、工会主席、学生处的正、副主任、团委书记、年级组长为小组成员。

第五条 建立离退休教职工管理组织，保障离退休教职工的合法权益，为学校的发展提供建设性的意见和建议。

第六条 建立共青团、学生会组织，保障学生的合法权益，调动学生主动参与、自主管理的积极性；

第四节 学校职能部门

第一条 学校设立校务办公室、学生管理处、教务管理处、教科室与后勤处。

校务办公室主要负责学校人事管理与档案，协调其他各处室进行教育督导。学生管理处主要负责对学校德育、学生管理与安全工作。教务管理处主要负责专任教师的课务聘用、学生学籍管理与教学管理。教科室主要负责学校课程建设与教师专业发展。后勤处主要负责学校财务、财产与食堂管理。

第二条 各处室设主任1名，副主任若干名；各处室的主任、副主任由全体教职员工推荐或自荐、校长室或党组织提名，提交校务会议讨论同意，由校长聘任，报上级有关部门备案。

第三条 各职能处室在分管校长领导下按照各自的职责开展工作，同时负有向校长提供决策咨询的责任和义务。

第四条 各处室的主任为本部门工作的第一责任人。副主任根据分管校长的要求和主任的安排开展工作。

第五条 各处室遵循"自主合作"原则，工作上信息互通合作互助。

第六条 随办学需要，学校可依据精干、高效的原则进行学校中层管理机构的改革。

在我校的组织机构系统中，就组织机构设置而言，与一般规范的学校颇为同一，但其运行还是有一定特色的，集中表现为具有文化内涵的既各司其职，又通力合作。

（三）我校的组织机构特色

1. 集体决策和集体议事制

我校实行的是"校长负责制"。从学校领导体制类型看，校长负责制实际上是一长制，其特点是责任制和内行领导，采用个人决策的方式，决策迅速，效率高。但随着时间的推移，校长个人决策也在很大程度上助长着校长的独断专行，这会在很多时候影响学校决策的准确性。从学校领导体制的运行来说，校长负责制在很大程度上依赖于校长的个人综合素质。为有效地避免因校长个人原因而导致决策的失误，给学校教育发展造成不必要的影响，我们在组织机构系统的具体运行上，实行了集体决策与集体议事机制。集体决策制在《学校章程》第二章第二节"学校领导与决策机构"（见"学校组织机构的基本结构"内容）中予以明确，且在本节"学校决策系统"有阐述。

集体议事制主要是指我校的行政会议制度，学校行政会议是学校的管理机构，其主要职责是落实学校的各项决策。因为学校决策是在事前做出的，在实施过程中会出现各种各样的新情况新问题，这就需要一个专门的机构来研究探讨和分析解决这些问题的办法，这个机构就是行政会议。我校的行政会议每周一次，安排在周五，时间为两节课，主要议程为校长对下周或下阶段学校总体工作的安排建议，各处室主任对下阶段相关工作汇报、交流、落实措施，并提出需要协作解决的问题与协作解决的方案。对于形成统一意见的实施策略在下一周工作计划中向教职工公布，作为学校行政的周工作安排统一实施。行政扩大会议是行政会议的有益补充，我校一般每年召开一次，参加人员扩大到教研组长、年级组长和图书馆、实验室负责人，时间安排在暑假，时间一般为两天，主要议题是学校改革发展、教师专业发展和学生培养等学年度学校工作安排与改革举措。会议形成的决议成为学年度学校工作意见予以实施。

2. 校长分工和条线结合

学校校长室设一正三副4位校长，根据学校文化建设要求，在管理工作的分工上，注入了"自主合作"的元素。四位校长分别分管全校人事＋安全卫生、高中教学＋全校后勤财务、初中教学＋全校体艺、全校德育＋教科研，条线与块（高中与初中）的结合，避免了初中部与高中部的人为隔离，为领导与决策的合作，提供了机构组织保证。

3. 年级组与教研组的经纬型组织架构

（1）年级组。年级组是学校管理的基层组织，它是以处在同一发展阶段的学生为主体，集中多数学科教师及班主任在统一领导下进行教育教学工作的综合性组织形式。

年级组设德育与教学两位组长，分别在学生处与教务处领导下开展学生发展与教学组织管理，联系领导负责年级组建设的指导与协调工作。

年级组是一个横向的业务组织机构，它的目标指向年级组内教师的合作与教风学风建设。我校赋予了年级组更大的自主权，教师选聘、办公室安排、年级特色活动、家校合作等都由年级组组织与管理。

我校实行行政领导联系年级组制度，即委派一位中层领导联系所任教的年级组，联系而非分管的目的正是发挥年级组的工作自主性，且又畅通行政会与年级组的信息渠道。

（2）教研组。教研组是学校组织教学研究和学科教学业务管理的基层组织。它在学校中起着组织本学科教师进行教学研究、开展教学改革实验、加强教学业务管理、培养青年教师的职能部门的作用，我们学校还实行行政联系教研组制度。各教研组设立教研组长，在学校教科室的统一领导下开展教研活动，联系领导负责教研组建设的指导工作。

教研组是一个纵向的业务组织机构，它的目标指向教研组内教师的专业发展。我校的教研组建设受学校教科室领导，从而也使我校的教师人力资源管理走向人力资源开发。

4. 备课组作为经纬交点的合作团队

学科备课组是学校教研组下设在年级中的教研组织，是落实校本研究中"同伴互助"的主要组织。我校在全校各个年级中设置了学科备课组，备课组的目标指向是学科教学目标的达成。它的教研业务受教研组领导，行政管理受年级组领导，因而它是学校教研组与年级组经纬型业务组织机构的结合点。

通过备课组的活动，时刻关注课堂的教学过程，及时解决课堂教学中的实际问题，就显得十分必要。也有利于增进老师之间的相互了解，培植一种交流、合作、研究的学术气氛，推广学校优秀老师的教学经验，缩短年轻老师的成长周期，促进学校教学质量的整体提高。我校的教学常规落实、集体备课、课改研讨、课堂教学效率提升策略研究、课例分析等均在备课组内开展的，实践证明，学校备课组是经纬交点上的合作团队。

二、学校规划设计系统

学校规划设计系统引领学校特色发展。学校规划既是对"事"的规划，主要包括学校工作计划与学校发展规划，是对学校工作和发展的设计；还应该是对"人"的规划，即对教职工的个人发展规划。我校的规划系统，在"自主合作"特色文化浸润中，引领着学校的特色发展。

（一）学校规划系统的特色价值取向

学校规划系统是学校立足学校实际情况、依据一定的逻辑体系，对学校工作及其完成所做的整体性、结构化的设计、部署和安排，是学校从当前走向未来发展的顶层设计和立体设计。不同的学校，由于学校文化的差异，其规划系统的价值取向也是各有特色的。

1. 为学校特色发展提供系统而细致的引领

学校工作复杂多元，在不同层面、以不同方式展开，在实施过程中，如果不对学校发展进行规划设计，非常容易顾此失彼，甚至相互冲突、消解。因此，学校发展特别是学校的特色发展，非常有必要对学校工作进行整体的宏观的设计，同时还需要对各项工作进行分解，作具体、微观的安排。

我校的规划系统，对特色学校建设在不同时段、各个层面的工作，进行了整体设计和具体安排，既有特色项目建设设计，又有基础项目建设安排；既有特色目标与达成标志设计，又有实现过程安排；既有长远规划设计，又有短期工作计划安排；既有对特色学校建设设计，又有对教师特色发展规划。这种立体化网络设计，明确了学校特色化建设的具体目标与任务，为"自主教育"的开展与推进提供了工作的方法与路径，也为教师的个人发展提供目标与路径指导，从而为学校的特色发展提供系统而细致的引领作用。

2. 为学校特色发展提供文化力的支持

学校规划系统不仅明确了每个领域的各项工作，而且把每个领域的各项工作置于学校整个工作系统中去审视与安排，摆明了各个领域的工作置于学校整体工作中的位置，明确了各个领域中的单项工作对于学校全局工作的功能作用。同时，学校规划系统还把学校的不同工作与每个人的专业特长与工作任务进行了整体考虑、统筹安排。这些对学校全局工作的整体勾画，牢牢把控了全局与部分的辩证关系在学校工作中的运用，还有效地把人力资源与具体工作实际紧紧结合起来，更好地实现了不同工作的相互协作与配合。

我校的"自主教育"特色学校建设，是从自主评价、自主管理、自主活动和自主学习四个层面上展开的，它的创建，又需要文化、管理机制、课程及教师人力资源等领域的支撑，需要教学、德育、后勤、科研等各部门的彼此合作，需要每一位教职员工的积极响应与投入，如果没有规划系统的宏观设计与计划安排，就不可能有"自主合作"这一文化力的支持。

（二）学校规划系统的内容

1. 学校发展规划

学校发展规划又称学校蓝图、学校远景计划、学校战略规划等。西方国家SDP 项目对学校发展规划的解释为：通过学校共同体成员的共同努力，系统地分析学校的原有基础及学校所处的环境，发现学校的优先发展项目，确定学校的发展方向和教育目标，促使学校挖掘自身的潜在资源，按照自己的价值观，提高学校的管理效能，最终提高学校的教育质量。我国理论界对学校发展规划的基本定义为：学校发展规划是指学校根据国家或地区教育发展战略计划的要求，结合自身条件，对学校未来三至五年内要达到的主要目标和发展途径，如学校发展目标、发展规模与速度、组织结构、人力资源、办学条件和实施策略等方面所做的安排。

我们学校设计的是三年发展规划，这与校长聘任期限相同，也就是说，一个发展规划，由一任校长及其管理团队任期内实施。为扎实有效地推进特色学校建设，从《2014—2016 学年发展规划》起，整合了学校特色发展规划与学校三年发展规划，把特色发展作为三年发展规划中的重点工作进行设计与规划（内容见第一章第三节"特色发展规划"）。

2. 年度工作计划

我校的学校年度工作计划是根据学校三年发展规划，为实现学校一个年度的工作任务和目标而对学校工作的内容、规则、步骤、资源分配以及方式方法的通盘预先安排。

附：南苑中学 2018 年工作计划（要点）

南苑中学 2018 年工作计划（要点）

一、指导思想（略）

二、具体目标：

1. 学校管理再规范，成为海宁市中小学管理最具规范性学校。

2. 课程改革稳推进，构建符合"自主教育"特色的学校课程体系。

3. 德育活动有实效，初步构建常规德育与自主德育相结合的学校德育运行机制。

4. 教学质量再提升，初高中教学评价综合成绩与升学成绩列同类学校前两名，体艺技科竞赛有金奖。

5. 教师发展再提速，构建基于"自主发展评价"的教师专业发展模式。

6. 后勤保障更有力，后勤服务师生满意度高，经费保障合规合理。

7. 学校文化再凝练，以核心价值观为引领，重点培育师生的行为文化。

三、具体工作措施

1. 进一步优化学校管理，构建"校风正气，严谨务实，活泼向上"的校园生态。

(1) 坚持民主集中制，切实提高学校管理的民主性与科学性。

(2) 坚持"依法治校"，巩固并推进"法治校园"建设成果。

(3) 切实加强师德师风建设，进一步提升教师品质。

(4) 关心教职工的学习与生活，进一步深化和谐校园建设。

(5) 切实加强学校安全与综治工作，努力打造安全有序的校园生态。

(6) 开展家长学校建设，提升家校合作力。

2. 不断提高德育工作的有效性，促使学生思想道德素质和自我教育能力进一步提高。

(1) 加强德育队伍建设，实现全员育人新常态。

(2) 广泛开展德育活动，不断提高活动的针对性和有效性。

(3) 加强研讨，不断提升班主任管理能力。

(4) 优化评价，引领师生自主发展。

(5) 进一步推进特色班集体建设，凝练班级特色文化。

3. 重视教科研工作，加快教师专业成长。

(1) 注重学习，牢固树立"自主教育"理念。

(2) 抓好常规，落实各项教科研管理措施。

(3) 开展高效课堂教学研究，着力提升课堂教学效率。

(4) 通过多种渠道的专业培训，促使教师的专业素养有新的提高。

(5) 重点抓好"名优教师培养"和"新教师培养"两项工程，加速教师专业成长。

4. 以学生学习内驱力的激发为重点，保证教学质量全面优质。

(1) 发挥年级组自主管理积极性，提高管理效能。

（2）切实抓好学生人生规划教育，激发学生学习内驱力。

（3）稳步推进课堂教学改革，努力提高教学效率。

（4）加强对学生的提优辅导，满足学优生的高层次需求。

（5）继续抓好体艺、健康和科技教育工作，保证教学质量全面提高。

5. 后勤保障（略）

6. 其他工作（略）

3. 部门发展规划

部门发展规划是在学校发展规划的基础上，结合部门实际来进行的学校特定领域发展的设计与安排，它是学校层面的规划在各个部门的分配与落实。

由于是学校三年发展规划与年度计划的任务分配与落实，因而它的时间与内容格式基本与学校层面的规划相同。我校的部门发展规划既有三年规划，又有学期计划（学校年度计划的分解）；既要根据学校规划与计划的精神与要求分解落实，又要充分发挥部门的积极性与创造性，创新工作举措，高标准达成工作目标。

4. 个人成长规划

个人成长规划，即个人专业发展规划，这是学校层面宏观规划和部门层面中观规划在每个成员身上的体现和落实，主要由个人负责设计。我校的教师个人专业发展规划由三年发展规划与年度计划构成，由教研组负责指导，为鼓励教师专业发展中的"合作与竞争"，部分人员较少的教研组，可由组内成员集体进行合作型团队专业发展规划。

附：技术教研组教师专业成长计划（纲要）

技术教研组教师专业成长计划（纲要）

1. 充分收集组内教师教学专业能力的信息，明确组内每位教师目前的学科教学专业发展情况。

（1）通过调查表收集组内教师历年的论文，课题和优质课获奖；

（2）和教师交流，了解本人对专业发展的想法；

（3）向教研员请教，了解该教师在专业发展上的薄弱之处。

2. 分析发展前景，制定教师的个人专业发展计划。

（4）根据教师个人的意愿，结合教研组学科梯队建设，规划教师个人专业发展计划；

（5）根据教师的能力，合理确定个人发展的阶段目标，并将每个阶段的目标进行具体量化；

（6）将最近三年的规划制作成三年计划表，给出需要落实的具体措施，本人和教研组各一份。

3. 结合学校科研，教研活动，合理分配任务，推动个人发展计划获得落实。

（7）在每学期的教研组活动计划中，结合组内教师的个人专业发展计划，制定每个月的教研组活动，有针对性地开展能力提升，疑难解决的活动；

（8）在教研组活动安排中，给教师充分的锻炼机会，将磨课，评课等活动与教研组活动有机结合。

（9）发挥教研组合作精神，教师间合作申报课题，从不同角度研究思考，写作论文，对课题进行接力研究，提升研究深度。

规划教师	吴海江			
执行时间段	研究内容	规划要求	落实情况	完成质量
2017 学年第二学期	课题	海宁市级 1 个	申报	
	论文	嘉兴市级 1 篇	已提交	
	优质课	海宁市级 1 节		
	讲座	海宁市级 1 个	完成	较好
	命题	海宁市级 1 个	完成	好
	业务培训	嘉兴市级 1 次	完成	

（三）学校规划系统特色

1. 规划整合，强化了特色发展的引领力

我校把特色学校创建规划与学校三年发展规划进行有机整合，既保证了学校发展规划对学校各项工作的宏观引领作用，更突出了特色学校建设在规划中的地位与作用。相对于特色学校建设，其他各项工作均作为基础性项目新技能规划与安排，凸显了规划对特色学校建设的引领作用的强化。

2. 重视合作，保证了规划实施的有效度

我校在规划设计中，明确界定了学校工作的每个层面、部门和岗位的工作职责、目标和任务明确划分了相互之间的工作边界，重要的是建立了沟通协调的渠道、平台与工作流程。这不仅能更好地发挥部门实现目标的积极性与主动性，还因为沟通与合作机制，保证了规划的有效实施。

3. 不断深化，保证了工作推动的层进式

特色学校建设只有起点，没有终点，这应该归功于学校的特色发展规划永远没有终点。学校规划系统为特色学校建设进行了科学的、富有前瞻性的行动设计，当一轮目标达成后，新的一轮又在更高的目标中重新开始，规划的不断深化，有效地推进着学校的特色发展。

三、学校决策系统

学校决策系统，是学校特色发展的决定力量。管理学家格里菲斯认为："教育管理的实质在于控制决策的过程，决策是任何教育管理的核心。"学校决策系统是与学校决策有关的各个方面基本要素的有机组合，是学校决策活动的组织平台，是学校管理机制的核心和关键。学校决策系统的有效运行，成为学校特色发展的决定力量。

（一）学校决策系统的价值取向

1. 民主决策，自主性激发的必然要求

决策不是随意的个人行为，而是一种有明确目标和重要影响、基于理性和价值判断在组织行为，为此，决策必须在一定的组织平台上进行。在组织平台上的决策有多种模式，在追求"自主合作"文化的学校决策系统中，必然地把参与式决策模式作为首选。我校在《学校章程》中规定，学校的决策机构是校务会议，决策的程序是以教代会制度为保障的教职工民主参与。这样的组织平台为决策活动确定了相关的基本要素，明确了各自发挥作用的规则和方式，民主参与，激发了教职工在学校决策过程中的自主性。

2. 决策执行，合作中达成"事实判断"

学校决策活动的组织平台，包含了决策系统的静态设计和动态运行，两者追求的都是决策的有效，以实现决策所期望的目标。如果说决策目标的选取属"价值判断"，那么，决策目标的实现就是"事实判断"。学校发展正是基于一个个"价值判断"成为"事实判断"的循环往复的过程，学校决策系统是学校内部管理的中枢神经，它一方面要从学校发展众多矛盾中寻求"价值判断"，另一方面又要通过信息反馈并与执行机构的协调合作，努力达成"事实判断"，进而开启新一轮决策。从我校的实践看，由"价值判断"到"事实判断"，既需要决策的正确与科学，更需要决策执行到位，部门与教职员工的合作起着关键作用。

（二）基于教代会制度的学校决策系统运行

从本节第一部分"组织机构系统"的阐述中表明，我校实行的是教职工共同参与的民主决策机制。《学校章程》规定：教职工代表大会（简称教代会）"参与学校重大问题的决策，实施民主管理、民主监督，维护教职工的合法权益；凡是校内重大的与教职工切身利益密切相关的改革方案、规章制度等，特别重大事务须经教职工大会审议并通过"。这表明，我校的教代会决策机制在学校决策系统中起着决定性作用。

1. 民主决策程序

我校于1999年9月创办，2000年组建工会，从2001年1月召开一届一次教代会，至2018年1月召开了六届三次教代会，教代会已满六届。随着教代会民主决策机制与民主监督机制的日益完善，学校成为嘉兴市教代会制度建设的示范。

（1）定期召开校务会议。在教代会召开前一个月召开校务会议集体讨论确定大会的中心议题和主要议程；教代会结束后，召开校务会议研究大会各项文件的贯彻落实，讨论研究代表提案的落实、处理和答复。

（2）实行教代会代表差额选举。在推荐代表候选人前，先确定代表候选人的条件，再确定代表名额，每届代表数额确定在30%左右，将全校划分为四个选区，通过各工会小组民主推选代表候选人，各选区汇总公布候选人。校工会通过选举办法，实行差额选举，差额比例在20%左右，选举结果校工会统一进行公布。

（3）做好教代会代表培训工作。每届代表选出后，校工会及时对代表进行培训，学习工作规程、代表的权利义务和教代会提案要求。教代会召开前一个月，对教代会的中心议题、主要议程和要审议的重要文件听取意见，发放提案表征集提案。

（4）建立教代会筹备领导小组和各工作小组。筹备领导小组由党总支书记任组长，工会主席任副组长，工会委员任组员。领导小组下设教代会秘书组、代表资格审查组、提案征集、审理小组和大会会务组。

（5）建立教代会提案征集、办理、答复制度。代表在广泛听取教职工的意见和建议的基础上，整理并书写提案，提案应包括案名、案由、解决措施及建议等内容。提案征集和审理小组将在规定的时间内征集的提案，进行整理、审核、受理、归类，并写成书面材料，届时与上次会议提案的处理情况一并向教代会代表报告。会后各个提案经学校行政研究后，提出落实和处理意见，并向代表书面答复。

（6）教代会定期换届制度。我校教代会三年一届，每届召开 2 - 3 次会议，闭会期间由工会处理日常工作，届满及时换届，选举产生新一届代表，确保代表的先进性和广泛性，保持合适的性别比例和年龄结构。

2. 民主决策职权

（1）审议建议权。近几年来，教代会审议了《学校工作报告》《学校财务工作报告》《学校三年发展规划》《创建特色学校规划》《师资队伍建设规划》等一系列重要报告，广大代表以主人翁的精神，各抒己见，献计献策，提出了一些很好的建议，如特色学校建设目标定位，名优教师培养机制的建立，都是在代表们的建议下制定的。提交二届一次教代会审议的《南苑中学教科研工作条例》，由于文字粗糙，操作性不强，代表意见较大，建议校行政重新修改，暂不实施。

（2）审议通过权。一是认真搞好学校管理工作的调查研究，摸清情况，为搞好审议决策做好充分的准备；二是校长就学校改革的实施方案提前发给代表，主动听取意见和建议，请教代会代表在会前进行可行性论证、补充和优选，形成一个科学优化的方案；三是教代会上就方案或制度进行票决。近几年来，学校教代会审议通过了一系列涉及学校改革发展大局及教职工切身利益的重要政策和改革方案。教代会均以无记名投票表决方式履行审议通过权，通过率为 100%。

（三）学校决策系统的特色

1. 民主决策，激发教职工参与的积极性

"人的自主发展"需要人本化管理，民主决策是人本化管理的内在要求，也是人的自主性培养对决策系统运行的必然要求。在我校的教职工参与决策实践中，大家是真心投入，从提案到附议，从意见征集到讨论建议，都彰显出教职工把个人的情感与智慧都投入到为团队做贡献、担责任的氛围中来。我们众多的学校发展决策成果，如初中"导学案的编写"、电子书包的教育教学运用等，都是教职工集体参与的结晶。2018 年上半年，我们就"精准教学"展开教研组讨论，大家利用周六休息天，足足讨论了两节课时间，提出了很好的建议，其中数学组整理的建议共 12 条 2000 余字，操作性很强。试想，来源于教职工的有品质的决策，执行起来，大家的积极性与主人翁精神还有什么可以质疑的吗！

2. 教代会制度，让教职工分享"领导"地位

开一次教代会一般只需要半天时间，但从代表培训、提案征集、方案论证、讨论修改、票决通过、提案答复到新的方案形成，时间跨度要半年以上。有效的教代会制度，让代表们从决策的执行者转变为决策的提议与制定者，广大教职工把自己的想法与建议通过代表提交，也可形成议案，使大家成为决策的"领导者"。从我校的实践看，凡是基于"自主性"的"我要做"的事情，在合作的环境中，没有做不好的，这也正是我校特色学校建设持续推进的主要因素。

第三节　管理动力机制，为特色学校建设提供推动力量

学校管理的动力机制是指学校组织的发展动力的产生与运作的原理与方式，主要由学校目标系统与学校文化系统来实现。它们是学校内部管理机制运行的基础和前提，都为学校特色化发展提供重要的推动力量。由于学校文化在第二章中做了详述，本节只对学校目标系统进行概述。

一、学校目标系统的特色价值取向

学校目标通常又称学校发展目标，是指对学校特定时间发展的整体结果的预期和设定，即以学校组织作为目标的主体，描述学校这个组织在特定时间的发展目标。学校发展目标包括学校发展目标、学生发展目标和教职工发展目标。在以"一切为了人的自主发展"为宗旨的教育管理理念下，学校的目标系统，有着自己的价值取向。

（一）自主发展，需要有目标系统为发展导向

管理学家彼得·德鲁克认为："用目标进行管理的主要贡献是，它使我们能够以通过自我控制进行管理代替通过统治进行管理。"学校目标体系和人的发展目标体系都是结果导向或绩效导向的学校管理设计，它为学校管理与人的发展提供了科学的理性的参照系，正是这一参照系，使学校可以依据目标体系有序推进学校管理，为人的"自主发展"的实现导航、助力，印证了彼得·德鲁克所说的："通过目标进行管理的最大优点是使管理者能够控制自己的行为"。

（二）团队合作，需要目标系统聚合各方力量

目标的导向功能，其结果必然是力量的激发。学校目标系统是一个结构紧

凑、相互协调、力量强大的协作团队，它用学校发展过程中所要实现的目标作为管理的切入点和行动的依据，不仅激发出了力量，而且还聚集力量。因为有了目标的导向，每个人都知道本部门的目标，也知道合作部门的目标，便能够在组织中形成统一的意志。

我校在特色学校建设实践中，无论是学校的发展，还是教师的专业成长，都是通过目标体系管理，使学校成为一个整体的协作体，把个人的努力凝合成共同的努力，朝着一个目标"闻道笃行"奋进，方得今天的成果。

二、学校目标系统为学校特色发展提供综合导向

学校目标系统由学校目标、部门目标、教师发展目标与学生发展目标构成，其中教师发展目标体系与学生发展目标体系已在第七章与第三第六章分别进行了阐述，本章只对学校发展目标体系进行解读与分析。

（一）学校发展目标的演进

我校从 2005 学年开始，伴随着特色学校创建的脚步，开展了特色发展的三年规划，当时的目标为"通过三年努力，把南苑中学建设成为办学条件标准化，师资结构合理化，学校管理人本化，校园环境温馨化，教育质量优良化，自主发展特色化的嘉兴市普通完中，成为省级特色示范初中。"首次把"特色学校"作为学校的发展目标，从此，学校朝着"特色化"办学方向不断迈进。

2008 学年，学校的第二个三年发展规划，提出了学校文化建设与强校建设目标："在未来的三年中，学校通过进一步强化管理，在"自主、合作"文化培育过程中，逐步构建学校特色的课程文化、教师文化、制度文化和学生文化，以文化人，着眼于学生的主动发展，深化特色学校建设，努力成为具有示范与辐射力的群众满意的省级示范学校，海宁初中强校"。在这一规划中，提出了"强校"建设目标，且把文化建设与特色发展、强校目标有机统一起来。

2011 学年，学校在第三个发展规划中提出了名校建设目标："通过三年努力，学校成为师资更加优化，特色更加鲜明，文化更加浓厚，群众更加满意的海宁强校，并逐步向市级名校行列迈进。"

随着教育质量的不断提升，学校特色的日益彰显，海宁强校目标基本实现，学校适时推出了"名校"建设的"南中梦"，从此，"名校"建设成为我校的追求的目标。

2014 学年，学校在第四个发展规划中提出了名校建设目标："把学校建设成为具有自主教育特色的，追求全面教育质量的海宁知名学校。""名校"建设正式成为学校建设的目标，并把特色学校作为"名校"的一个主要标志。

2017 学年的第五个发展规划，学校发展目标更加明晰，对特色发展的基础性目标、重点目标进行了有效设计。其中学校的三年发展目标设定为，把学校建设成为具有"自主教育"特色的，教育质量全面优质的嘉兴市品牌学校。学校第一次提出了发展的总目标：浙北具有影响力的品牌学校。学校发展目标从海宁名校走向嘉兴名校，并首次明确了学校的办学目标。

（二）学校办学目标的解读

学校办学目标为，打造"浙北具有影响力的品牌学校。"

1. 立足浙北，影响全省

浙北地区主要是指嘉兴与湖州两个地级市，位于全国著名的杭嘉湖平原区域，海宁是嘉兴市辖的县级市。我校自 1999 年创办，从老百姓眼中的"建在城镇上的农村初中"，到海宁强校建设，再到名校建设，进而走向嘉兴，立足浙北，影响全省。正是在学校发展目标的导向下，一步一个脚印地踏实前行，实现着一个个"南中梦"，也正是目标的正确，才有了正确的有效的导向。

2. 学校品牌与品牌学校

学校品牌是指学校在创建、发展过程中逐步积淀下来的，是指具有一定知名度、赞誉度的学校综合内涵的概括，凝聚在学校的名称、标志和教学设施、师资、校园文化等要素，它是学校办学理念、教育品质、教育特色、经营机制以及学校文化的集中体现。

品牌学校有三个构成要素，办学理念、教育品质和积淀而形成的底蕴深厚的校园文化。其中办学理念是学校品牌的灵魂，教育品质是品牌的支撑，校园文化则是品牌充足的底气。回顾特色学校的特征，其普遍性、独特性、优质性和文化性与品牌学校的特质是一脉相承的。

特色与品牌密切相关，是品牌学校的生命力所在，特色是品牌学校的一种重要表现，试想，毫无办学特色的学校以什么为品牌？

品牌学校的教育价值主要表现在以下两个方面：一是它对于提高学校管理的教育教学效能的价值，这种价值是由于社会和师生对学校认同所产生的"蝴蝶效应"。因此可以说，品牌学校具有极其重要的影响力。二是品牌学校对于文化传承的价值，文化是品牌的要素，品牌是文化的载体。品牌学校中所蕴含的文化不仅是学校自身的文化，也是社会主流价值观的缩影。品牌学校，作为我校目标系统中的主要目标，必将引领我校在特色学校建设中，创造出更优质的品牌。

（三）品牌学校建设引领学校特色化发展

1. 找准品牌定位

"找准位置，鲜明个性，彰显特色"是一所普通中小学成长为一流名校的三部曲。学校品牌定位，需遵循"四客观"的要求，充分考虑"社会的客观要求、学校的客观基础、办学的客观条件和教育的客观规律"。遗憾的是很多学校没有品牌意识，没有目标定位，诉求主题年年变，流行什么口号就叫什么，随波逐流，没有定所，难以建立稳定巩固的品牌形象。打造名牌学校，要在"创新"上求发展，在"特色"上做文章。我校的"自主教育"特色学校建设，正是适合学校发展的品牌定位。

2. 制定品牌战略

要打造学校品牌，就一定要有品牌学校发展战略。从我校的特色学校建设方案到发展规划，正是从战略层面上的设计与运行。

3. 注重品牌内涵

学校品牌的内涵核心是该校的文化品位，培植独特的学校文化的过程也就是创建学校品牌建设的过程。走进一所学校，你首先看到的是一种外在的环境文化，然后你会发现该校师生说话做事的态度和方式，这就是一所学校文化的外在显现。品牌的打造，离不开教学质量，质量既是构成品牌的核心因素，又是品牌的根本标识。品牌学校的内涵式发展要求，为我校在自主教育品牌建设中，提供了优质性与文化性的进一步深化目标。

4. 打造品牌师生

学校是教育人的场所，从事的是一种培养人的活动。因此，学校品牌主要是人的品牌，人的品牌形象是学校品牌形象最有说服力的因素。我校在品牌教师打造中，以"品性讲正气，为人显大气，做事有朝气"为目标，构建起一支具有高度使命感，富有教师职业精神的"三气"教师队伍。在品牌学生培养上，我们从校纪校风抓起，从日常行为规范养成为重点，培养出了一届又一届具有"自主意识与合作能力的现代公民"。

5. 完善品牌创新

品牌学校要保持其活力，就要不断进行创新。在成为品牌学校过程中，并没有一个现成的模式可以套用。而且品牌并不是一成不变的，随着时代的发展，品牌也要进行创新，创新是学校实施品牌战略的不竭动力。我校的"自主教育"

品牌建设，从规划目标与实施策略看，就是逐步体会前一轮规划观察事物的角度和思考问题的框架，不断获取其认识成果，再以此为背景和基础，对自己已建立起的思维框架进行反思批判，并形成新的目标与行动。品牌创新，成为品牌学校建设不断向前发展的不竭动力。

三、学校目标系统的特色

（一）目标适度，更具导向功能

学校的发展，总是一种总结历史，立足现状，走向未来的发展。学校目标系统是基于学校的历史发展进程和现实情况对学校未来发展的设计，如果脱离了历史的或现实的基础，那么，对未来的目标设计要么高不可攀、遥遥无期，要么近在咫尺、随手可得，目标便失去了导向功能。旁观一些学校的学校办学目标，动不动就是"世界一流""省内名牌""享誉长三角"等等，高深得让人找不着方向。

我校的学校发展目标，沿着"海宁强校——海宁名校——嘉兴品牌学校——浙北品牌学校"的路径，是一个不断提升的过程，这种提升正是源于历史的和现实的基础和起点建构出的学校发展目标系统，这种提升也是学校在适度的目标导向下不断实现后，提出的新的目标。如果跨越了前面几步，"浙北品牌学校"的目标是不可能顺利设计出来的，即使当时作了设计，绝对不可能有今天的导向力。

（二）聚焦发展，整合管理机制

任何组织的任何目标的实现，都必须借助一定的路径和手段。要发挥学校目标系统对特色学校建设的导向作用，同样必须有建立实现目标的路径与手段。学校的特色化发展，是一项系统工程，其本身就是学校发展的战略目标，其实现的路径与手段的设计与选择，仅局限于目标系统内部是不够的，而应该在整合了整个学校内部管理机制的各系统中来考虑。从本章前面内容的阐述中发现，我校在以"自主教育"为特色的品牌学校建设中，在整个学校管理机制各系统中建立了有效地实现路径与手段。在学校文化系统中，开展了"自主合作"精神文化建设；在学校组织机构系统中，建立了充分授权机制；在学校规划系统中，把特色发展规划与学校三年发展规划有机计划，并通过年度的部门的个人的规划分解落实……

第四节　管理约束机制，为特色学校建设
提供行为框架和基本规范

约束机制是指对学校的各种行为进行限定、引导与修正的功能与机理。约束机制主要由学校制度系统、学校评价系统来实现，它们分别从行为规则和成效判断两个角度来推动学校内部管理机制的运行和发展。约束机制是学校内部管理机制运行的条件保障，它为实现学校的特色发展提供行为框架和基本规范，规范内部管理机制的实际运行。

一、学校制度系统，保证特色学校建设的健康运行

学校制度是学校组织中指导和规范学校师生员工在学校各种活动中的各种行为、保证学校工作顺利进行和各项目标实现的各种要求、规定和行为准则。学校制度系统就是学校组织中各种制度整合起来构成的关于学校办学实践的各种要求、规定和行为准则的总和与体系，它以行政的手段，保证了特色学校建设的健康运行。

（一）学校制度系统的特色价值取向

1. 制度的保障功能

制度是以行政化的手段实施的，能保证学校教育与改革的正常开展。这种保证基于制度的两大功能，一是学校制度系统能够规范全体教职员工的行为，因为学校教育活动的主体是教师和学生，学校制度体系能够以一整套共同的要求、规定和行为准则规范师生的行为，确保学生的健康成长。二是学校制度能够调节人们之间的利益，学校制度体系明确了人员的工作分工与岗位职责，明确了任务的标准与流程，也明确了利益分配的原则与办法，通过系统中的各项制度，就能够协调不同岗位、不同职责中的教职工的利益。

学校特色化发展，是学校发展的一种价值追求，需要稳定的教育环境和教职员工利益的趋同。学校制度系统正是以这两种特有的功能，保证了学校教育的改革与发展。

2. 制度的人文特性

人的"自主性"需要制度的人文性。在"自主教育"的学校生活中，人的

自主意识日益觉醒，自我实现需求日渐增强，大家都希望通过自己的努力得到他人的认可。人的自我实现的需求，也是需要合理的制度体系予以满足的，但这种制度是一种与人本联姻的制度，是一种学校管理中的"约束制度"甚至"强制制度"逐渐柔化的制度，是一种让师生员工在学校切实感觉到管理制度的人情味的制度。制度的人本文化，才使人有一个发挥自己才干的制度环境。因此，在我校的制度系统设计中，制度必须体现"自主合作"这一学校核心价值观，必须体现制度的理性规范与人文关怀的有机统一，这是由学校特色决定的。

（二）学校管理制度的制定与执行

1. 学校管理制度的制定

（1）提案

我校管理制度的生成，其议案基本来源于三种渠道：一是校务会议的提议，二是上级部门的指导性意见，三是教代会代表的提案与建议。其中教代会代表的提案是学校制度建设的活水源头。

在教代会制度建设中，我们建立了教代会提案征集、办理、答复机制。通过教代会代表提案的征集，学校领导可以清晰地把握学校发展中面临的问题和困难，并努力寻找解决的办法，从而形成相应的制度或规定。我校的教代会代表提案主要内容有议题、建议内容、解决方案（办法），提案人为一般为代表，也可以由非代表教职工附议，再由代表提议。提案征集是了解民声，听取民意的好途径，通过提案学校领导可以知道，教职工代表的关注点，学校在发展中遇到的哪些问题和困难，师生有什么愿望和要求需要解决，从教育实践看，学校的众多制度，特别是微观和中观层面上的制度均是根据提案要求制定的。

（2）立案

学校教代会组织提案组，对收到的提案按照有关规定进行审查，并报学校校务会议讨论。讨论决定分三种情形：一种是质量高，对教育教学改革与发展有较大影响或促进作用的，作为提案，予以立案；第二种是有一定质量，但仅仅在操作层面就可以解决的，作为建议；第三种是超越学校现有基础与条件，至少在短期内难以完成的，则不予立案。所有议案均由校长或分管校长书面答复，立案的提案，由学校行政会议根据其内容和相关部门的职责分工确定承办，或起草方案，或制订办法与制度。作为建议的，则直接由相关部分办理。

（3）起草

立案后的议案，如需要成为制度的，或由校务会提出的议案，或由上级指导性文件要求的须成为制度的，经行政会讨论后，交由学校领导或相关部门负责任，按照制度的基本格式撰写制度文本，形成制度草案。

（4）讨论

制度草案形成后，先交行政会议讨论，经修改后，将制度文本以书面方式交教代会代表讨论修改，如果是重大的、或涉及教职工切身利益的制度，还须由学校领导对文本内容进行解读，便于大家了解内容并提出修改意见。

（5）审议通过

经代表讨论修改并形成统一文本后，交教职工代表大会审议通过。我校教代会用票决制行使审议通过权，规定参与表决的代表不得少于应到代表的五分之四，赞成票不得少于实到代表的三分之二才可获得通过。

2. 学校管理制度的执行

学校的规章制度明确了组织管理的尺度，保证着学校各项工作的有序规范运行，为实现办学目标发挥着重要的作用，因而每一所学校都十分重视学校规章制度的生成与完善。但学校制度发挥应有效用的关键在于执行，如果没有执行或者执行不力，那么学校制度就失去了意义。我校在制度的有效执行上主要抓了三个方面的工作。

（1）行政会议制度

学校行政会议是学校的执行机构，成员为校长和中层管理干部。我校的行政会议，固定在每个星期五的上午召开，主要任务是主持人（校长或副校长）根据学校工作计划和校务会议的决定，布置阶段性和日常性的工作任务，研究完成任务的方法与要求，检查、总结任务完成的情况，使学校各项工作稳步而有序地按既定目标前进，并形成下周或近半个月的学校主要工作安排。

（2）行政过程监督

学校行政的根本职能就是管理，学校管理的过程一般可分为计划，实施，检查和总结四个基本环节。这四个环节反复循环，不断推进学校管理工作的开展。我校的行政管理主要由学校的各职能处室负责，学校通过行政会议分解日常管理工作，由各职能部门在合作中各司其职。

学校的行政监督主要采用的是职能部门向行政会议工作完成报告制度，即每一个职能部门在行政会议上要上报周工作完成情况和部门在学校制度框架下的管理运行情况，使行政监督过程化。

（3）评议考核机制

为保证制度执行的评议考核，主要是教代会代表对校长的任职评议与校长对中层领导的评议。对校长的评议在任期（三年）内开展二次，先由校长工作述职，再由代表进行评议，并对校长的考核等第提出建议意见。中层领导的评议为每学期一次，由分管校长对分管条线上职能部门领导的评议，作为中层履职情况的主要考核依据。这种评议考核机制，为学校制度的有效执行提供了机制保障。

（三）学校制度系统的特色

1. 原则显融洽性

基于人本化管理的制度制定原则，要体现学校领导与教职工和学生之间平等、和谐的关系。学校领导者应当统揽而不包揽、果断而不武断、放手而不撒手、大度而不失度；学校管理者和教师也都要有各自明确的职责分工，要有具体的协调、沟通和合作机制。融洽性首先体现制度的生成程序上，制度来源于教职工，审议通过于教职工。融洽性同时还体现在教职工代表的广泛性上，我校的代表一线教师占主角，还包括了临时合同职工。融洽性更体现在制度的执行上，讲规范原则、有人文关怀。显融洽性的制度是讲公平与公正的，因而能维系人心、正确导向价值追求、实现学校教育目标。

2. 内容有人情味

具有亲和力的制度设计往往是从尊重关心教师开始的，制度中不仅有刚性的规范性要求，也要有关心教师的专业发展、福利改善、工作量照顾、培训学习和评优晋级等内容。学校建立的教职工考勤制度、工作规则是必要的，它有利于保证学校正常的教育秩序，但不可太多过严苛。只有在合情合理合法的前提下，为教师工作提供一定的自由度，才能使教师的积极性和创造性得到最大程度的发挥。如在教学常规中，对老教师与青年教师的备课要求可以有所区分；在激励性绩效工资分配制度上，既要关注老师们的工作量大小，又要考核教师工作的质量；在教师专业发展上，也要坚持两点论与重点论的统一，既要重视各类名师的发展，又要关注普通教师的专业成长。制度内容的人情味，有利于激发并增强学校教职工对制度的认同感，从而更好地发挥其导向功能。

3. 执行具"弹性化"

教师劳动具有特殊性，从工作时空上看，除了完成课堂教学工作外，备课、批改作业、辅导、自我学习、收集资料、教育科研等很难在特定的工作时间和办公地点完成，即教师的工作没有时间和空间的限制；从工作的效率上看，教师的工作数量和质量也很难用一个标准的尺度衡量；从工作的性质上看，教师的育人是一种创造性劳动，绝不是那种墨守成规式的机械性劳动，这种性质的劳动注定在环境严压下是无法持续的。教师的这种带有个体性的劳动特点，就要求学校制度在具体的操作执行中，有一定的弹性。

我们学校在进行学校制度建设时，积极探索制度内容的人性化和制度形式的非人性化之间的平衡，努力寻求制度的理性规范和人文关怀之间平衡。从而为"自主教育"的不断深化提供了人本化的制度保障。

二、学校评价系统，以专业标准引领特色学校建设

学校评价系统是学校立足发展现状，基于发展目标，根据评价规律，按照一定的逻辑结构，对特定时间内学校办学现状和办学质量的整体化、结构化的设计与部署。在特色学校建设中，我们通过建立特色标准体系，以行政的力量保证在各领域、各层次务实有效地发挥作用。

（一）学校评价系统的特色价值取向

1. 为学校特色发展提供标准导向

学校发展是基于现状走向预定目标的过程，但目标的实现往往不会一帆风顺的，一路前行的关键是每一步都必须务实有效。所以，除了明确发展终点的目标导向之外，还要在办学实践过程中建立指向和指导各项工作开展的各项具体标准。这些标准就是学校发展的评价系统。

特色学校建设是学校发展进程中的一项创新，其独特性注定了这一实践是没有完整的模型可以复制的，唯有通过学校评价系统的各项标准，把特色学校建设的各项目标分解到学校发展的各项工作中，并确定具体的指标，在这些指标体系的导向下，最终实现目标。

2. 规范特色学校建设的实施过程

学校评价系统为学校各方面的工作开展建立科学而全面的执行标准，为学校发展提供了综合的规范。作为衡量工作成效的指标，学校评价往往会引起学校包括管理人员在内的所有教职工的高度关注，而且需求层次越高的人，关注度也越高，并在无形中规范着人们的管理、教学与服务行为。

学校评价系统在特色学校建设的规范价值主要体现在引领与纠错两个方面。特色学校创建不是一年两年就可以实现的，需要几任校长或者几代人的共同努力，"闻道笃行"，方能成功。在久长的教育实践中，特色学校的每一步前行，都需要评价系统来强化和引领积极正确的行为与方法，发挥导向和改进的作用。同时，通过学校评价系统来制止消极、错误的行为与方法，发挥约束与纠错的作用。

（二）发展性评价机制的构建

1. 学校发展性评价

学校发展性评价是以现代教育观为指导，构建以规划为导向、进步为目标、发展为根本、学校自评和外部评价相结合、学校自主发展与行政监督指导相统一的学校评价机制，推动学校形成自我评价、自我反思、自我完善、自我发展的内在机制。关注学校发展目标实现的过程和发展潜力，注重总结办学经验，查找短板，寻求学校发展的对策，促进学校自主、持续发展。

发展性评价的指标由"基础性指标"和"发展性指标"两部分组成，"基础性指标"43分，"发展性指标"57分。

"基础性指标"体现的是学校基本条件、学校管理和办学基本要求等方面，具有法定性和统一性，是学校必须达成的基本要求。

"发展性指标"是依据教育改革发展需要，选取促进学校特色发展的关键因素，督促学校抓住发展要素，以点促面，全面发展。"自选项目"是学校的特色发展项目，学校每学年要确定一至二个特色项目，确定后的项目必须努力达成目标，形成办学特色。周期性长的项目，可以根据目标与规划，分年实施。

学校发展性评价以学年为时段进行评价，第一学期先进行预评，充分发挥评价系统的标准导向与纠错功能，保证学校改革与发展的顺利推进。

附：学校 2017 学年发展性评价指标（部分）

学校 2017 学年发展性评价指标（部分）

序号	一级指标		分值	二级指标	指标要求	责任科室
6	体育艺术	基础性	3	活动开展	1. 学校开展体育节、艺术节、科技节、读书节等活动各得 0.25 分，参加海宁市所有规定体、艺、科活动得 1 分（少一项扣 0.5 分）； 2. 学生体质健康测试数据按时上报，学生体质健康测试总达标率 96% 及以上且优良率 40% 及以上得 1 分，两项目标达到一项得 0.5 分，两项目标均不达到不得分	教务处

续表

序号	一级指标	分值	二级指标	指标要求	责任科室
6	体育艺术	发展性	5	活动成效	学生参加体育、艺术、科技比赛，获海宁市一等奖（或前3名）或嘉兴市二等奖（或前8名）每人次得0.5分，获嘉兴市一等奖（或前3名）或浙江省及以上每人次得0.7分，获团体奖（或金奖）参照个人奖得分相应翻倍，其中海宁市体育比赛只统计团体奖，累计得分不超5分	教务处
7	课改工作	发展性	7	课程改革	1. 健全符合省课改规定的课程方案，建立体现本校办学特色的课程体系得1分，规范实施基础性课程和拓展性课程得1分； 2. 积极探索高效课堂，形成学校课堂教学新范式，并有文本推广得1分；3. 学校特色课程被评为浙江省精品课程得2分，嘉兴市得1.5分，海宁市得1分； 4. 学校作课改经验介绍或积极承办各级活动，省级及以上得2分，嘉兴市级得1.5分，海宁市级得1分	教务处教科室
8	文化特色	发展性	5	特色创建	1. 有校园文化建设工作方案、年度工作计划和创建活动得1分，获海宁市校园文化建设先进学校得1分； 2. 新增特色项目得到教育局认定得1分，成功创建特色学校得1分； 3. 开展文明校园创建工作，获文明校园称号得1分	校长室
9	合力办学	基础性	2	宣传报道	完成教育宣传任务4篇/月/校得1分（寒暑假1篇/校），考核优秀得1分、良好得0.5分	校务办
		发展性	2	结对交流	1. 与沪杭学校结对并签订协议得0.5分； 2. 与海宁市外学校开展校际师生教育教学活动得1分； 3. 完成承担"对口支援"或境外友好学校结对工作或与社会力量合作办学得0.5分	校长室校务办

续表

序号	一级指标	分值	二级指标	指标要求	责任科室
10	自选项目 发展性	5	重点推进	构建自主学习平台，推进学校特色发展——基于电子书包培养学生自主学习能力	校长室 教科室
加分项目		3		1. 承担援疆或援藏任务的加 1 分； 2. 重大成果在嘉兴市级及以上推广的加 1 分； 3. 教育教学典型做法得到省、部级领导批示肯定的加 1 分	校务办

2. 特色教研（备课）组评价

学校教研组工作评价，是根据学校发展性评价而实施的部门评价。我校的教研组评价采取基础性指标与特色工作相结合的量化评价办法，基础性指标即常规工作评价，由教科室根据日常的工作管理直接完成，这一指标体系最大的优点就是对教研组工作的具有强烈的导向作用。特色工作评价则是人无我有、人有我优的亮点展评，通过教研组长的 PPT 论坛式交流，使经验与创新得到共享。

备课组的评价与教研组评价相似，是在教研组内评价的基础上，每组推进一个备课组进行特色交流，所有教师一起分享。

附：南苑中学优特色教研组评价方案（摘要）

南苑中学优特色教研组评价方案（摘要）

一、指导思想（略）

二、评比方法

1. 由教科室组织好考评小组，对教研组的平时活动记录、统考成绩、论文课题、校本研训执行情况等进行考评。

2. 各教研组长以论坛形式介绍本学年教研组工作特色和亮点。

3. 按照分数高低，评选优秀教研组 5 个。初中 2 个，高中 2 个，非文化学科 1 个。

　　三、评比时间（略）

　　四、领导小组（略）

　　五、评比标准

考核项目	考核细则	分值	得分	备注
常规工作（20分）	能及时上交各学期的教研组工作计划	5		该项由教科室负责统计，将结果反馈给各教研组长
	能及时上交教研组工作总结，教研组工作手册	5		
	能及时上交校本培训要求的听评课材料及教学设计及教科室通知上交的其他材料等，缺一篇扣0.5分	5		
	能及时上交教研组活动签到单（每学期四次教研组活动），缺一张扣1分	5		
教学质量（20分）	初中：计算各学科一学年中两个学期期末考试在海宁市的 T 值总和，五门文化课按顺序排列，第一名得20分，第二名得18分，以此类推，第五名得10分	20		按照教务处统计为准，此项为文化课教研组的考核内容
	高中：计算各学科一学年中两个学期的期末考试在海宁市的综合评价值的平均值，五个文化教研组按顺序排列，第一名得7分，第二名得6分，以此类推，第五名得3分；计算各学科一学年中的会考成绩，计算 A，B，C 三率的海宁市排名的平均值，五个文化教研组按顺序排列，第一名得6分，第二名得5分，以此类推，第五名得2分；计算各学科高考的综合评价者的平均值，五个文化组按顺序排列，第一名得7分，第二名得6分，以此类推，第五名得3分	20		

考核项目	考核细则	分值	得分	备注
教研成绩 （20分）	组内专任教师每年每人至少上交一篇校级及以上论文，缺一篇扣0.2分	5		按照教科室统计为准
	组内专任教师送海宁市及以上论文占教研组总人数的20%，得基础分为3分。不足20%得2分。获奖海宁市三等奖每篇加0.1分，海宁市二等奖（嘉兴市三等奖）每篇加0.2分，海宁市一等奖（嘉兴市二等奖）每篇加0.3分，嘉兴市一等奖及以上每篇加0.5分，加满5分为止	5		
	教研组有一个海宁市级及以上立项课题（包括小课题），得基础分为3分，没有不得分。多一个校级立项课题，多一个海宁市级及以上课题加0.5分，加0.1分，最多加到5分	5		
	每学期四次教研组活动都能及时有效完成，基础分为4分，缺一次扣1分，每承担一次海宁市及以上教研活动加0.5分，加满5分为止	5		
教师业务竞赛情况 （15分）	每人每学期完成一节组内公开课，得基础分为2分。缺一节扣0.1分，承担校级研讨课每节加0.2分，承担片级公开课一节加0.3分，海宁市级及以上公开课每节加0.5分，加满5分为止	5		
	能积极参加片级及以上各类竞赛得基础分4分，片级二等奖（海宁市三等奖）每次加0.1分，片级一等奖（海宁市二等奖）每次加0.2分，海宁市一等奖（嘉兴市二等奖）每次加0.5分，嘉兴市一等奖及以上每次加1分，加满10分为止	10		
名优教师培养情况 （5分）	组内有海宁市级及以上名优骨干教师，得基础分为2分，每学年新增一个海宁市骨干教师得0.5分，新增一个海宁市学科带头人得1分，新增一个海宁市名师及以上得1.5分，加满5分为止	5		

续表

考核项目	考核细则	分值	得分	备注
教研组工作亮点（20分）	由各教研组长介绍本学年（除上述内容以外的）工作思路及亮点，承担的额外工作及取得的成绩，课堂教学模式改革方面的所做工作和所取得的成绩	20		非文化课教研组此项内容为40分

3. 教职工全员评价

在对教职工的评价体系中，大多数学校对教职员工的工作量、考勤是有量化考核标准的，操作比较简单，就是说，"多劳"部分的评价，各校都能结合自己的特点，对教师进行量化考核。但对"优劳"评价中，大多数学校仅仅以学科考试的学生成绩排名，甚至仅仅以升学考成绩作为唯一的评价指标。而对班主任的班集体建设成果，后进生转化效益；教师专业发展成效；考查类学科的教师工作成绩；教辅后勤类教职工的服务育人成果；以及管理岗位的绩效评价，或者视而不见，或者遮遮掩掩。随着学校绩效工资改革，对教职工的评价的全面性与合理性称为改革实施与推进的一大焦点，我们认为，绩效考核应该是全面的、合理的、透明的，绩效考核既要关注教职工的工作绩效，也要关注教职工的专业发展。

我校在教职工的评价中，建立了全员评价体系，并把绩效评价与发展性评价有机结合，因教师发展性评价在第七章中有专述，本内容只就全员性绩效评价作简述。

我校是一所完全中学，既有初中、又有高中，在初中提前介入绩效工资改革而高中滞后的情况下，我们根据学校已有的评价方案，于2009年制定了《南苑中学教职工评价办法》。实施3年后，于2012年进行了完善，形成了比较完备的考核与奖惩制度。其中考核奖分为考勤奖、管理绩效考核奖、德育工作考核奖、教学工作（又分考试科目与非考试科目）考核奖、育人科研考核奖、服务育人考核奖、年度综合考核奖等七项考核奖励。

其中年度综合考核奖，对专任教师、非专任教师和管理人员三个系列的教职员工进行综合考核，且与年度考核、年度评优直接挂钩。此外，学校还进行了"星级班主任"与"星级教师"评价。这样，考核对象涵盖了各岗位的所有人员，且考核评价与绩效奖励直接挂钩，使评价的效能得到有效提升。

学校评价系统中的学生评价体系在学生自主评价中有专述，这里不做阐述。

（三）学校评价系统的特色

1. 突出自主发展性评价

在追求人的自主发展的校园中，其评价系统也一定是把人的自主评价放在主要位置。教师的自主发展评价，是教师将社会要求转化为自我实现目标，在自我或在他人指导、支持下，设计自我发展目标、能动实践、自我调控发展的过程，是以促进发展为目的，依据目标，重视过程，及时调整的形成性评价。

我校在教师自主发展评价过程中，教师的个人发展愿景，成为教师自主发展的目标，教师正是在自我目标的引领下进行的过程性评价，并在不断的纠偏、反思中获得专业成长。因为评价注入了自主的元素，教师就有了愿景设计的自觉性与过程性评价的积极性。

2. 注重多元综合性评价

在同一个评价活动中，不同的评价主体有不同的视角，因而就产出了不同的评价意见，为了评价的相对公正，必须在综合不同人员的意见和利益的基础上形成最后的结果，这就要形成多元的评价主体。

基于此理念，我校在各类评价中，均采用了多元评价主体。如对中层管理干部的评价，有分管校长评价、教代会代表评价和管理条线教职工代表评价；在对考试类科目教师的评价，有学生评价、同年级组教师评价、年级组长评价和教研组长评价；在对非考试类科目的教师评价则还注入了所任教班级的班主任的评价。

总参考书目

一、著作

1. 李松林. 控制与自主：课堂场域中的权力逻辑 [M]. 北京：教育科学出版社 2010.

2. 程振响、季春梅等. 特色学校创建的理论与实践 [M]. 北京：高等教育出版社 2012.

3. 龚春燕. 中小学特色学校建设策略 [M]. 北京：教育科学出版社 2013.

4. 殷京雷. 自主教育自主成长 [M]. 北京：现代教育出版社 2016.

5. 罗仁林、莫竹浪. 中学特色学校建设 [M]. 广州：暨南大学出版社 2016.

6. 邹本川. 自主教育奠定幸福的人生 [M]. 北京：光明日报出版社 2011.

7. 张成卓. 办特色学校建幸福校园 [M]. 北京：知识产权出版社 2015.

8. 董守生. 学生的自主性及其教育 [M]. 北京：中国社会科学出版社 2014.

9. 周宏等. 学校教育科研全书. [M]. 北京：九洲图书出版社. 人民日报出版社. 1998.（586 - 596 合作学习研究）.（603—625 学校特色建设研究）

10. 高益民. 学校文化凝练 [M]. 北京：教育科学出版社 2013.

11. 杰拉尔德·C·厄本恩等. 校长论——有效学校的创新型领导. 第 4 版 [M]. 黄崴、龙君伟主译. 重庆：重庆大学出版社 2004.（163——181 人力资源开发）.

12. 陈秋仙. 形成性评价在中国之原理、政策及实施——基于英语学科的社会文化视角 [M]. 北京：科学出版社 2012.

13. 李玉芳. 如何进行学生评价 [M]. 上海：华东师范大学出版社 2014.

14. 许世红. 基础教育学生评价研究 [M]. 广州：广东高等教育出版社 2014.

15. 鲍银霞、谢绍熺、曾令鹏. 中小学生综合素质评价的实践与思考 [M]. 广州：广东高等教育出版社 2017.

16. 田友谊. 当代学生评价的理论与实践 [M]. 武汉：华中师范大学出版社 2012.

17. 陈新汉. 自我评价论 [M]. 上海：上海人民出版社 2011.

18. [美] 斯塔尔. 萨克斯坦著，彭相珍译. 如何引导学生自我评估：帮助学生反思并成长为学习者 [M]. 北京：中国青年出版社 2018.

19. 朱品一. 自主学习论 [M]. 北京：研究出版社 2006.

20. 李宗远. 10—16 岁青春期，父母要懂的心理学 [M]. 北京：中国纺织出版社 2017.

21. 余谦. 中学德育创新和实践研究 [M]. 长春：东北师范大学出版社 2016.

22. 苏霍姆林斯基. 教育的艺术 [M]. 肖勇，译. 长沙：湖南教育出版社 1983.

23. 李晓文. 学生自我发展之心理学探究 [M]. 北京：教育科学出版社 2001.

24. 钟启泉. 班级管理论 [M]. 上海：上海教育出版社 2001.

25. 陈桂生. 学校管理实话 [M]. 上海：华东师范大学出版社 2010.

26. 熊川武. 学校管理心理学 [M]. 上海：华东师范大学出版社 2011.

27. 朱益明. 校本教师发展论 [M]. 天津：天津教育出版社 2006.

28. 佐藤学. 宁静的课堂革命 [M]. 上海：华东师范大学出版社. 2012 (15 - 17).

29. 沈玉顺. 现代教育评价 [M]. 上海：华东师范大学出版社. 2004 (93 - 128).

30. 关松林、李晓梅、付军. 学校课程建设与组织实施 [M]. 北京：高等教育出版社 2017.

31. 李群. 学校课程建设的知与行 [M]. 北京：知识产权出版社 2017.

32. 付宜红. 普通高中课程建设与管理 [M]. 北京：北京师范大学出版

社 2010.

33. 张成卓. 办特色学校建幸福校园 ［M］. 北京：知识产权出版社 2015.

34. 萧宗六. 学校管理学 ［M］. 北京：人民教育出版社. 2001.

35. 邱卫东. 管理学导论 ［M］. 成都：四川大学出版社 ［M］.2000.

36. 李雯. 学校管理如何着手 ［M］. 上海：华东师范大学出版社. 2013.

37. 李兴洲. 学校功能与现代学校制度建设 ［M］. 北京：开明出版社. 2007.

38. 苏东水. 管理心理学 ［M］. 上海：复旦大学出版社. 2002.

二、期刊

39. 胡震珍. 教师评价：教师专业发展的生长点. 教育督导 ［J］.2007（3）.

40. 肖川. 用时代精神烛照教育. 人民教育 ［J］.2003（20）.

41. 崔允漷、周文叶. 学校文化建设：一种专业的视角. 教育发展研究 ［J］. 2007（5A）.

42. 何玉珠、宋再黎. 自主评价：学校发展的原动力. 教育督导 ［J］.2007（4）.

43. 叶澜. 试论当代中国学校文化建设. 教育发展研究 ［J］.2006（8）.

44. 秦秋田. 关于当代大学精神的思考. 教育研究 ［J］.2005（11）.

45. 周炎根、桑青松. 国内外自主学习理论研究综述. ［J］. 安徽教育学院学报，2007（1）.

46. 庞维国. 当前课改强调的三种学习方式及其关系. ［J］. 当代教育科学，2003（6）.

47. 白钢、侯杰、张彦恒. 探寻中学德育在教育活动中的主导地位. 现代中小学教育 ［J］.2012（10）.

48 万成. 中学校外活动的社会话倾向及引导. 教学与管理：中学版 ［J］.2008（6）.

49. 褚静宇. 论人的自主活动. 社会科学 ［J］.1986（11）.

50. 郭祥增. 谈谈学生的自主管理. 成功（教育）［J］.2007（5）.

51. 韦英. 自主管理促进学生独立健康成长. 中国冶金教育 ［J］.2004（5）.

52. 黄美蓉. 班级自主管理中的不等式. 教学与管理 [J]. 2003 (5).

53. 徐俊杰. 中学德育实施"指导——自主管理"方式的探索. 基础教育研究 [J]. 2008 (12).

54. 贾宗林. 学生自主管理模式探究. 教学与管理 [J]. 2007 (33).

55. 王荣珍. 学生自我管理的盲点与透视. 教学与管理 [J]. 2005 (22).

56. 武大勇、曹琪元. 学生自主管理模式的实践思考. 教学与管理 [J]. 2005 (6).

57. 潘志东. 实施班级动态管理培养学生自主管理能力. 上海教育科研 [J]. 2007 (12).

58. 王春洁. 浅谈中学班级管理. 知识经济 [J]. 2012 (2).

59. 豆方银. 让学生学会自主管理. 甘肃教育 [J]. 2011 (17).

60. 邰海峰. 班级学生自主管理模式的探索与实践. 教育教学论坛 [J]. 2011 (15).

61. 逄淑河. 初中班级自主管理分析. 中小学教师培训 [J]. 2011 (6).

62. 陈振华. 教师自主发展：当下意义、途径、条件 [J]. 陕西师范大学继续教育学报. 2005 (2).

63. 杨德明. 激励教师自主发展的机制探索 [J]. 教师教育论坛. 2015 (10).

64. 孙宽宁、徐继存、张莉. 论基于现实问题的学校课程建设 [J]. 课程·教材·教法. 2017 (7).

三、论文及其他

65. 许逢春. 在文化中催生特色·于特色中提炼文化 [A]. 孟泰. 刘佳一. 中国名校成功之路 [C]. 北京：团结出版社, 2012. 240 - 242.

66. 卢莹莹. 加强师德师风建设的必要性及对策思考 [A]. 中国论文网. 2015 (6).

67. 董晓娟. 全面加强师德师风建设 [N] 中国教育报. 2018 - 02 - 02.

68. 许逢春. 自主发展评价—让教师成为发展的主体 [A]. 孟泰. 刘佳一. 校魂——一线校长治校之道 [C]. 北京：团结出版社, 2010. 946 - 948.

后　记

　　特色学校建设是目前国内外教育理论研究与教育实践探寻的共同话题。我国的特色学校建设始于 20 世纪八九十年代，21 世纪开始成为政府行为。从 2006 年起，以普通高中课改为主要内容的特色示范高中建设，成为全省中小学特色学校建设的强力推行剂。2014 年以选考为标志的高考改革率先在浙江和上海试行，2018 年全国推行，与此相适应，义务教育阶段的课改也相随而行，使特色学校建设成为政府主导下的发展趋势。

　　我校从 2005 年开始，进行了以"自主教育"为主题的特色学校建设的路径设计，在创建特色学校的过程中，我们"谋先度远"，不局限于个别学科的特长和某一项目的特色，也不以教学方式建模，而是将"自主教育"理念在学校教育教学活动中全方位的渗透，是在办学整体上综合性体现自主教育理念。通过方案运行与课题研究，我们"闻道笃行"，促使"自主"理念在学校管理、师生发展、教育教学、学校文化上均有独特体现，形成了学校的办学特色。

　　作为特色学校建设的实践与探索，我们积累了一些经验，也引发了诸多的反思，本着传承与发展、拓展与提升的设想，从 2016 学年开始，学校计划把"自主教育"的实践与思考编撰成书。校长许逢春编写了本书的提纲，各章撰稿人分别是：第一、第二章，许逢春；第三章，朱周明；第四章，范晓敏、陈巧玲、吕律；第五章，胡培苏；第六章，徐玉娟；第七章，杨国芬；第八章，姚唯锋；第九章，许逢春、蒋建松。李培杰、王余健、张少勇、许燕华、范冰分章进行两轮审稿；许逢春对全书进行第三轮审稿，特邀原教师进修学校副校长、资深语文教研员黄加平同志进行书稿终审，许鸽升对书稿的语法与修辞进行校核。

　　由于撰写者都是学校的管理人员，对教育实践的操作颇为内行，但相对于教育理论的研究功力不足。在写作过程中，大家参阅了有关书籍和论文，吸收了国内外学者的研究成果及相关资料，在此深表谢意！

建设特色学校创建是一项只有起点没有终点的复杂的系统工程，需要实践和思考的问题很多，学校将本着在研究中深化，在实践中推进的策略，以"一切为了人的自主发展"为宗旨，"谋先度远、闻道笃行"，朝着学校发展目标，一步一个脚印地踏实前行，故以《行走在自主教育之路上》为书名。

由于实践深度不够，作者水平有限，书中不足之处，敬请各位读者批评指正。

编者

2018 年 9 月